侦查学原理与实践研究

高 婧 张 强 何 明 著

中国原子能出版社

图书在版编目（CIP）数据

侦查学原理与实践研究 / 高婧，张强，何明著. - -
北京：中国原子能出版社，2023.9
ISBN 978-7-5221-3274-7

Ⅰ．①侦…　Ⅱ．①高…②张…③何…　Ⅲ．①刑事侦
察学-研究　Ⅳ．①D918

中国国家版本馆 CIP 数据核字（2023）第 255681 号

侦查学原理与实践研究

出版发行	中国原子能出版社（北京市海淀区阜成路 43 号　100048）	
责任编辑	张　磊	
责任印制	赵　明	
印　　刷	北京九州迅驰传媒文化有限公司	
经　　销	全国新华书店	
开　　本	787 mm×1092 mm　1/16	
印　　张	19	
字　　数	287 千字	
版　　次	2023 年 9 月第 1 版　2023 年 9 月第 1 次印刷	
书　　号	ISBN 978-7-5221-3274-7　定　价　**88.00 元**	

网址：http://www.aep.com.cn　　　　**E-mail：597125562@qq.com**
联系电话：010-88821568　　　　　**版权所有　侵权必究**

前 言

　　侦查学的基础理论研究直接关系到侦查学的发展动力与方向，应加强基础理论的研究与开发，以促进侦查学科的发展和繁荣，推动侦查实践的发展。随着时代的进步和科技的日新月异，犯罪手段逐渐呈现出朝高科技迈进的趋势。面对新情况、新问题、新挑战，侦查学实践要发挥好其功能，不仅应在策略方法上下功夫，更要注重理论的指导。如果把侦查学比作一棵树，那么侦查学基础理论就是它的根。只有根基厚实了，侦查学才能发展壮大；枝繁叶茂，侦查学实践才能"开花结果"。只有把新技术、新理念运用到日常的侦查工作中，才可推进侦查机制与科技应用深度融合，有助于提高维护国家安全和社会稳定的能力，为服务相关部门的侦查实践提供强有力的支撑。

　　本书从犯罪的规律和刑事侦查活动的一般规律出发，以具体的个案和犯罪事件为基础，根据理论联系实际原则，在注重理论性的同时注重实践性，继承传统的一般侦查理念和实践经验的精华，提出切合时代命脉的、切实有效地指导各项犯罪侦查的最新理念。内容上从侦查学基本概念和学科地位等厘定开始，阐述了侦查学成熟的基础理论，并对侦查中的逻辑能力、侦查方法的应用基础、调查取证性侦查方法、查缉控制性侦查方法、刑事侦查的相关技术、大数据侦查的数据分析技术以及侦查学的应用实践进行了阐述，最后对侦查学原理的实践价值和智慧侦查的实践与发展展开了讨论，本书从理论和实践两个维度对侦查学的相关内容进行论证和检验，为进一步丰富侦查学理论体系，促进侦查技术理论走向成熟贡献力量。

由于作者学识有限，文中难免有疏漏和不足之处，对部分观点的把握也不够到位，期待志同道合的同仁能够继续完善侦查学基础理论，以此来推动侦查实践的发展。

目 录

第一章　侦查的基本理论

第一节　侦查的概念与侦查学的学科定位

一、侦查概念层次

（一）侦查的法定概念

《中华人民共和国刑事诉讼法》明确规定："侦查"是指公安机关、人民检察院在办理案件过程中，依照法律进行的专门调查工作和有关的强制性措施。今天的侦查活动已经具有多方向、多领域、多层次的法律规范要求和根据，侦查活动的进行必须严格纳入相关法律规范性文件的要求之下运作。目前所制定的《刑事诉讼法》《刑法》《人民警察法》《国家安全法》等法律从不同的角度、不同程度地规定或涉及了侦查问题；同时，一些刑事司法解释也对侦查作出了规定，如《公安机关办理刑事案件程序规定》等部门规章、人民检察院制定的《人民检察院刑事诉讼规则》等，还有其他一些法律规范性文件不同程度地涉及与侦查相关的问题。这些法律虽然并没有完全统一侦查的用语和概念，但所界定的侦查却都是包含了侦查的基本要素。

（二）侦查学上的侦查概念

从侦查学理角度看，可以从不同角度对侦查进行不同的界定，侦查有

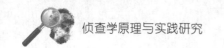

广义、狭义之分。广义的侦查是指在刑事诉讼活动中，侦查主体为查明案情，收集犯罪证据材料，证实犯罪和抓获犯罪嫌疑人，追缴赃款赃物，为公诉活动奠定基础而依法采取的一系列专门调查方法和强制措施的一种诉讼行为，它指的是整个侦查程序这一诉讼阶段，包含了在侦查程序中进行的所有侦查活动。通常所说的"侦查、起诉、审判"中的"侦查"即是从广义上说的。狭义上的侦查是指公安机关、人民检察院在办理刑事案件过程中，依照法律进行的专门调查工作。狭义上的侦查概念特指专门性的刑事调查，不包括《刑事诉讼法》侦查概念中所涉及的强制措施。

侦查概念还包含了不同层次的意义。在诉讼程序的层面上，侦查是刑事诉讼程序的一个阶段。它是指侦查机关对已经立案的刑事案件依法进行专门调查和采取有关强制性措施，以收集、调取、核实案件证据材料，查明案情，确定是否提起公诉的诉讼程序阶段，它是公诉案件的必经程序。对需要侦查的刑事案件，侦查阶段起着承上启下的作用，它解决立案后是否存在犯罪事实以及犯罪嫌疑人是否有罪等刑事案件的实质性问题。同时，它又是提起公诉和审判的基础和前提。侦查机关通过侦查，认为犯罪事实清楚，证据确实、充分，或者已查明证据不足，或者对犯罪嫌疑人不应当追究刑事责任的，即可终结侦查工作，根据不同情况，分别作出不同的处理决定。

在侦查本体意义的层面上，它是一个刑事诉讼法上的用语。可以把侦查具体理解为：其一，侦查是公安机关、人民检察院以及国家安全机关、军队保卫部门、监狱的专门职权。其二，侦查是专门性调查工作和有关的强制措施的总称。其三，侦查是刑事诉讼程序中的一个相对独立的阶段，与其他诉讼程序相比，其活动与行为具有一定的保密性。其四，侦查是侦查机关严格依法进行并受法律监督的活动。

二、侦查概念的构造分析

一个完整的概念包括主体、客体、对象和内容等，完整的侦查概念包括以下构造要素。

(一) 侦查主体是国家专门刑事司法机关

从主体上看，为了防止侦查权被滥用，现代各国普遍地规定只有司法警察、检察官等法定机关才有权进行侦查，其他机构无权进行侦查。在我国，只有公安机关、检察机关、监狱、军队保卫部门以及其他法律有明确授权的法定机关才有权对刑事案件进行侦查。

(二) 侦查客体是已立案的刑事罪案

侦查是现代国家针对最为严重的社会违规行为——犯罪而设计和建构的，只能用以调查和查明是否存在犯罪事实以及行为人刑事责任大小。

侦查的客体不能被设定为犯罪嫌疑人。现代刑事诉讼程序理念要求一定要关注人的主体地位，法律的"人本主义"要求必须把犯罪嫌疑人视为侦查的程序主体。

侦查的客体必须是已经立案的刑事案件。中国刑事案件的侦查有着独特的启动程序——立案，我国的法律为立案设置了过高的门槛："有犯罪事实"和"需要追究刑事责任"，而未经过周密的调查是无法得知"有无犯罪事实"或"是否应追究刑事责任"的。于是，在立案之前，侦查机关通常会进行"初查"，但不得在"初查"中采取任何强制性侦查行为。

(三) 侦查内容是一种专门调查活动

我国法律将侦查的内容设定为专门调查工作和有关的强制措施，规定在侦查过程中，侦查机关可以进行勘验、检查、扣押、搜查、拘留和逮捕等专门手段。无论是强制力较小的询问、勘验、现场访问，还是强制力较大的扣押、搜查和检查等，甚至是对人身限制极大的拘留和逮捕等，都是一种只有专门机关才能实施的专门活动，它是为刑事调查而进行的专门活动。

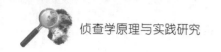

（四）侦查本质上是一种带有强制力的诉讼活动

作为现代刑事司法的重要内容，侦查是刑事诉讼活动的一个重要程序阶段，具有诉讼的一般属性，必须严守诉讼程序的相关要求。侦查程序阶段中所采取的各种措施是刑事诉讼程序中的法律行为，侦查程序法律关系主体的权利（权力）的行使、义务（职责）的履行必须严格按照法律规范的规定要求进行。

为了提高同犯罪行为作斗争的效率，世界各国都赋予侦查机关以广泛的侦查手段，不仅有不以国家强制力为后盾的，如询问证人、讯问犯罪嫌疑人，也有以国家强制力为后盾的，如搜查、扣押、冻结等；有公开进行的，如勘验、检查等，也有秘密进行的，如窃听、秘密侦查等；有针对财产权的，也有针对人身权的或其他隐私权利的。

许多措施具有严厉的强制性，不仅可以剥夺或限制公民的财产权，而且可能限制或剥夺公民的人身、住宅、隐私等权利。几乎任何一种侦查手段的实施都会对公民的权利和自由进行限制和剥夺。必须经过法官的司法审查，通过诉讼样态的程序运作，实现对侦查程序中权力的控制和权利的保障。为了保障诉讼参与人的权利并确保正确惩罚犯罪，现代各国都力图通过严密的立法，对各项侦查行为的适用主体、条件、程序以及违法救济等作了详细而具体的规定。

三、侦查学的学科定位

（一）侦查学的概念

任何法律科学都是适应各个时期不同社会生活和司法实践的需要而产生和发展起来的，它们都是在司法和执法实践的基础上进行的经验的概括和总结，更是人们的社会活动，也是国家机关进行法律活动的指南。侦查学是一门法律科学，它随着人们社会生活水平的发展而发展，更随着刑事司法机关的侦查活动而不断嬗变，它有自己独特的学科定位、学科性质和发展历程。

侦查学是一门专事侦查理论和实践研究的学问，它是研究法定的侦查主体针对刑事案件进行侦查活动时所采用的各种侦查程序、侦查措施、侦查技术和侦查方法的学科。由于侦查学是研究侦查活动以及侦查规律的专门学科，而侦查这一刑事司法活动又是专门针对刑事案件进行的揭露、证实犯罪并惩罚犯罪行为人的国家活动，所以，侦查学是刑事法学的重要分支学科。

（二）侦查学的学科性质

对侦查学的学科性质，侦查学界有几种看法：第一种观点认为侦查学属于犯罪学，把侦查学作为犯罪对策学科体系中的一环来看待；第二种观点认为侦查学属于公安学，非常侧重侦查学研究的技术性和科学的技术方法；第三种观点认为侦查学属于法学，有的认为它属于刑事法学，有的认为它属于边缘法学，还有学者把它归于应用法学；第四种观点认为侦查学属于社会科学、自然科学、技术科学的综合性学科。

第一种观点把侦查学科放置于犯罪学的范围内，这有助于侦查学从犯罪学雄厚的学术基础上获得发展的养料。

第二种观点认为侦查学属于公安学，在这种学科分类思维的影响下，这些学者把侦查学的研究定位在具体侦查技术和方法等实务技能的研究上。

第三种观点把侦查放在法治化的时代大背景下进行侦查学科的研究，无疑是具有时代意义的。就目前的专业学科的设置来看，侦查学专业设置于法学大专业之下，国内各大学或把侦查学研究放置于刑法学专业中作为研究方向，或把侦查学研究放置于诉讼法专业中作为研究方向，而把侦查学作为法学的子学科的观点正契合学科整体格局。

第四种观点认为侦查学不是一门用普通学科分类可以概括的学科，而将之归类为综合性学科。持该观点的侦查学者注意到了侦查学的学科特质，从"整合"的视角出发，综合运用社会科学、自然科学和技术科学的多重研究方法对侦查过程中所涉及的法律程序、技术手段和科学问题等进行了广泛的研究。这种观点把侦查学的地位拔高到与社会科学、自然科学并列的高度，为侦查学的发展提供了重要学科地位平台，也有利于侦查学的快速壮大。

从侦查学的快速壮大的角度出发，应该把侦查学确立一门为综合性学科，不过如果从侦查学的技术和实务操作角度出发，应该把侦查学的学科定位为公安学的子学科，科学的做法是把侦查学定位为法学领域中的一门学科。

第二节　侦查的价值与目的

一、侦查价值概述

每个刑事程序模式都有其特定的意识形态基础，代表某项价值选择，并有其主要目标和判断标准。每个模式代表不同的价值选择而为程序实践所运作，刑事程序在实务运作中所表现出来的性格与形态如何，是由其日常技能所反映出的价值选择所决定的。

（一）价值考辨

价值一词源于经济学中商品的价值，是商品的社会属性，体现的是生产者互相交换劳动的社会关系。然而，在更大层面意义上，"价值"一词以其丰富的内涵和广博的外延跻身于哲学、法学等社会科学的基本范畴之列。

在我国，许多学者也从不同的角度对价值的含义作出了有益的探索。如"价值一般是客体对主体的意义"，所谓价值，既不是有形的、具体的存在构成的实体，也不是客体对象与主体需要之间满足与被满足之间的关系，而是人类所特有的绝对的超越指向等。价值不是一个简简单单的问题，价值是一个困难的问题，但它是法律科学所不能回避的。

价值对于法，如同水对于生命一样，是支持法不会干枯的源泉。从这个意义上来说，价值是法的应有之义。和其他的法律概念相比，法的价值之所以较晚被人们探索、追逐，是特定的历史条件下人们没有把它和法律联系起来。法律价值是符合人们需要的、有意义的能作为人们精神导向的一种法律存在。

在刑事诉讼领域，这种理念得到了充分的体现与创造性的拓展，例如，刑事诉讼价值是人们据以评价和判断一项刑事诉讼程序是否正当合理的理论标准，也是刑事诉讼程序在具体运作过程中所要实现的理论目标。刑事诉讼价值主要包括外在价值、内在价值、经济效益价值等三个方面的内容。

侦查程序是整个刑事程序的门槛，受刑事诉讼法律调整，这样，刑事诉讼程序的价值和侦查程序的价值无疑存在着交集。可以这么说，自由、秩序（和谐）是刑事诉讼的价值，同样也是侦查程序的永恒的精神导向。

（二）侦查价值及相关概念

作为启动国家追诉职能的侦查程序是基于国家控制犯罪、保护刑事被害人权利、保障犯罪嫌疑人合法权益以及一般社会成员对自由与秩序的需要而创设的。在侦查程序运行过程中，各程序主体与程序客体相互作用，达到国家、社会及其一般成员所期望并积极追求的目标。

第一，侦查价值与侦查目的。不同的侦查价值会形成不同的侦查目的，不同的侦查目的反映不同的侦查价值观。相对于侦查目的而言，侦查价值是站在更高层面上考量整个侦查程序，指导侦查程序活动的开展。

第二，侦查价值与侦查构造。侦查构造是实现侦查目的的一种手段，而目的受价值支配，因而，侦查价值必然会渗透到侦查构造之中。不同的

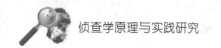

侦查价值取向决定不同的侦查构造，不同的侦查构造又体现不同的侦查价值取向。

第三，侦查价值与侦查作用。侦查作用是侦查行为对人们的行为和社会生活所产生的影响和实效，它是侦查行为单向的作用，侦查价值是指程序与主体关系的一个概念，在此，程序与主体之间的关系是双向的，是侦查行为与主体之间的双向交流过程，侦查作用在一定程度上表现着侦查价值。

第四，侦查价值与侦查效益。侦查效益一般是从经济效益上对侦查进行分析，侦查价值一般是从主客体之间的关系上，从双方相互作用的动态层面上进行考辨。

二、侦查价值的取向

侦查价值的取向既有目的上的，又有形式意义上的。下面先分别就侦查的目的价值和形式价值加以探析。

（一）侦查的目的价值

目的价值是指侦查致力于实现的社会理想和终极目标，目的价值是侦查价值体系的主要方面，它真正反映了侦查寻求的社会理想和终极目的，反过来也预设和框定了侦查制度发展、完善的目标和导向。从根本上说，自由与秩序是人类生存和发展的两种最基本的需要，前者反映了人类的自然属性，后者体现了人类寻求和谐共存的社会本性。

1. 自由价值

自由不只是排除外部约束和免受专断控制，还包括了在服务于被称为人类文明的伟大事业中发挥个人自然天赋与所掌握的技术的机会。从这个意义出发，自由可以被区分为消极自由和积极自由。消极自由就是个人在能够做自己想要做的事时不受限制的自由，积极自由即"要什么"的自由，也就是指获得某种积极效果的能力。消极自由是最基本的自由，积极自由的实现必然要以消极自由的存在为前提，对于侦查程序之自由价值而言，既包括程序主体不受非法侵犯之自由，也包括程序主体得以机会表达意见和主张之积极自由。在自然法学派看来，自由被认为是天赋的，因而个人自由问题可以表达为某种形式的自然权利。由此出发，侦查程序对自由的保障，也就是对权利的保障。

具体而言，侦查程序的自由价值内涵主要表现在以下几个方面。

（1）权利自治

权利自治就是指公民的自由权利不受非法的或者不正当的侵害。也就是说，当侦查机关及其侦查人员基于办理刑事案件的需要，要对刑事相对人或者其住所、财物等采取必要的强制措施，那么应该通过合法的批准程序才能采取相应的措施。

（2）权利救助

权利救助就是赋予并且保障公民在侦查程序中实现自己利益的权利。公民在侦查程序中实现自己利益的权利首先意味着其在程序中进行自主选择的权利，从某种意义上讲，自由实质上就是一种选择。侦查人员只有在尊重并保障犯罪嫌疑人诉讼权利的前提下，才可以在程序范围内采取反对犯罪嫌疑人的行为。从另一个角度看，对诉讼权利的保护也即意味着对侦查权力的限制。当然，公民的选择应当是理性的，所以为了保证这种选择的理性，侦查程序中任何一个面临被追诉的公民都有权知道追诉的性质、内容和理由，并享有申请律师援助的权利。在犯罪嫌疑人的诸多诉讼权利中，辩护权是核心，亦是其维护和实现自身利益的基本权利。

2. 秩序价值

（1）秩序的基本含义

秩序一词在汉语中是"秩"和"序"的合成，古汉语里这两个词都含有常规次第的意思，指人或事物所处的位置，含有整齐守规则之意。

（2）法秩序的含义和特征

法秩序又称法律秩序，法的秩序意味着法律作为一个复杂的结构，总

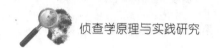

是构成一个体系，形成一种秩序，从实际意义上把法的秩序定义为法实现的结果，这就是把法的秩序与法律区分开来，法律实现的结果形成了法的秩序，从过程意义上把法律秩序定义为法的相对稳定协调的过程。

在公平、正义、平等、效率等众多法的价值当中，法的秩序价值是更为基础性的，这是因为一种法律或法律制度可能并不追求所有的法的价值，但它却不能不追求秩序。无论在何种法律及法律制度下，秩序都是主体必然追求的价值目标，而且法的秩序价值是法的公平、正义、平等、效率等其他价值的前提和基础，法的公平、正义、平等、效率等价值是法的秩序价值的目的和发展目标。法的秩序价值也是连接法与法其他价值的中介，法的秩序价值是法的基础价值。也就是说，秩序是法的直接要求，其他价值是以秩序价值为基础的法的期望。

秩序是法的基本价值之一，是侦查程序的首要目标。秩序是法最直接的追求，法的其他价值也都是以一定的秩序价值为基础的。因此，可以说秩序是建立侦查程序的最初目标，也是最首要的目标。侦查程序建立之后，在刑事打击犯罪领域也就有了这样的格式：只有国家赋予侦查权的机关才能行使侦查权，采取各种侦查措施与手段揭露犯罪，查获犯罪证据，揭发犯罪行为人，实现国家打击犯罪的目的。

（二）侦查的形式价值

形式价值是指侦查本身在组织结构上的合理性，形式价值要求侦查的程序设计必须具备一定程度的形式合理性，具体而言表现在以下几个方面。

1. 侦查独立性价值

侦查程序的开启和运作应当以实现法律目的为依归，只接受法律的指导、依据法律进行，免受其他法外程序的影响和干扰。作为刑事诉讼中的一个重要的环节，侦查程序也秉承了刑事诉讼的一些特性，即在运行过程当中具有自身运行的封闭性特点，不受其他机构和人员的随意控制。

2. 侦查参与性价值

侦查程序虽然在一定程度上带有秘密性的特征，任何一项程序活动都需要活动主体的积极参与才能取得应有的成效，作为侦查程序的当事人和参与主体，犯罪嫌疑人的参与是必不可少的。把必要的信息传达给犯罪嫌疑人及其家属，让犯罪嫌疑人及其家属有空间可以表达自己的想法，这样的话，即使犯罪嫌疑人最后得到了应有的惩罚，他们还是会更容易地去接受这一法律后果。

3. 侦查公开性价值

程序公开是程序民主的应有之义，具体是指国家权力的运行程序应向利害关系人、社会公众和新闻媒体等公开，允许旁听、报道，接受社会公众等的监督。侦查程序公开有广义和狭义之分。广义上的侦查程序公开包含两层含义，它首先是指规定侦查程序的法律规范应当公开，所有的这些规定不仅可以供给律师和当事人参照引用，而且可供任何人查阅，侦查程序公开与侦查程序法定有着密切的联系，因此严格禁止以不公开的文件规定或内部命令进行侦查程序活动。第二层意义上的程序公开是侦查行为的公开，即侦查的程序情况及其侦查事实的公开。一般意义上的侦查程序公开倾向于后者，也即侦查机关依法将其侦查活动的程序运行情况向其当事人及其近亲属、律师以及社会公众予以适度公开。

4. 侦查平等性价值

侦查程序应当平等地对待侦查机关和犯罪嫌疑人双方，应当赋予双方对等的攻防权利义务，不得偏袒任意一方。但是在侦查中，我国刑事诉讼实行的是职权式侦查权配置模式：国家垄断侦查权，侦查程序闭合严密，侦查权力主体对侦查信息的独占性极强。在侦查程序中，侦查权力主体主导程序，而有关的程序当事人获取侦查信息的手段和机会有限，要想在侦查程序主体之间形成平等的程序地位，只有确保程序当事人的权利，以权利制衡权力，实现在侦查中的程序性平衡。

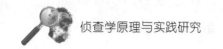

三、侦查价值的实现

任何一项理论要想得到认可，那么它必须经得住实践的考验，实践是检验真理的唯一标准，法的价值是要实现其应有的作用。法实践是人类改造法实现创造法价值的活动，正是因为法实践的中介作用，才沟通了人类法理想与法现实、法存在与法意识。这种法实践活动试图创造出理想的人与自然、人与社会、人与自身关系的最现实的法治模式，实现法治文明中人与物、人与人及主体与客体的能动性统一。

（一）侦查价值实现概述

侦查价值实现是侦查价值目标的现实化，是侦查价值目标得以实现的过程和结果。侦查价值实现亦是侦查的价值主体作用于侦查的价值客体，而使作为客体的侦查的潜在价值、内在价值转化为法的现实价值和外在价值，对主体人产生应有的或期望意义的过程。

侦查的价值目标是非常丰富的，包括秩序、民主、法治、自由、平等、公正等，它们都是侦查的价值的方向、终点与归宿侦查的目标可以指引着人们在侦查过程中少犯错误或者不犯错误。

同时，在侦查过程中，人们的价值选择和价值评价也是侦查价值的实现必不可少的组成部分。在具体的案件侦查过程当中，有可能会发生价值冲突的情形，比如秩序与自由、秩序与正义等，这就要求人们必须在价值冲突面前作出正确的价值选择和价值评价。

（二）侦查价值实现的条件

1. 确定合理的侦查价值目标

要想实现合理的侦查价值，首先必须做的就是确定合理的侦查价值目标。只有侦查价值目标被合理地确定了，作为行使国家刑事追诉职能的侦查机关及其侦查人员才能在具体的办案过程中拥有明确的方向指示，少走弯路或者不走弯路。

2．侦查价值实现所需的良好制度平台

价值的实现首先需要价值目标的合理确定，当价值目标被合理地确定以后，那么还需要一个可供实现的制度平台。如何构建合理的制度平台供给价值的实现亦成了侦查价值实现的一个重要基石。

3．侦查人员的良好法律素养

在价值的实现过程中，任何时候都应重视人的作用，因为在价值实现的实践活动中少不了主体人的参与。有了良法还需有遵循良法的高素质的执法人。因此，作为行使国家追诉职能的侦查机关及其侦查人员需要良好的法律素养。

4．侦查人员的正确价值选择

当有了合理确定的侦查价值目标和良好的制度平台以后，同时侦查人员也有了良好的法律素养，那么是不是就意味着侦查的价值一定可以实现呢？答案当然是否定的。因为在具体的案件侦查中，案件可能涉及的情况会是多样化的，随之价值也就有可能是多元化的，当众多价值交织在一起的时候，这就需要侦查人员不仅应具有一定的法律素养，还要求他们在面对众多价值选择时保持一个清醒的头脑，权衡利弊，作出一个综合的价值判断。

（三）侦查价值冲突的整合与衡平

第一，利害原则。"两利相较取其大，两害相较取其轻"，在个案需要价值选择时可以根据具体的个案环境进行价值取舍。

第二，等级原则。或叫优先原则，指任何事情都需要区分清主次，解决问题时如果能做到面面俱到当然是圆满的，但是在有些环境下是不可能做到这么全面的，因此，就需要分清问题的主次，抓住矛盾中的主要方面。同样的道理，侦查价值亦分主次方面，比如自由与秩序是侦查价值体系主要方面的价值，其他价值都是自由与秩序派生出来的价值，因此，在

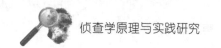

个案当中需要进行价值选择时应当考虑价值的主次。当在具体的案件环境下，在众多侦查价值选择面前，人们需要分清价值的主次，做到主要价值优先、次要价值续后，这样的价值处置对于整体态势的发展来说是必要的。

第三，综合原则。也叫价值衡平原则，即在一些比较复杂的个案中，可以就各层次各方面的价值进行综合考虑，利弊互补，达到价值的衡平。面对艰难局面时，如何进行综合考量，尽量做到价值均衡，需要贯彻以下几个衡平基准，对于侦查过程当中的价值均衡或许是有些许益处的。

基准之一：保障刑事案件被害人权益能正常实现。在刑事案件中，直接遭到犯罪行为人破坏的应该是刑事被害人，他们在刑事案件中也是最弱势的群体。作为行使国家部分维护秩序职能的侦查机关应该最大限度地保障刑事被害人的权益得到实现。

基准之二：犯罪嫌疑人的合法权益得到有效维护。在侦查阶段，侦查机关及其侦查人员收集的证据尚不够确实、充分，在经过法庭质证、法院最终作出有罪判决之前，犯罪嫌疑人始终存在着无罪的可能性。只要还不能判断他（犯罪嫌疑人）已经侵犯了给予他公共保护的契约，社会就不能取消对他的公共保护，因此，侦查活动应尽量减少和避免可能给犯罪嫌疑人带来的不利影响，维护其应有的合法权益。

基准之三：侦查程序的正常顺畅运行。在侦查活动过程中，犯罪嫌疑人可能未被抓获或者未被采取强制措施，大量证据失散在外还没有收集完毕。存在着犯罪嫌疑人互相串供、毁灭证据、妨碍证人作证的危险，那么在这种情况下，侦查机关需要进行收集证据等其他的侦查行为，以保障侦查程序的正常运转。

四、侦查目的的界定

（一）侦查目的的概念

侦查作为国家法定的一种诉讼行为，作为人类认识活动的一种方式，同样具有人类认识活动的共性。此外，鉴于侦查作为特殊主体（国家机关）在特殊领域（侦查）中所实施的活动，有其自身的规律性，对其目的的界定也应立足于侦查的内在规律，反映作为主体的国家所有的特定需要和对象本身属性之间的关系。从历史和现实上看，任何法律制度的设计和运用都是以实现一定的法律目的为依据的。法律创立之初，其目的就是维护安宁，而当法律走向成熟时，其目的则表现为多元性。侦查目的作为一种观念性的东西，是一种模式，是立法者在设计制度时所期望达到的一种结果。

由此分析，侦查的目的就是以观念形态的形式进行表达的，国家赋予侦查权的法定机关进行侦查活动所期望达到的目标或结果。它是国家基于自身需要及其所保护的利益和对侦查活动规律认识而预先设计的关于侦查活动结果的理想模式。

（二）侦查目的的特性

侦查目的同其他诉讼程序的目的一样，自身也有一定的特点。它是国家需要与侦查规律的辩证统一，是多样性与有限性的辩证统一，是理想性与现实性的辩证统一。侦查目的实质上涵盖了侦查程序的一般精神，它是侦查行为的方向指南，反映了不同国家对侦查功能的不同认识和所追求的不同价值取向。从侦查目的概念界定中可以看出，侦查目的具有以下几方面的特性。

1. 侦查目的是一个历史的范畴

既然侦查的出现是基于法的出现，那么作为法律规定的一种行为，其目的最终不能跳出法的目的这一界限。因此，必须结合各国的历史背景，用发展的眼光来考察侦查目的，也就是说侦查目的是一个历史的范畴。

2. 侦查目的的主体是国家

侦查目的体现的是一种国家意志，并以观念形态预先设计体现在侦查

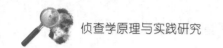

程序法律规范之中，从而成为国家设立和进行侦查程序的出发点和最终归宿，并对侦查机关和一切参与人的诉讼活动具有拘束力。

3. 侦查目的是主观性与客观性的统一

侦查目的是国家对进行侦查程序的结果所期望达到的一种理想模式，是国家预先设计的理想的行为结果。它所反映的是国家基于自身的需要和对侦查程序的认识而设计的关于自己行为的趋向目标或对侦查结果的一种预见性观念，它是立法者关于侦查程序对社会及其成员的作用、意义的认识与评价的集中表现。但同时，国家设立侦查目的又必须具有现实的根据和可能，以现实的客观条件为基础。这同时也表明侦查目的作为侦查结果的预见性反映，可能与实践的结果并不相同。虽然产生侦查目的的根源是客观的，但其表现形式是主观的。一方面，这种理想的结果既可能与实际结果一致，也可能不一致，这就需要根据实际情况作出适时适当的调整；另一方面，这种理想的结果不可能自发地实现，它必须通过侦查立法和司法才能实现。

4. 侦查目的的多层性

就一个国家进行的侦查活动来说，基于不同角度其目的是分不同层次的，既有直接目的，也有间接目的，还有根本目的。侦查的直接目的体现在侦查活动的规律性、侦查任务之中；侦查的间接目的体现在侦查与刑事诉讼目的的同一性中，基于侦查程序是刑事诉讼程序一个不可分割的部分；侦查的根本目的则是将侦查作为国家刑事法律规定的一种行为，作为整个国家法治系统的有机部分所决定的。

5. 侦查目的的有序性

侦查目的既有同一层次的，又有不同层次。侦查目的的有序性是指将侦查目的按照侦查价值观进行有序的排列。侦查目的的有序性要求低层次的侦查目的服从高层次的侦查目的，也就是说低层次的侦查目的是高层次侦查目的的实现手段。需要指出的是对侦查目的进行排序的基础，取决于侦查价值观的不同。在有些情况下，侦查目的之间的相互矛盾是不可避免的，如实体真实与程序正当的矛盾，这就要求侦查主体在遵从高层次的侦查目的前提下进行合理的取舍与权衡。

五、我国侦查目的的内容

鉴于我国目前的司法现实，可将我国侦查机关进行的侦查活动的目的分为三个层次，既有直接目的，也有间接目的，还有根本目的。

(一) 我国侦查的直接目的

侦查的直接目的是在正当的侦查程序下，查明案情真相、查证嫌疑人犯罪事实的有无，以决定是否提起公诉。

侦查活动是以在正当的程序下，查明案情真相、查证嫌疑人犯罪事实的有无，以决定是否提起公诉为目的的程序。因此，其内在地要求由公正的第三方介入其程序，对侦查机关所采用一切有关涉及公民人身权利的强制措施实行司法审查制度，以防止侦查活动"异化"。最后，为了充分发挥警察机关和检察机关的优势，提高侦查的同步监督，应当采取"警检一体化"的模式。只有这样，才能既有利于犯罪的控制，也有利于权力的控制。

(二) 我国侦查的间接目的

侦查程序作为刑事诉讼程序一个不可分割的部分，其目的必然与刑事诉讼目的具有内在联系。我国的侦查间接目的为揭露、惩罚、控制犯罪和保障人权，这是由侦查目的与刑事诉讼目的的同一性决定的。

揭露、惩罚、控制犯罪是侦查程序重要的、基本的职能。首先，它是国家履行公共管理职能、保护公众利益的需要。国家作为社会公共利益的代表者，有义务采取法律允许的手段及时查明案情，查获犯罪嫌疑人，并提起公诉。同时预防社会再次受到犯罪的侵害。其次，揭露控制犯罪也是程序法定主义的必然结果。现代国家为了满足国家揭露控制犯罪的需要，

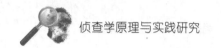

给予侦查、起诉机关足够的人力、财力、物力和赋予其合法强制手段，用于查明案情真相，查证嫌疑人犯罪事实的有无。

侦查程序中保障人权主要有三层含义：一是保障犯罪嫌疑人的合法权益以及辩护人的诉讼权利；二是保护被害人、证人等侦查程序参与人的权益；三是保护一般公民的合法权益。在侦查程序中主要通过设计细密的侦查程序，限制侦查权，扩张诉讼权利达到保护个人权利、实现侦查程序公正的效果。

（三）我国侦查的根本目的

侦查的根本目的在于维护国家经济制度在内的上层建筑的稳定，促进文明的发展和社会的进步。侦查程序作为刑事诉讼程序的一部分，通过实施侦查这一特殊行为揭露、惩罚、控制犯罪，最终维护国家的上层建筑，促进文明的发展和社会的进步。侦查程序所实现其根本目的的途径、方式与其他司法活动如国家立法、民事诉讼、行政诉讼等均有其特殊性。因此，侦查的根本目的仍应纳入侦查目的理论的研究范畴，仍应成为侦查目的的一个独立层面。

六、侦查目的现实中的权衡

（一）侦查目的实现中多元利益的调整

侦查目的具有三层性，那么作为侦查程序的制定者和侦查程序活动的实践者，在侦查程序中调整各参与主体的利益，使各层目的得以和谐并存进而达到统一是实现侦查目的理想状态的应有之义。侦查实践中为实现查明案情真相、查证嫌疑人犯罪事实的有无，以决定是否提起公诉的直接目的与为实现揭露控制犯罪和保障人权的间接目的现实矛盾，进而在侦查程序中以实体与程序、惩罚与保障、控制犯罪与过程正当的矛盾表现出来的不同利益间的冲突也会不可避免地存在，侦查目的现实中的多元利益及冲突必然会产生。

任何利益间的冲突都存在选择的一般性原则。当发生利益之间的矛盾冲突及由此产生的权衡与选择时，为获得某种利益或者肯定某种事物、行为的价值，就要放弃或否定与之对立的那些利益或价值，正所谓有得便有失，而国家立法主要作用正是对相互冲突的个人利益和社会利益进行调和与调整。

权衡冲突应遵循以下两大原则。

1. 共同抑制原则

这是总的指导思想，就是建立综合的、均衡的利益机制。既维护个体利益，又保障社会安全。一方面，为了防止过分限制公民自由损害公民利益，国家权力行使应当受到限制；另一方面，为实现"公共利益"，根据法定程序和正当理由对公民的某些权利也要作适当限制。在一个利益多元化的社会，一种社会政策必然是相互冲突的利益调和、妥协的结果。在侦查中，应当尽可能避免用损害一种正当利益的方式保障另一种利益。应当根据犯罪嫌疑人、被害人及其他侦查程序参与人利益与一般社会利益具有根本一致性这一原理，通过改善、提高侦查效能，使这些权益受到全面保护。

2. 动态均衡原则

均衡是注重基于具体条件和个案情况的不同，从符合实现更高层次利益的角度确定各种利益的优劣。利益均衡是一种因时、因势注意政策调整和转移的战略均衡和动态均衡。社会的实际情况是不断变化的，社会对侦查的要求也会变化，这就决定了司法制度对不同利益的保障应随时势有所侧重。

（二）现阶段我国侦查目的在现实中的权衡

我国侦查目的的三层内涵体现在侦查程序中可以概括为以下三个方面：第一，在正当的程序下，查明案情真相、查证嫌疑人犯罪事实的有无，以决定是否提起公诉；以追求客观真实查明案件真相为直接使命。第二，以揭露控制犯罪和保障人权为间接目标；第三，以维护法律秩序、保障社会安宁为利益重心。其中起主导作用的是社会国家利益中心观，在侦查目的的设计上，对国家社会利益进行适当的倾斜是符合实际的，它基本上是适合我国国情的，起到了维护法律秩序、保障社会安宁、保护公民生命财产安全以及促进社会发展的积极作用，符合侦查的根本目的。

根据当前侦查的现状与特点，对我国侦查目的实现中利益冲突的权衡应采取以下两项原则解决，即侦查抑制原则和例外原则。

侦查抑制原则是在强调国家利益以及共同抑制的前提下，对国家权力作适当限制，其目的就在于使侦查程序中的多元利益不至于过度倾斜，但国家权力抑制到何种程度则属于刑事司法政策研究的范畴。再进一步而言，就是作为一种侦查程序，它的设计必须紧紧围绕查明案情真相、查证嫌疑人犯罪事实的有无，以决定是否提起公诉这一直接目的。严格规范和控制侦查权力的行使，要求侦控机关严格履行客观与诉讼告知义务，建立严格的制裁机制、外部司法介入机制等。

例外原则是指在个别案件侦查过程中，如果选择个人利益会严重地危害社会国家利益时，个人利益必须作出让步和牺牲。之所以称为"例外"，是说在我国侦查中一般不允许维护社会、国家利益以牺牲个人合法利益尤其是犯罪嫌疑人的合法利益为代价，这体现出我国侦查价值观既强调社会利益又不忽视个人利益，但在个别情况下当两者不可兼得，维护个人利益会严重威胁社会、国家利益时，个人利益要服从社会利益。

总而言之，要使我国的侦查目的达到国家预先设计的理想模式，多元利益之间的矛盾冲突及由此产生的权衡与选择是否恰当具有决定意义，当然我国的司法现状是其权衡与选择的现实依据。只有理性地认识与掌握矛盾冲突及由此产生的权衡与选择，同时又不脱离我国的司法现状，侦查目的才能得以顺利地实现。

第三节　侦查学的基础理论

侦查学的基础理论是侦查学赖以存在和发展的基点。为了适应形势要求，推动我国侦查实践攀登新高峰，必须加强侦查学的理论研究，在加强侦查科学化、智能化法治化建设的同时，还应当努力开发侦查学基础理论，为侦查学的发展奠定坚实的理论基础。

一、侦查学的发展需要科学的基础理论

要想真正理清侦查学的基础理论，如何界定基础理论的概念是其中的一个关键。基础泛指事物发展的根本和起点，如物质基础、基础知识。理论（概念、原理的体系）是系统化了的理性认识，具有全面性、逻辑性和系统性的特征。理论的产生和发展既由社会实践决定，又有自身的相对独立性。理论必须与实践相结合，科学的理论是在社会实践的基础上产生并经过社会实践的检验和证明的理论，是客观事物的本质规律性的正确反映。由此可见，科学的侦查学基础理论应该是产生和发展于侦查实践，具有全面性、逻辑性和系统性的根本理性认识，该理性认识能为侦查实践所检验并能正确反映侦查的客观本质。

二、学术界有关侦查学的基础理论概述

（一）物质论

该论认为犯罪行为是客观存在着的物质反映，一切犯罪行为都是由人、物、事、时、空这五个基本要素构成的，而这些基本要素的基本内容都是物质的，其基本属性是它的客观实在性。人们能认识事物的存在，就是客观事物在人们头脑中反映的结果。犯罪行为是可以被认识的，刑事案件是可以被侦破的。唯物主义肯定世界是物质的，物质是第一性的，意识

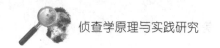

是第二性的，意识对物质具有反作用，客观世界是可以被认识的，是可以被改造的。所以，犯罪行为是可以被认识的，刑事犯罪案件是可以被侦破的。犯罪行为形态是侦查破案特定的物质基础，犯罪行为形态有客观性，决定了它是可以被认识的、宏观的、有形的、微观的、无形的犯罪行为的存在，使破案具备了客观必然性。

（二）因果关系理论

该说认为，因果关系原理是刑事案件中普遍联系和相互制约的表现形式，也是侦查学的重要原理之一。刑事案件的因果关系反映了刑事案件各要素之间的相互关系、彼此制约的关系。在刑事案件中，原因是引起一定结果的犯罪现象，结果是指由于原因的作用而必然产生的犯罪现象，原因和结果的关系是辩证的。同一犯罪现象，在这种关系上是原因，在另一种关系上可能就是结果等。

（三）物质交换理论

该理论认为，在侦查学中，物质交换是指犯罪人在犯罪过程当中不可避免地要将某些物质遗留于犯罪现场，同时又会从犯罪现场带走某些物质。从此概念出发，可将这种物质交换现象划分为三种主要类型：第一种是痕迹性物质交换，第一种是实物性物质交换，第三种是无形性物质的交换。根据物质交换理论，犯罪活动是一种物质运动，无论犯罪分子如何狡猾，在作案时都不可避免地会在现场遗留或带走某些物质，其中有许多是罪犯意想不到的物质微粒转移，这就提供了把罪犯与犯罪联系起来的良好条件。

（四）同一认定理论

该理论指出，同一认定是指其具有专门知识的人或熟悉客观事物某些特征的人，在研究和比较先后出现的两个反映形象特征的基础上对其是否出自一个或是否原属同一整体物所作出的判断，此概念还包含了同一认定的主体、客体物、目的以及方法等要点。

（五）侦查系统论、信息论与控制论

从系统论观点看，侦查是刑事诉讼的组成部分，侦查是刑事诉讼系统中的一个子系统，但侦查又是一个独立的系统，其中又包括若干个子系统。运用系统理论，从侦查系统的整体出发，先对侦查系统的整体结构、功能进行综合，通过调整系统结构，协调功能，使侦查系统的整体功能大于各个部分之和。侦查系统通过整体作用控制系统中各要素在系统中的地位，协调各要素的比例关系，对现有力量进行创造性地排列组合，使系统发挥出更大功能，侦查只有从大系统的最佳结构出发安排各种比例，支配各种要素，才能协调全局、高屋建瓴、势如破竹。信息是侦查认识的中介，又是侦查决策的前提和基础，整个侦查过程也可以说都是围绕着收集侦查信息进行，所以说信息理论也是侦查学基本理论的内容之一。所谓控制，就是指一个系统通过一定方式驾驭或支配另一个系统做合目的运动的行为及过程。侦查就是通过一定的方式实施对本系统的各个子系统及被侦查系统的控制，使其做合目的运动的过程。运用系统论、信息论、控制论的理论研究和解决侦查学中的问题，既有现实意义，也有深远的理论意义。

（六）侦查对策优化理论

侦查对策优化原理主要是研究侦查人员在同犯罪分子的斗争中如何找到最合理的侦查行动方案，并将其付诸实施以达到最佳的侦查效果，此理论被认为是侦查学的一个基本原理。

三、侦查的本质

侦查的本质是侦查理论中的基石问题，也是侦查研究中带有全局性、

根本性的问题。众多学者从不同角度对侦查本质进行了探讨，依托法学理论背景可将侦查本质概括为如下几个方面：第一，侦查是一种职权。其理由在于侦查主体机关的范围是由法律明确规定的，并且这类法定的侦查机关一旦确定，侦查工作就成为其一项必须担负并保证完成的工作任务，同时要承担侦查任务完成过程当中和结果等方面的责任；第二，侦查是一道程序。不但侦查活动要严格遵循法律规定，而且侦查结论的作出除了要求有实质标准外，还要求有形式标准，即程序标准；第三，侦查是一类措施。从方法论上理解侦查，可以发现侦查活动是通过一系列具体侦查措施的实施而得到表现的；第四，侦查是一项证明活动。侦查机关依照法律程序提取证据达到"犯罪事实清楚，证据确实、充分"的法定标准证明违法案件事实的存在；第五，侦查是一项缉获犯罪嫌疑人的行动。作为行使国家追诉职能的侦查机关的一项重要任务就是缉获犯罪嫌疑人，为国家提起公诉做准备。

侦查的本质乃是一种认识活动。其中，认识的主体是侦查人员，侦查的客体是犯罪行为人实施的犯罪行为，认识的方法是侦查技术、侦查措施和侦查手段。作为一项特殊的认识活动，侦查的本质具体表现在以下几个方面：第一，侦查是一种寻找性的认识活动。侦查活动的主要任务就是认识犯罪嫌疑人、认识犯罪证据、认识犯罪嫌疑人所实施的犯罪行为。寻找性的认识活动是从无到有、从少到多的过程，是知现象到知本质、知点到知面、知此到知彼，从感性认识到理性认识的过程，是一个质变过程；第二，侦查是一种回溯性的认识活动。因此，这种认识活动往往是事情发生之后，对原犯罪行为进行的一种回溯性的认识；第三，侦查是一种间接性的认识活动。侦查的认识对象主要是犯罪嫌疑人实施的犯罪行为，除非现场现行抓获犯罪嫌疑人的案件，大多数的案件，侦查人员无法直接面对犯罪行为，只能借助某种中介间接地认识犯罪行为；第四，侦查是一种对抗性的认识活动。侦查活动是侦查人员与被侦查人员的直接对抗，是双方力量、意志、信息的比拼；第五，侦查是一种证明性的认识过程。侦查机关通过收集犯罪证据达到"犯罪事实清楚，证据确实、充分"的法定标准以证明违法犯罪案件的事实。

通过从法学理论以及认识理论相关维度考察，侦查的本质更多体现为一种程序性的、寻找性的、回溯性的、对抗性的以及证明性的认识过程。在这个过程当中，侦查人员如果做到了依照法律程序行使职权，在双方的意志、力量对抗上占得了先手，在信息的占有上取得了优势，那么对于揭露犯罪事实真相、抓获犯罪嫌疑人都是大有裨益的。

四、侦查实践中各种方法的运用

当前，在一系列的科研成果中，对于侦查学的学科理论和实践，控制方法、系统方法与信息方法的协同运用，可以作为推动侦查深化开拓的指导依据。

(一) 控制论的方法论

所谓控制，是指对一个有组织的系统，根据内部、外部的各种变化而进行调整，不断克服系统的不确定性，使系统保持某种特定的状态。控制论方法的特征，要求对被控对象进行整体的综合性动态研究，这是唯物辩证法在现代科学中的生动体现。但其条件是只有掌握具体的信息内涵，才能综观和控制整体。

人类从制造第一把工具起，就开始对制造工艺进行"控制"，当前世界一切活动在其形成过程中都有控制的体现。人脑是控制的中枢，对所获信息进行比较、分析而作出判断，使整个工序的运筹及运转相互连接成为总体动态过程。而控制的功能在于为目标的组合体现而实施，根据内外条件各种变化而加以调整，不断克服其不稳定性，使系统始终保持其特定状态，成为克服各种随机因素而达到原定目标的基础方法。

控制方法的实质就是对信息的处理和更换的过程。控制方法论主要依靠不断获取犯罪信息，在取得犯罪信息的基础上，通过判断对整体作出指令，有效地控制重点，调整不当之处。因而，在刑事案件的侦查系统工程中，对所获的犯罪信息（输入）进行分析、对比，并作出判断，然后据此判定侦查对策（输出），开展侦查，并将所获结果（反馈），控制和调整上述对策中某些不适应部分，纠正偏差，更换方法，不断克服随机因素，从而达到侦破案件的预期目的，这就是侦查运用控制方法的具体过程。其要害之处在于对侦查客体进行整体性、综合性的动态研究。只有以充分掌握信息为前提和基础，才能控制整体性的联系，而且必然成为唯物辩证法在现代科学中的生动体现。而侦查中的控制方法的作用在于调整事物间的相互关系，以克服随机性而达到侦破目的，下列三种作用是控制论对侦查的特殊贡献：第一，提供突破界限，揭示事物联系作用；第二，提供排除干扰的随机应变的作用；第三，提供辩证综合整体研究的作用。从而又能从侦查活动中引出下列四种控制功能：第一，通过初步侦查和信息的反馈，对临场分析所得的各种推断进行控制和调整；第二，对所实施的侦查措施方法的控制和调整；第三，对被控嫌疑对象的调整；第四，对侦查计划和谋略的调整，以达到对犯罪行为本来面目的"再现"。

侦查控制论中的控制是指掌握犯罪相关信息的行为或态势。运用控制论的方法，对整个侦查活动不断进行控制和调整，从中找到最佳的侦查手段和方法，这是排除干扰、纠正偏差、打破僵局、达到预期侦破目的的正确途径和方法，从而令人信服的证明。

（二）系统论的方法论

所谓系统，就是由相互关联、互相制约的若干部分按一定的规则组成的，具有一定功能的主体。从其本质上说，系统是过程的"复合体"，它的功能是接收信息、能量和物质，并通过物质、能量和信息的运转，构成系统的"规律状态"，充分显示其"系统"的生命力和功能化。"系统"的概念包含世界上一切事物的各种领域（物质必有其结构和形态），而被称为"系统"则是一些相互联系和相互作用的变量的一个"集"，在概念上则成为一个"整体"，其最终目标是达到某一"境界"。侦查的最高境界就是犯罪行为的"再现"。

系统方法论的主要特点包括以下几个方面：第一，不同的系统集中了个别类型的个性和整体功能的共性，因而系统有整体的不同但又有局部的相似，即共性中存在异化，异化中又属有共性；第二，具有一定的层次性和顺序性（任何犯罪行为必有组合必然性和行为顺序的先后性）；第三，复杂体中的协同性（既各有异化但又协同一致，因而在侦破中只要动其一发必牵动全局）；第四，系统以结构优化分成差别，系统复杂的其优化难度就越大，而效应也最明显，（抓住主要，必能洞察其他）。由于上述系统性的象征，体现出它的特征：第一，整体性，即为系统必成整体；第二，综合性，越是高度组合越是容易分解，只要分解其中之一，全局必然崩溃；第三，辩证性，在建立侦查系统时首先必须是主客观的辩证统一。

侦查的系统工程方法是研究犯罪行为系统模式、原则和规律，并对其功能进行辩证思维和信息处理的一门科学方法。这里所谓的侦查系统是指一个要研究和体现的对象体系，由于对象不同，系统所包括的范围也就不同。系统的分析方法就是从整个系统的总体上对犯罪系统内外相关事物、发展趋势及其运转规律加以辩证地分析，找出最佳突破系统的工作方案，从总体及具体的行动对策及运转中掌握加以突破的基本谋略和策略。由于侦查是面对面的两个对应的系统，因而首先要对犯罪行为系统工程进行整体研究、判断、定性、定位，这是第一个需要完成的系统工程；然后，才能针对第一个系统工程的特征、手法、物证、对象做出第二个系统工程，即侦查活动的系统工程，两个对应的系统工程必须互为对象、互为条件，在同一时空条件下相互较量。通过侦查系统工程中依靠信息方法和控制方法进行控制调整，使整个侦查系统工程的各个阶段和步骤都处于最佳运转之中，最终全面侦破刑事案件。因而，侦查的决策者和执行者在这一对立的系统较量中必须真正掌握以信息方法为核心的"三论方法论"以及辩证推理的逻辑思维，如此才能胜利地完成侦查工作，这也成为侦查中的一个

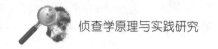

基本原理。

（三）信息方法论

信息是一个含义十分广泛的概念。从一般意义上来说，信息是人类感官所能感知的一切有意义的东西。信息又是独立存在的，信息方法一旦与控制方法和系统方法相结合协同实施就成为另一种结构，它必然在信息功能上突飞猛进。而侦查的研究对象的情况来自已知的有关信息，以探索新的未知领域，运用逻辑方法，从已知推向未知，从知之较少到知之较多，逐步掌握犯罪要件，从而提出新内容、新知识和新的探求，它是一个有序的过程，实质上则是信息的传输过程，并综合成为一个整体的信息流。而在这个信息流中，信息方法的反馈方法成为关键，"馈"是送出的意思，"反馈"则是回赠的一去一回的意思，人们把已得的系统信息作为系统的一个局部输送出去（使用），作用于被控对象后所产生的"反映结果"返回输送（供另一种方法使用），这种过程就称为侦查反馈。从哲学上讲，就是促使矛盾转化的条件，并最终使之转化。就侦查而言，是通过反馈校正偏差失误，在系统方法和控制方法协同下再作输出，如此反复，最终必将获得预期效应而"再现"原来犯罪行为的面目。

信息方法在侦查中的作用：第一，由于信息概念的普遍性，信息方法可以揭示犯罪行为的共性；第二，由于信息概念的综合性，信息方法可以提高侦查整个系统的可靠性；第三，由于信息概念的灵活性，信息方法可以揭示犯罪行为实施的规律性；第四，由于信息本身的主观属性，信息方法可以用于侦查系统的失律性和个人操作的疏忽性，特别发挥人的功能性；第五，信息的形式化、形式性可以使侦查突破对研究对象的局限性和常规性。由于上述的普遍性、综合性、灵活性、同构性、主观性、相似性和形式化，并在与系统方法与控制方法的协同作战中，使信息方法得到应得的效应，它的作用已超过侦查等特殊学科，而几乎遍及自然科学和社会科学的各个领域。

在侦查学中通过系统论方法论和控制论方法论的协同配对，使原有的信息方法有了明显的延伸和拓展，并成为我国侦查学的理论基础之一，在侦查具体的实践中起着关键性的指导作用。因此，对于侦查信息的研究应在广义犯罪对策学或刑事政策学的领域里、在社会的视域中进行。

第二章　侦查中的逻辑能力

第一节　走访调查的逻辑能力

走访调查是侦查案件的必要手段和措施，其目的是查明案件的基本情况，发现侦查的新线索，查清犯罪嫌疑事实，取得证人证言，甄别犯罪嫌疑人供述情况的真伪。

走访调查是贯穿于侦查活动始终的，从案发开始，到结案前夕，侦查人员都在进行着各种各样的走访调查。

走访调查的逻辑程序是首先确定调查的方向，其次确定调查的对象，再次决定调查采用哪些逻辑方法，最后具体进行调查记录并形成完整的调查报告。

从逻辑角度研究走访调查，不多涉及具体的调查行为，主要是研究在调查前如何通过逻辑分析确立调查的方向、确定调查的对象、决定调查的方法及对调查后形成的调查报告提出一些逻辑要求。

一、确立调查方向的逻辑能力

怎样在线索非常有限的情况下，面对一个个调查细节初步判定行动的方位呢？这就要运用逻辑的方法，科学有效地、较为准确地找到调查的方向，力争用有限的力量解决复杂的难题。

走访调查一般可分为初步调查、进一步调查和最后调查三个阶段，相应地，决定调查的方向也分为初步判定调查方向、进一步校正调查方向和最后确立调查方向三个阶段。

(一) 初步判定调查方向

初步调查是案件刚刚发生时进行的调查，是在犯罪事实很不明晰、掌握的线索非常少的情况下进行的调查，但也应该运用逻辑的知识和逻辑的手段认真分析可分析的少量材料，初步判定调查应向哪个方向进行。

1. 确认条件关系，初步判定案件起因

逻辑里的条件关系包括充分条件、必要条件和充分必要条件三种。

在初步判定调查方向时，首先要运用充分条件关系大致判断案件的起因。充分条件是指前件情况存在后件情况必然存在时前后件的条件关系。从逻辑意义上讲，侦查人员首先接触的总是事情的后件（案件结果），而要侦查的却是事情的前件（引发案件的原因）。因此，侦查人员利用充分条件关系是在已经确认了后件（q）存在的情况下，要搞清到底是什么样的前件（p）引起了现在的后件存在。但由于一个结果可以由多种原因引起，所以前件往往是复合的。一个人的钱不见了，可以由被盗、自己丢失或已经给人等多种情况引起，这也就意味着最初判定的调查方向一般是多维的，但这时的关键是一定要确认这里的充分条件是能够成立的，即 p1→q，p2→q，p3→q……；总之，p 一定蕴涵 q。

其次，在可能的情况下确立必要条件关系，直接确定案发原因。必要条件是指前件情况不存在后件情况必然也不存在时的前后件条件关系，并意味着后件情况存在前件就必然存在。所以，假如必要条件成立，侦查人员从勘察到的后件情况中就可直接确定其前件情况（即案发原因）。

2. 遵照选言推理要求，不可遗漏可能原因

案件的起因既然是复合的，就要遵照选言推理的要求，分析一切可能的原因。选言推理的逻辑要求是作为选言推理大前提的选言判断，其肢体判断应当穷尽一切可能情况，这个要求对侦察人员来说，就是头脑思考问题一定要非常周密，把各种可能性都考虑到。宁可多确定一些调查方向，

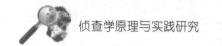

也决不能漏掉哪怕一种可能性。

从逻辑角度说，前件或 p1 或 p2 或……或 pn，pn 已经穷尽了 p。即 p1 ∨ p2 ∨ p3 ∨ … ∨ pn→q。

3. 运用类比方法，初步判定重点调查方向

一切可能的调查方向都应当坚持，但侦查人员可以对照自己以往的经验，决定一两个重点调查方向，不致平均使用力量，过多消耗精力。

运用类比推理，简单来说就是寻找这个案子与过去办过的案子的共同点；两个案子的共同点越多，则两个案子越可能是同一性质的案件，得出共同结论的可靠性也就越大。这样，就可以把过去办案的思路确定为本案的重点调查方向。

4. 应用模拟、检验手段初步缩小调查方向

调查方向过多，对于有限的警力来说，肯定是不利的。所以，一开始就要努力缩小调查方向。真正缩小调查方向是第二阶段的核心任务，但在开始阶段，在条件允许的情况下，可以先进行一些简单的模拟试验和科学检验，初步缩小调查的方向。

模拟试验其实也是类比推理的一个应用，其逻辑结构是：模拟物具有属性 a、b、c、d；侦查实物具有属性 a、b、c；所以，侦查实物也有属性 d。

同样应当注意，模拟试验的结论也是或然的。假如不能排除某人故意伤害被砸者的可能性，那么上述的模拟试验就会存在偏差了，因为人为抛出的花盆和自然掉下的花盆的落点当然会有偏差。

5. 归纳同类案件，运用演绎推理迅速判定调查方向

这是综合运用逻辑方法，迅速判定案件调查方向的能力。其逻辑进程表现为从个别到一般，再从一般到个别，即先从同类的个案中归纳出一般性的特点、规律，再运用这个一般性的特点、规律及时判定新发生的个案性质。从逻辑学角度看，这就是先运用不完全归纳推理得出一般性的结论，再把这个一般结论作为大前提进行演绎推理，得出个别性的结论。

有经验的侦查人员，心中都掌握了许多类型案件的规律，所以他们破获"常规"案件显得得心应手。这是需要在实践中长期积累的，侦查人员要善于归纳、善于总结。

（二）进一步校正调查方向

进一步调查是在有了初步调查的结果后再开展的调查，这时就要对初步调查的结果进行逻辑分析，重新校正调查的方向，缩小调查的范围，展开更加有效的调查。

在进一步调查的过程中，侦查人员有可能发现新的线索或证据，支持原来设定的调查方向，那就要沿着这个调查方向继续走下去；更有可能发现与原来设定的调查方向不一致甚至相矛盾的线索或证据，那就要放弃这个调查方向，等于校正和缩小了原来的调查方向。因此，对调查方向进行校正，应该主要运用逻辑否定的手段，排除原来并不正确的调查方向，使调查沿着较为正确的方向继续进行下去。

1. 利用假言推理否定式，终止错误的调查方向

在案件侦查中，调查工作的展开往往可以看作是假言推理的应用。无论侦查人员怀疑作案者是谁，还是猜想案件发生的起因及推测案件进行的过程都是设定了充分条件假言判断的前件（如怀疑"此案是张三作的"，猜想"他是图财害命"，推测"他用铁锤作案"）；而不管是什么样的前件都会蕴涵一定的后件（上述前件就可分别蕴涵以下后件："张三有作案时间""他需要并得到了一笔钱""他有铁锤"）。然后就可以对蕴涵的后件展开调查（看张三有没有作案时间，得没得到一笔钱，找没找到铁锤）。然而，充分条件假言推理的规则说明肯定后件并不能肯定前件，否定后件则可否定前件。这也就是说，即便调查到张三有作案时间，也不能断定就是他作的案；即便在他身上找到一笔不属于他的钱，也不能判定就是他杀的人；即便在他家找到铁锤，也不可断言他作案无疑。但反过来，如果张三没有作案时间或不可能拥有铁锤等，则可否定他作案的可能性。

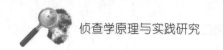

因此，当初步判定调查方向之后，就不妨从前件出发，根据蕴涵的条件关系，做出几个后件，看在进一步的调查中能否对这个后件进行否定。不能否定就继续调查下去，能否定则可终止这个错误的调查方向。

2. 利用真值模态判断间的否定关系，排除错误的调查方向

真值模态判断之间存在着真假制约关系，即对当关系。这些关系中有这样一些否定关系：两个必然判断间，一个为真，另一个即可确定为假；必然肯定判断与可能否定判断之间，必然否定判断与可能肯定判断之间是相互否定的，一个为真另一个必为假，一个为假另一个必为真。

利用这些否定关系，由一个真值模态判断的真，确定另一个真值模态判断的假，从而排除错误的调查方向，缩小调查范围。假如起初断定某死者可能是被甲乙丙丁四人中的一人所害，但后来调查甲的确没有作案时间，即"死者必然不是被甲所害"真，那么"死者可能被甲所害"就假，于是就排除这种可能性，及时转向其他方面的调查。

3. 利用性质判断间的对当关系，否定全面调查

在性质判断对当关系直接推理中，可以由一个判断的真推知另一个判断的假。这些推理分为：全称肯定判断真，则全称否定判断和特称否定判断假；全称否定判断真，则全称肯定判断和特称肯定判断假；特称肯定判断真，则全称否定判断假；特称否定判断真，则全称肯定判断假。另外，单称肯定判断真，那么单称否定判断就假，反之亦然。这里最有用的就是由特称判断的真可以断定全称判断的假。

在调查中利用以上关系，就是如果在实际调查中确定了一些判断的真实性，就可否定掉另外一些判断，从而可以校正或缩小调查方向。

4. 利用选言推理否定式，缩小调查方向

不管是相容选言推理还是不相容选言推理，否定一部分选言肢都必然要肯定另一部分选言肢，即对于相容选言推理和不相容选言推理来说，否定肯定式都是有效式。选言推理的大前提是含有多个支判断的选言判断，即各个调查方向；而选言推理的小前提是对一些肢判断的否定，那就是去

掉了一些调查方向。这样，调查方向自然就缩小了。

5. 利用逻辑基本规律，综合校正或新增调查方向

逻辑基本规律有同一律、不矛盾律、排中律和充足理由律，它们是适合概念、判断、推理等一切思维形式和思维过程的。所以，在走访调查中利用逻辑基本规律，就是综合运用思维方式和各种逻辑方法，坚持正确的调查方向，排除错误的调查方向，使调查深入地进行下去。

同一律要求侦查人员的思维保持一贯性，即调查要沿着设定的方向没有偏差地进行下去，最好形成有共同指向的一致的证据链条。

不矛盾律要求侦查人员的思维过程不能出现相互否定的东西。如果在调查中发现矛盾，就一定要修正或改变调查的方向。

排中律要求侦查人员的思维必须鲜明。在调查方向确立的思维过程中遇到相互否定的情况，必须根据实际情况，作出明确选择。

充足理由律要求侦查人员进行任何思维必须是有根据的。提出的一切调查方向都必须具有一定的可能性。

(三) 调查方向的最后确立

经过初步调查和进一步调查之后，案件情况逐渐明了，这时如果能再进一步找到强有力的或关键的证据，或对已经调查的材料进行综合有效的比较分析，基本上就能确定最后的调查方向了，而离案件的最终告破就只剩一步之遥了。

1. 大胆预测，基本确立得到验证的调查方向

虽然充分条件假言推理不能由肯定后件必然肯定前件，但如果能从前件出发大胆预测后件的出现，而后件真的出现了（即预测得到验证），那对前件的肯定力度（在科学逻辑里叫确证度）就大得多。比如，热天如果劳动就会出汗，可以由一个人出汗断定他劳动了，可靠性不是很大，因为生病、恐惧等都会出汗。但如果根据某种经济学的观点，大胆预测在某个时间社会上会出现什么程度的通货膨胀，到那时果真像预测的那样通货膨

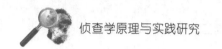
胀如期到来，那对这种经济学观点的确认，无疑有着重大的作用。

当调查方向比较明确之后，如果侦查人员再能根据前面的调查，经过推理，大胆预测一个结果，而这个结果又被得到验证，那就能基本上确立这个调查方向，期待案件的最后侦破了。

应注意的是，预测的根据和结果之间必然具有蕴涵关系（即充分条件关系必须成立），预测的结果必须是能够而且方便检验或验证的，再就是前件存在的其他可能性越小越好。

当然，由于预测的结果得到验证也还不能对充分条件假言判断的前件得到必然肯定，这个调查方向仅能得到基本确立，所以其他调查方向并不能完全放弃。

2. 发现关键证据，确认调查方向

当在几个调查方向上展开详尽调查的时候，如果突然发现了某个调查方向上的关键性证据，而其他调查方向又没有太大进展，一般来说，那就应当确认这个调查方向了。

3. 综合调查结果，分析共同指向

经过了初步调查和进一步调查两个阶段，已经积累了许多调查材料。对所有的调查材料进行综合分析，如果发现这些材料都有共同的指向，或者说用某个侦查假说能解释通众多的调查材料，已经使这些调查材料形成一个证据链，那就可以最后确立这个侦查假说所指示的调查方向。

二、确定调查对象的逻辑能力

在确定调查方向的基础上就要展开各种调查了。对谁进行调查呢？这就要确定调查对象。简单来说，调查对象无非是人或物。物主要包括作案工具和相关物品，人主要包括作案者和相关人员。对于一个复杂案子来说，往往不可能对所有的有关物品和有关人员进行调查（有时也没必要）。对作案工具和作案者进行调查当然是非常必要的，但作案现场往往没留下工具或不知道什么物品是作案工具，作案者常常已脱离了作案现场或不清楚作案者是谁。因而，这就有了如何确定调查对象的问题。

从逻辑上讲，"调查对象"是一个外延较大的非常抽象的普遍概念，所谓"确定"调查对象，就是将这一概念的外延缩小，一直缩小到十分具体的外延为一的"单独概念"。

（一）作案工具的确定

确定作案工具是一件非常重要的事情，因为作案工具在找到作案人之前是重要的线索，在找到作案人之后是必要的证据。侦查逻辑应当把作案工具确定的过程看作是从属概念不断向种概念过渡的过程，而过渡的目标指向就是单独概念。

1. 根据案件属性确定作案工具的属概念

如果作案者将作案工具遗留在现场或有人亲眼看到了作案过程（如看到歹徒骑摩托车实施"飞车抢夺"），那么作案工具的初步确定就基本不存在问题。但狡猾的犯罪分子往往是把作案工具带离现场，案发过程又无其他人看见，而假如是用身体某个部位作案的话（如拳打脚踢），作案工具更不可能留在现场。这样，"作案工具"就成了一个模糊的概念。侦查人员的任务之一就是使这个模糊的概念逐渐明晰起来。先根据案件的基本属性和现场的基本情况确定作案工具的上属概念。

任何事物都有许多的属性，任何案件也必然有自己的基本属性。案件的过程也许一时难以搞清，但案件的结果却是明摆在侦查人员面前的。根据案件发生的结果，一般可以马上确定案件的某种基本属性并将其确定为什么案。

案子简单定性后，加上初步的现场勘察、检验等，尽管不能确定具体的作案工具，但基本上可以确定作案工具的上属概念。比如，根据受害者伤口较大、较平整的情况，可先确定作案工具是某种钝器；如果伤口较小、较深，即可判定作案工具是某种利器等。从案件的结果断定作案工具，实质上运用的是假言推理的肯定后件式。充分条件假言推理的肯定后

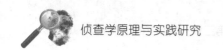

件式是无效的，充分必要条件假言推理的肯定后件式则是有效的。因此，这种断定有些是真实可靠的，有些还是一种可能性。但确定的前件是具体作案工具的上属概念，范围广、外延大，因而还是更能接近真实的。

2. 根据作案环境确定作案工具的同级种概念

如果确定了案发第一现场，那么作案环境自然就确定了。有时，可以根据作案环境进一步确定作案工具的若干同级概念。比如，死者确定是钝器撞击而死，而作为"钝器"这个属概念的种概念有哪些呢？铁锤、合适的板子、汽车撞击力、挖土机吊斗撞击力等数不胜数。但如果发现死者是在一个挖沟工地死去的，汽车上不去，一般也不会有小块的铁板、木板，那就可以确定死者是被铁锤砸死或被挖土机吊斗撞死；再根据撞击面积的大小可确定是铁锤还是吊斗。

3. 根据现场蛛丝将作案工具限定为单独概念

不管是什么样的一种概念，只要它还是普遍概念，就不能作为有力的证据。从法律逻辑的角度说，只有把作案工具限定为作案者使用的作案工具，才能将其作为法庭上的重要证据。具体到一个案子里，"作案者使用的作案工具"就是一个单独概念了。但由于"作案者"是谁还不清楚，自然这一概念也是不明确的。这时，应当根据作案现场的蛛丝马迹，用概念间同一关系的相互转换，再做一个有明确内涵、便于查对的单独概念。简单来说，假如经勘验死者是被刀刺死的，那么在本案中"沾有死者血迹的刀"与"作案者使用的作案工具"就是同一概念，接下来就必须寻找这把沾血的刀。当然，犯罪嫌疑人有时非常狡猾，很可能先擦掉血迹再遗弃这把刀。这就需要对现场进行细致入微的勘察，假如这把刀因碰撞了硬的东西而留下一点残片，那么也可作出与"作案者使用的作案工具"相统一的另一个概念"与现场残片相吻合的刀"。

（二）相关物品的确定

寻找作案工具固然重要，但查找与破获案件有紧密联系的相关物品也是不可忽视的。所谓相关物品，就是作案者使用过的，能证明案件存在或作案者身份的所有物品。对这些物品的来龙去脉进行调查，自然有利于拨开层层迷雾，逐渐显露案件的真实情况。

1. 没有变成空概念的相关物品

这是最起码的要求。侦查人员要寻找的物品首先就是它还存在，还没有彻底被销毁，还能起到某种证明作用。所以，确定相关物品要根据现场情况，先将可能已经消失的物品排除掉，确定还没有或可能还不会消失的物品为下一步要调查的相关物品。

2. 能使无限概念变成有限概念的相关物品

有些犯罪现场的遗留物品可能非常多，如娱乐场所斗殴案、公众场所恐怖案等。要破获此类纷繁复杂的案件，确定哪些相关物品展开下一步调查呢？其概念外延范围极大甚至个体数量无限多的物品不要选，如一般纸巾、散落的钱等；其概念范围有限、个体数量不多的物品则可选定为相关物品，展开调查，如某种只在某地区销售的特产围巾、地方小报等。对这些物品展开调查，就可以确定作案者所处的地域，并有可能发现一些重要的线索。

3. 能使普遍概念变成单独概念的相关物品

有些物品看似普通，但如果能细致地进行观察，找到其特殊性，往往能使一个普遍概念转换成单独概念，那就十分有利于案件的侦破。比如，某作案现场发现了一张报纸，从其锈迹断定它可能是包裹作案斧子的用具，因此调查这张报纸的来源将对破获案件起到很重要的作用。在这里，"拥有这种报纸的人"是普遍概念，"拥有这张报纸的人"则是单独概念。这时应当仔细观察，假如发现报纸是从中间用手撕开的，那么"拥有同一日期且撕纹相吻合报纸的人"与"拥有这张报纸的人"就是同一概念、单独概念。

（三）作案人的确定

毫无疑问，作案人的确定是确定调查对象乃至整个破案侦查的核心。

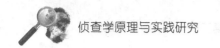

但这里讲的作案人的确定是讲确定一个什么方向、沿着什么样的道路调查作案人。确定作案人的过程，就逻辑来说是一个增加概念内涵以逐渐缩小概念外延的过程，缩小到单独概念，具体作案者就浮出水面，案件也就告破了。

因此，侦查人员在整个过程中要时刻想着从哪方面增加作案人概念的内涵。

1. 通过作案工具属性增加作案人概念的内涵

作案工具是作案人使用的，通过对作案工具所具有的各种各样属性的分析，肯定能增加作案人概念的内涵。假如作案工具是一个较重的铁棍，则可增加作案者"强壮"的内涵；假如作案工具是一个机械装置，则可增加作案者"懂机械操作"的内涵；假如作案工具就是自己的拳脚（且置人死地），则可增加作案者"会武功"的内涵等。

2. 通过相关物品属性增加作案人概念的内涵

对现场留下的相关物品进行分析思考，也可以增加作案人概念的内涵，从而确定作案人调查方向，迅速破获案件。如某犯罪现场留下作案人匆忙逃跑时掉下的一双鞋，其他任何线索都没有，而且由于时间较长等原因，警犬也派不上用场。这时，侦查人员就要对"现场鞋"进行仔细观察和全面分析：尺码多大，什么品牌，有无附着物，款式如何，磨损程度怎样，价值多少等。这些问题分析清楚了，应该去调查一个什么性别、什么身高、什么类别（富还是穷、赶时髦还是较传统等）的人就有谱了，应该去哪里调查（根据品牌款式调查销售地等）也有了初步的目标。

3. 通过询问或讯问增加作案人概念的内涵

这是比较直接地增加作案人概念内涵的方法。通过对受害者、目击者、知情人等进行询问，了解作案者的基本特征，有时甚至描绘出作案者的肖像来大量增加作案者概念的内涵；通过对作案同伙等人的讯问，掌握作案者的众多属性，使作案者的概念迅速明晰起来。

另外，还可通过对伤口的验证来增加作案人概念的内涵等，不再一一阐述。

（四）相关人员的确定

确定与案件相关的人员，如不知情或不自愿的协助作案者（像出租车司机帮助犯罪嫌疑人逃逸等）、目击者、知情人等，并对其进行调查，对案件的侦破也会很有帮助的，有时会发现重要的线索。相关人员的数量很多，即外延较大，侦查人员也必须进行限定，以缩小范围，展开调查。

1. 从时间上限定相关人员

侦查人员可以从时间段上限定相关人员。案发时可能在场的人就去调查，案发时不可能在场的人就不要去调查了。明确这一点，也可帮助侦查人员排除一些干扰。比如，有的人冒充受害者，谎报知情，侦查人员只要能断定他当时不在现场，就可断定他在说假话。

2. 从空间上限定相关人员

侦查人员可以在空间区域上限定相关人员。案发时，在案发区域范围内的相关人员要进行调查；案发后，作案者可能逃跑或藏匿的区域内的相关人员应进行查访；与作案者曾是邻居、同事、老乡等有区域关系的相关人员也应进行走访等。

3. 从特性上限定相关人员

这里就包括得比较宽泛了。从职业特性上讲，可将知情人限定为"懂某个专业的"，如网络诈骗、信用卡盗窃等；从作案工具特性上讲，可将知情人限定为了解这种工具属性或经营过此种工具的，如卖斧头的、卖老鼠药的；从作案者社会关系特性上讲，其知情人一般与作案者应有某种关系，如亲属、同事、业务伙伴、同学、战友等。

三、走访调查的逻辑方法

确立了调查方向，确定了调查对象，实际的调查工作就要全面展开了。走访调查的方法很多，下面介绍一些与逻辑相关的走访调查方法，但

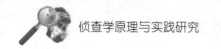

不局限在普通逻辑的简单方法之内。

（一）走访知情人的逻辑方法

知情人通常是指知道与案件有关的某些情况的，与被害人及其家属无亲无故的"局外人"。他们往往知道案件的点滴情况、部分情况或可能知道全部情况。对其访问的重点为发案时或发案前后看到或听到的情况；有关被害人及其家属、亲友的政治面貌、工作表现、道德品质、生活作风、经济情况、交往人员；案发前后的言行、表现、情绪、行踪等；在现场周围是否看到或捡到凶器及其他可疑物品等；对案件的看法以及别人对案件的议论和反映等；其他可疑情况等。

1. 走访知情人的逻辑要求

任何一个人都有可能成为某个案件的知情人，所以知情人的特点是千差万别的，生理特征不同，心理素质与思想观点也会有所不同。对不同的知情人，一定要区别对待，这是应用走访知情人逻辑方法的前提和总体的逻辑要求。

（1）对不敢讲真情的知情人的走访要求。某些知情人怕受打击报复、怕受牵连而不敢讲出真情。走访时，要耐心做好思想转化工作，反复宣讲政策和法律，鼓励他们打消顾虑，同时，要为其保守秘密和保护其人身安全，促使其讲出真情。

（2）对不愿讲实情的知情人的走访要求。某些知情人存在少管闲事、少说为佳、少惹麻烦等心理，不愿讲出实情，以免引火烧身。走访时，一方面要有的放矢地进行说服和解释，言之有理，热情感化；另一方面可间接地通过"二传手"协助做好心理转化工作，激励他们自觉地据实反映情况。

（3）对不能具体表达情况的知情人的走访要求。某些知情人由于记忆力差、言语障碍、智能不健全，所谈问题模糊不清。走访时要耐心，要善于启发回忆，可通过书面语言或手势比画进行，不能急于求成。

（4）对有失职行为的知情人的走访要求。走访一些值班、值勤人员或其他工作人员时，由于案件的发生与他们的失职行为直接相关，为了使自己免受处分，在接受询问时他们往往有意隐瞒或编造一些与案件有重要关系的事实和情节，给案件的侦破工作造成阻碍。在走访这类人时，要邀请其直接领导到场，解除其思想顾虑，让其自由陈述。

（5）对与犯罪有牵连的知情人的走访要求。这类人由于怕受法律制裁，往往强调客观，不讲真话或虚构情节推卸自己的责任。走访时，一要耐心进行教育，讲明利害关系，促其认清形势；二要缓和对立和对抗情绪，启发和鼓励他们如实地讲出真情；三要做好转化、分化工作，促其讲出真实情况，交代自己的问题和检举他人问题。

2. 走访知情人的主要方法

（1）自由陈述法

自由陈述法是侦查人员在走访时让被访问对象按照其感知事实形成过程，自然地陈述有关案件的情况，这种方法常常在访问中运用。

（2）启发联想法

启发联想法是向访问对象提示有关问题，帮助访问对象产生联想、唤起回忆的一种询问方法，实践中往往用于态度积极的询问对象。

（3）质证提问法

质证提问法是巩固被访问对象陈述的一种询问。在被访问对象作了系统陈述或对某一重要事实、情节作了陈述后，要先让其对自己作出的陈述保证是对的，再让其重复一遍。看其前后的重复是否一致；若其推翻，要查明其推翻的理由，以便进一步开展询问工作。

（4）广泛交谈法

广泛交谈法是侦查人员对被访问对象进行范围较大的询问。此法可在如下两种情况下使用：一是被访问对象陈述的事实较多、较散，侦查人员对所谈的情况进行有意识的提问，使被访问对象所谈的情况更明显，更集中；二是侦查人员对被访问对象究竟掌握了什么情况不甚了解时，可根据

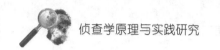

不同案件情况，围绕应访问的内容广泛提出问题，以便从中获得有价值的线索和信息。

3. 走访知情人主要应用的逻辑方法

（1）明确概念内涵的方法

知情人一般都了解案件中的某些概念的特点（如欺骗手法），走访他们就可使概念的内涵明确起来。

（2）限制概念外延的方法

概念的内涵了解得越多，概念的外延就得到越多的限制（据内涵和外延的反变关系），概念就越被具体化了。

（3）作出性质断定的方法

在明确概念内涵、限制概念外延的基础上，对案件的某些性质就可以作出准确的断定了。

（4）作出关系断定的方法

知情人是比较了解并能够理清案件涉及的人或事之间的关系的。根据前面所学的关系判断的逻辑知识，作出正确的关系判断，对案件的侦破就十分有利了。

（5）归纳特点的方法

将对知情人走访的结论性的东西进行归纳整理，就会发现案情的一些特点，能够为侦破案件奠定基础。

（6）类比启发的方法

运用类比推理的基本原理，可以让侦查人员得到某些启发，触类旁通，为案件的侦破提供有效的思路。

（二）走访不知情相关人的逻辑方法

不知情相关人是指不知道具体案情，但却与案件涉及的人员、事务有某种关联的人员，包括与案件当事人关系一般的同事、同学或邻居以及与当事人素不相识的能提供相关情况的社会各界的人士。他们与案件的发生过程没有直接的关系，甚至不知道案件的发生。

可以大致把不知情相关人划分为两类：一类是与涉案人员有某种关系的人（如亲朋好友），一类是与涉案人员没有任何关系但却能提供某些案情情况、证据情况或对案件提供解释、分析、鉴定、论证的人。

1. 不知情相关人被走访时的不同特征表现

这类人一般能比较客观地陈述自己知道的情况，但是也有人对询问采取消极的态度，有人甚至拒绝与侦查人员合作。在这些人中，有的认为多一事不如少一事；有的怕自己卷入到刑事诉讼中；还有的对公安人员有看法，不愿意向侦查人员提供情况。因此，侦查人员在走访不知情相关人时，必须认真分析对方的心理活动。

不知情相关人在初次接受走访时多有一定的紧张感，其言谈举止可能表现得有些不自然；有些人有犹豫观望的心理，在回答与案件有关的问题时比较慎重；有些人担心向侦查人员提供证言会给自己带来麻烦或遭到犯罪分子的报复，因此，在随便谈话时可以提供情况，但让其正式提供证言时就不谈了；他们在接受侦查人员走访时多表现出被动回忆和被动陈述的心理特点。

2. 走访不知情相关人的逻辑要求

侦查人员在走访不知情相关人时首先要帮助被询问者消除内心的紧张感，应尽量用自然随便的谈话方式引出所要询问的问题。在询问过程中，侦查人员的说话态度要谦虚诚恳，要努力获得对方的信任；要尽量让被询问者自由陈述有关情况，只有当其谈话离题太远时才适当加以引导；要尽快发现被询问者的思想顾虑，并通过耐心和具体的解释加以消除。在询问之后，凡是证人要求为其保密的，侦查人员在侦查期间应该为其保密，而且要采取切实有效的措施保护证人的人身安全。

3. 走访不知情相关人主要应用的逻辑方法

（1）概念内涵充实法

走访某方面的专业人士，让他们揭示案件涉及的关键概念的实质，这

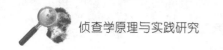

些概念的内涵即可得到充实，为案件的最后侦破打下良好的基础。

（2）引导正确判断法

在走访过程中，从各种判断的逻辑性质出发，引导不知情相关人员对自己了解的相关事情做出客观、正确的判断。

（3）假言利害分析法

为了让被走访人说出实际了解的情况，作出两个假言判断，说明讲出实情的"利"在哪里、"害"在哪里。

（4）求得正确论证法

这主要是指走访某方面的专家，力求使案件涉及的某个问题得到一个经过正确论证的解答。

（三）调查被怀疑人的亲朋的逻辑方法

对被怀疑人的亲朋进行调查是十分重要的，因为他们可能知晓犯罪分子的作案动机，可能了解犯罪分子的作案准备活动，可能曾听犯罪分子流露出某些与案件有关的情况，可能曾看见犯罪分子使用、存放、销售或转送某些赃物等。他们可能提供对侦查很有价值的情况或证据。然而，对被怀疑人的亲朋进行调查也是存在很大困难的，他们毕竟与犯罪嫌疑人有着密切的联系，审案的结果与他们会有直接或间接的利害关系。

1. 被怀疑人的亲朋接受调查时的心理分析

被怀疑人的亲朋在接受调查询问时，心理活动比较复杂。侦查人员必须先对他们进行认真的心理活动情况分析。

首先，被怀疑人亲朋在接受走访调查之初，由于意识到或知晓其亲友可能犯了罪，马上会产生较大的心理压力。

其次，他们因与被怀疑人的关系远近的不同，而产生不同的心理反应。关系较融洽者，往往同情被怀疑人可能具有的违法行为，或认为其行为是情有可原的；关系密切者，则具有强烈的"亲亲相护"或"哥们儿义气"的思想；关系一般的，往往抱着少惹麻烦的心理，缄口不言；关系不好的，则可能添油加醋、落井下石。

再次，由于被调查者性格的不同，也会对调查的进行产生不同的影响。胆小怕事的，担心自己会受到牵连，害怕自己的名誉利益会受到影响；顾虑由于自己的检举揭发而受到被怀疑人或其他亲友的指责或报复；胆大妄为的，拼命为被怀疑人进行辩解，甚至不惜作伪证。

总之，他们内心斗争复杂而激烈。他们在接受走访时，可能会有避重就轻、佯作不知、拒绝合作乃至编造伪证等各种反应。

2. 调查被怀疑人的亲朋的逻辑要求

侦查人员对受审查人亲朋的调查最好采取走访的方式，但是对那些本人有劣迹或拒绝提供证言的人也可采用传唤的方式。

在走访过程中，要求侦查人员一是应有针对性地对他们进行思想教育和政策法律教育工作，鼓励他们主动同犯罪行为进行斗争；二是耐心地帮助他们解除思想顾虑，保证为其陈述保密并采取有效措施保护其人身安全；三是还应表现出对他们的尊重、理解和关心，以求得他们的信任与合作；四是晓以利害关系和法律责任，力求他们能如实反映知道的各种情况。

3. 调查被怀疑人的亲朋主要应用的逻辑方法

（1）利害推导法

这里所说的利害推导法包括前面的假言利害分析法，只不过对调查被怀疑人的亲朋来说，这种方法更加适用、更加重要；还包括其他运用演绎推理，尤其是二难推理，明示利害关系的方法。

（2）法律保护演绎法

调查被怀疑人的亲朋的最大障碍就是他们担心受到牵连、受到打击报复。为了打消这种担忧，侦查人员可采取以法律保护条文为大前提，以被怀疑人的亲朋的积极行为为小前提的演绎推理办法，使各种调查得以顺利展开。

（3）对比鉴别法

针对被怀疑人的亲朋可能积极配合调查，也可能抵触调查的情况，侦

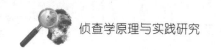

查人员必须运用对比鉴别法分清真伪，确保调查不会误入歧途。所谓对比鉴别法，或是将前期掌握的材料与当前收集的材料进行对比，发现矛盾之处断定有假的方法，或是根据以前的类似案件，运用类比推理，鉴别当前材料真假的方法。

（四）调查被怀疑人的逻辑方法

对被怀疑人的调查是必须进行的，调查手段更是多样化的。

1. 被怀疑人接受调查的心理反应

被怀疑人实际有两种情况：其一，他们实际上确实是犯罪分子；其二，他们实际上并非犯罪分子。这两种被怀疑人在接受调查时肯定有不同的心理活动特点。前者的心理活动比较复杂，可能有畏罪心理、恐慌心理、侥幸心理、戒备心理、试探心理和伪装心理。后者在尚未察觉到侦查人员对其有怀疑时的心理特点与其他被询问的群众基本相同，一般比较自然，但是当其察觉到侦查人员对其有怀疑时，对调查的态度往往就不太自然了，有的人愤怒不满，有的人焦虑不安，有的人拒绝回答问题，有的人急于表白自己。不过，他们的这些反应有时反而会增加侦查人员的怀疑。

2. 调查被怀疑人的逻辑要求

侦查人员在调查被怀疑人时必须明确自己的主要任务是澄清某些疑点或发现新的疑点。这种调查事关重大，首先要提出一些基本要求。

（1）制订比较详细的调查计划

根据已经掌握的有限情况，进行必要的逻辑预测；根据合乎逻辑的预测，列出有利查清案件的调查计划。最好，根据估计可能出现的突发情况，再设定一些预备方案。

（2）根据具体情况，采取不同的调查方式

有时，为了不要打草惊蛇、避免节外生枝而采取秘密调查的方式；有时，为了大造声势、形成压力而采取公开调查的方式。

（3）保持高度警觉，随时注意动向

在调查过程中，侦查人员应时刻保持思想上的警觉，注意观察对方的言行并分析其心理活动情况，以便掌握主动权。

（4）采用灵活策略，调动各种手段

是全面撒网还是重点突破；是正面进攻性调查还是侧面迂回式调查，各种调查策略应因地制宜。现代社会的调查手段更是多种多样：卫星跟踪、摄像监控、红外遥感等；传统的调查手段如观察、"蹲坑"、卧底等都可根据具体情况加以运用。

3. 调查被怀疑人主要应用的逻辑方法

（1）前提穷尽方法

根据多因一果的原理，根据选言判断和推理穷尽前提的要求，再根据了解到的具体情况，将相关可能性都予以考虑和调查的方法就是前提穷尽的方法。

（2）蕴涵展开方法

所谓蕴涵展开方法是根据一因多果的原理，从一个情况出发，想到被怀疑人多种可能的行为结果的方法。

（3）演绎确证方法

根据前面的周密考虑，采用各种演绎推理的方法，将各种结论予以一一确证就是演绎确证法。具体采取哪种方法，应视具体情况确定。

（4）排除错误方法

在多因多果的考虑中，当然包含着与实际不符的、错误的想法。如果某些情况下进行演绎确证是困难的，但能运用演绎推理或逻辑规律将错误的东西排除否定掉，也是有利于案件侦破工作向前进行的。消除的错误越多，离最后的正确就越近。

（五）调查事物的逻辑方法

除了对各种各样的人进行调查外，为了侦破案件，还要对相关的事物

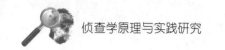

进行大量的和细致的调查。比如，对现场遗留凶器的来源、使用情况进行调查，对引起这个案件的相关事件进行调查等。

事物的情况更是数不胜数、千差万别的，因而对事物的调查方法必定是多种多样的。下面，仅从普通逻辑的角度概括性地讲解一些方法。

1. 归纳逻辑法

归纳逻辑法的实质在于从个别事例中寻求共性的东西，而其特点是结论不一定可靠，但它对调查核实某种事物情况来说，却是一个常用的方法。

（1）概率归纳法

概率归纳法是根据某事物出现的概率，对事物出现的可能程度进行断定的不完全归纳推理。比如，抛一枚硬币，落地后正面向上的概率经多次实验都基本上是 1/2，于是就可以得出结论，硬币落地正面向上的可能性是 1/2。掌握事物的概率，对破案工作是会有帮助的。如调查某地区盗窃案的发案率，对侦破某盗窃案就很有参考价值。

（2）完全归纳法

运用完全归纳法对破获团伙作案往往有很大的帮助。如掌握某团伙所有成员都会骑摩托，某种特殊刀具都是在某商店出售等，对某些案件的侦破都会起到重要的作用。

2. 类比逻辑法

（1）一般类比法

运用一般类比法可迅速断定某事物具有某个特点，从而为破案的顺利进行创造条件。

（2）模拟实验法

模拟实验法是类比推理的一种应用形式，在侦查工作中被广泛应用。如现场某块石头的杀伤力究竟有多大，即可用类似的石块进行模拟实验而得出结论。

3．演绎逻辑法

（1）演绎确定法

它是指所有能得出肯定结论的演绎推理，在事物某种性质确定上的应用。

（2）演绎排除法

这是指所有能得出否定结论的演绎推理，在排除事物具有某种性质上的应用。

4．其他逻辑法

（1）分类调查法

分类调查法是根据划分的原理和规则，将要被调查的事物进行科学分类，然后分别有序地展开调查工作的方法。

（2）限定范围法

它是根据概念限制的原理，即根据要调查物品的特性（类型、产地、销售地、适用对象等），限定调查范围的方法，以避免范围过大，耗费不必要而又有限的精力。

（3）探求因果法

这是根据探求因果联系的五种逻辑方法，通过调查，确定某些事物因果联系的方法。运用这种方法时，最好进行设计，严格按照程序进行，以求得到较为可靠的结论。

四、调查报告的逻辑要求

各种调查结束后都应写出一个调查报告。因此，对调查报告的写作提出一些简单的逻辑要求。

（一）对调查报告结构的逻辑要求

结构原是建筑学上的一个术语，意为建筑物的内部构造或整体布局。写文章如同盖房子一样，有了造房子的材料，还必须有好的建筑设计，这样房子的布局才合理，材料才用得恰当。要写好调查报告，也必须讲究结构安排，按照主题的需要，对材料加以妥善处理，使之条理清楚，层次分明，前后一贯，构成完整的统一体。

安排主体结构一般遵循以下三条原则：第一，必须紧紧围绕主题，选择有代表性的典型材料，加以恰当安排，以便使主题思想更加鲜明和突出；第二，必须反映客观事物的内部联系，符合人的认识规律；第三，必须符合各类调查报告自身结构的特点和规律。如反映情况的调查报告，其主体基本结构一般是"情况—分析—建议"；总结经验的调查报告一般是"问题—原因—对策"。侦查逻辑的调查报告主要是反映情况的调查报告。

调查报告的主体结构更应该根据主体部分的内容进行安排，常见的有三种形式，即纵式结构、横式结构、纵横交错式结构。

1. 纵式结构

纵式结构主要按照事件或事物发展过程的先后顺序叙述事实，阐明观点。这种结构的优点是事实有头有尾，过程清清楚楚，便于做到历史和逻辑的统一，这种纵式结构有利于说清问题的来龙去脉，便于侦查人员了解案件相关情况的全过程。纵式结构还包括"情况或问题—原因和利弊得失—意见和建议"等递进式结构，这种结构形式一般适用于内容比较单一的调查报告。

2. 横式结构

横式结构即把调查的事实和形成的观点，按其性质或类别分成几个部分，并排放、分别叙述，从不同方面共同说明调查报告的主题。

3. 纵横交错式结构

纵横交错式结构是纵式结构和横式结构结合使用，兼有上述两种结构的特点，具体又可分为两种情况：一种以纵为主，纵中有横；一种以横为主，横中有纵。纵横交错式结构一般运用于大型案件的调查报告。两种纵横交错式结构的共同优点是有利于讲清问题的来龙去脉，有利于按问题的性质、类别，展开深入的陈述。

总之，调查报告主体部分的结构没有统一固定的模式，而是灵活多样的。写作时，无论采取哪一种结构形式，都必须根据调查报告的内容、主题进行选择，既要不拘一格，勇于创新，又要依势布局，巧作安排，把丰富的内容与完善得体的结构有机结合起来，从而达到揭示主题，深化主题的目的。

(二) 对调查报告用语的逻辑要求

语言是调查报告的肌肤。一篇高质量的调查报告，不仅要正确提炼主题，合理安排结构，精选调查材料，而且要反复推敲书面语言。

调查报告的书面语言，必须保持客观态度。侦查逻辑的调查报告多是描述性的调查报告，应严格保持中立态度；如果是因果型、学术型、应用型的调查报告，无论是讲道理、下结论，还是指出问题、提出建议，都应以事实为根据。调查报告的表达方式最好用第三人称或非人称代词。当然，在特殊情况下，也可采用第一人称的写法。

调查报告是一种以叙事为主的说明性文体，应该有其独特的语言风格。一般来说，调查报告的语言应力求做到以下几个方面。

1. 准确

陈述事实要真实可靠，引用数据要准确无误。议论要缘事而发、把握分寸，切不可任意拔高或贬低。

2. 简洁

要开门见山，不拐弯抹角，用尽可能少的字句表达尽可能多的内容。叙述事实，不要作过多描述；阐释观点，不要作繁琐论证，要坚决删去一切可要可不要的字句和段落。

3. 朴实

要使用通俗易懂的语言，不随便运用夸张手法和离奇比喻。

4. 确切

不管是表达概念的语词，还是表达断定情况的语句，都必须是确定

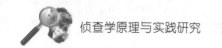

的、清楚的，即符合同一律、不矛盾律和排中律的基本逻辑要求，不产生任何歧义。

掌握调查报告语言的逻辑要求是十分重要的，它对准确了解案情、作出综合判断、进行侦查预测等起着重要的作用。

（三）对调查报告结论的逻辑要求

调查报告的结论部分是全文的概括、总结、强调与提高，是对正文部分展开论证的集中归纳。这部分的重要内容包括：调查者对调查情况的结论性意见、探讨性看法及对尚未解决的问题的设想等。同时，结论是全文的缩影，是从理论高度将全文内容的再度升华，有时还需要对正文中展开的重要问题作再次阐述，使其得以强调和突出；有时将论述的问题加以综述，以求得更加条理化、明晰化等。总之，经过这一归纳和概括，使人印象更加清晰、凝练、深刻。结论部分也可融合在正文之中，不单独另立。

对调查报告结论的逻辑要求就是应做到观点和资料的统一。调查报告最重要的特点在于凭事实说话。然而仅有事实还不足以说明问题，解决问题。必须依靠辩证的、逻辑思维的力量，使零散的、无系统的资料变成组织有序的资料。同时，要求调查报告者能够从丰富、复杂的事实材料中概括、总结出有说服力的理论观点。总之，调查报告要做到观点和资料的统一，以观点统帅资料，用资料支持观点，既有深刻、全面的理论概括，又有具体的事实依据，两者相得益彰，缺一不可。

第二节　建立侦查假设的逻辑能力

侦查假设是侦查人员根据已有的关于案件的事实材料和经验及科学知识，对犯罪现场的各种现象形成的原因、条件和犯罪嫌疑人作案过程等问题做出的假定性的系统说明。

侦查假设在刑事侦查中有着十分重要的作用，侦查工作的整个过程就是提出侦查假设、分析侦查假设、修正、否定和证实侦查假设的过程。

一、初建侦查假设的逻辑能力

侦查人员刚接触某个案件时，所掌握的案情材料还十分有限。尽管如此，他们还是要建立起一个最初的关于案情发生的假设，以便进一步展开各种侦查工作。

（一）初建侦查假设的逻辑方法

侦查假设是侦查人员根据侦查规律、科学常识和自己的经验提出的，而提出或者说初步建立侦查假设的过程，是离不开逻辑方法的运用的。各种逻辑方法都有可能在此过程中得到应用，但常用的主要逻辑方法是三段论的方法、归纳的方法、类比的方法、回溯推理的方法等。

1. 三段论的方法

三段论是借助一个共同概念把两个性质判断联结起来，从而得出结论的推理。三段论之所以能从前提推出结论，是因为中项在推理中起到联结大、小项的作用。它的特点是在两个前提中有一个共同的概念。一般情况下，大前提是与案件相关的常识、侦查规律，小前提是侦查到的事实材料。

在使用三段论的时候，要尽可能地使前提真实，只有前提真实，并遵守了推理规则，才能得出正确的结论。

2. 归纳推理的方法

在实践中，人们首先掌握的往往都是个别情况，随着时间的增长和工作的展开，逐渐认识到一般的情况，在这个过程中，人们用到的就是归纳推理，侦查人员也常用归纳推理的方法提出侦查假设。

（1）完全归纳推理法

它是考查了一类对象中的每一个对象以后，得出一个总结性的结论。例如，被害人在家里被杀，搜查了作案现场，检查了死者有可能存放财物

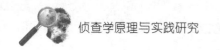

的每一个地方,发现所有贵重财物丢失,这时就可以初步建立"盗窃杀人"的假设。

(2)简单枚举归纳法

在案件侦查之初,以现场留下的不多的痕迹为根据来推测犯罪过程,就要大量应用简单枚举归纳推理。例如,人们观察一个案发现场,看到如下几种情况:桌椅破损,似有打斗痕迹;玻璃破碎,似有打斗痕迹;衣物撕破,似有打斗痕迹。于是,侦查人员得出现场多处有打斗痕迹的结论,从而提出"这是一个斗殴事件"的假设。

(3)科学归纳法

科学归纳推理也是根据较少的前提得出一般性结论的,但其中加上了因果联系的科学分析,结论可靠性程度要高于简单枚举归纳推理。

(4)类比法

类比推理是根据两个或两类对象之间有一系列的相同属性,并且其中某一对象还有一属性,从而推断出另一对象也具有这种属性的推理。它在侦查工作中也是经常被使用的一种方法,一般被应用在相似案件的比较上,从两个或多个案件的作案特征的相同,得出作案人相同的假设,为案件的侦破提供了线索。

类比推理在侦查工作中的运用,还经常根据两个案件的某些相同特征,又已知以前已经破的一案有些特点,得出未破的案件也可能具有这些特点,这样有助于发现线索。所以,对于已经侦破了的案件进行总结,吸取经验,对侦查工作有很重要的作用。

由于类比推理是或然性推理,所以,根据类比推理提出的侦查假设有时是正确的,有时是不正确的。因而,侦查人员应注意提高类比推理的结论的可靠性。首先,类比对象的属性应是特有属性;应是重要的、关键的属性。其次,要更多地确认类比对象的相同的属性,确认相同的属性越多,类比推理的结论的可靠性越高。类比对象尽管有若干属性相同,但毕竟它们是不同的对象,因而存在相异的属性是正常的。

（5）回溯推理法

回溯推理能解释未知的事实，根据已知的规律，推论与任何观察到的事物不同的事实的存在，这个事实是必然会被观察到的假设结论。

在侦查工作中，侦查人员首先面对的是犯罪嫌疑人留下的犯罪现场这个结果，这就需要侦查人员通过运用回溯推理的方法，分析出案件发生过程。所谓犯罪现场重建，运用的方法主要就是回溯推理。

（二）初建侦查假设的逻辑要求

在提出侦查假设时，除了有以上的几种方法外，还有以下几个方面需要注意。

1. 初建的侦查假设应是多元的

侦查是从结果找原因的过程。而事物之间的因果联系是非常复杂的，有一因一果，多因一果，一因多果，多因多果等。对于侦查工作来说，对于一个案件来说，可以从犯罪嫌疑人的特征，从犯罪性质、时间、工具等的特点，多方面提出侦查假设，侦查假设系统应具有多元性。

2. 防止主观偏见，不要固守己见

最初的侦查假设推测成分很大，真实的情况还需要进一步证实，因此，要服从证据，尊重客观事实，要随时根据新发现的事实抛弃或矫正原来的侦查假设。

3. 要注意材料的真实可靠

在收集案件材料时，要注意事实材料的真实性，逻辑推理可靠性较高。只有根据可靠的材料作出的假设，才有可能接近案件的真实。

另外，提出的假设不能与案件事实矛盾，必须与案件事实相关，即必须能解释案件事实；提出的侦查假设要全面、完整，要考虑到所有的可能性，从而能形成完整的证明链条。

二、推演侦查假设的逻辑能力

提出侦查假设只是第一步，第二步就是从侦查假设推导出结论。推演

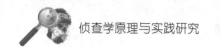

侦查假设的过程是以侦查假设作为出发点，结合证据材料，推导出可检验性命题的推论。即，以侦查假设作为前件，由侦查假设推导出的推论作为后件，形成一个假言判断。

（一）推演侦查假设的逻辑过程

推演侦查假设的逻辑程序是从初建的侦查假设出发，推出一个可能的结论；再从这个结论出发，推演出另外一个结论；依此类推，最后形成系统的、关联性较强的、有层次的假设链条。在这个过程中，每一次推演的结论又是下一次推演的前提。由此可见，由侦查假设推演出的结论具有承上启下的关键中介作用，非常重要。这个结论应当具备以下条件：一是要有可行性或可操作性的条件，即由侦查假设推演出的结论要具有可检验性或可观察性。二是要有逻辑上的条件，即侦查假设与由其推演出的结论之间要具蕴涵关系，推演出的一系列结论之间不能存在矛盾。三是推演成立的前提条件是一般科学规律和特定的证据材料及经验。

（二）推演侦查假设的逻辑要求

①侦查假设推演出的结论是未知的事实，或是对未知事实的预测，是需要通过侦查工作去证实的事实，具有可重复观察和实验直观性，而且是不能用假设去说明的。

②由侦查假设到对未知的事实的预测要有理论依据，也就是一个假言判断的前件和后件之间的关系是必然的成立，或是有理论或经验依据的。

三、验证侦查假设的逻辑能力

在侦查工作中，根据搜查到的证据，提出侦查假设，又由侦查假设推演出可检验性结论。如果由它推演出的结论得到证明，那么就对案件的侦破起到很重要的作用。这就是对侦查假设进行验证。

验证侦查假设的过程只是充分条件假言判断的肯定后件式的应用；由

于这是个无效式，得出的结论可能是真的，也可能是假的。但经过这个验证，侦查假设还是可以得到支持或一定程度的肯定的。

(一) 验证侦查假设的逻辑方法

1. 通过实验验证侦查假设

侦查实验对认识事实真相，揭露犯罪情况等有很重要的作用。侦查实验是在侦查过程中，为证实某种条件下发生过某一事实情况，而按原有条件将该事实重现的一种侦查行为。实验检验的方法在侦查实践中经常用到，如指纹、痕迹、毛发等的鉴定都用实验检验的方法。

用模拟实验的方法验证侦查假设的推论时应注意：实验的条件应尽可能与案件的条件相似，相似性越多，证明力就越强。实验证明比单独证据的证明力要强，但仅仅通过实验证明还是不能证明案件事实。还要结合其他的证据，形成完整的证据链，才能揭露犯罪真相，证明犯罪嫌疑人有罪。

2. 通过科学分析，结合现场分析，验证侦查假设

案件的侦破是离不开现场的，侦查假设的检验也离不开对现场的分析。但是有时提出的侦查假设是两个相互矛盾的侦查假设。例如，对于一件杀人案，可以提出是某人所为，也可以提出不是这个人所为。那么应该选取哪个作为侦查假设呢？这时就要先由两个侦查假设推演出各自的结论，然后分别验证两个结论是否有存在的可能性。如果其中由侦查假设推演出的结论没有存在可能性，那么该侦查假设就可以被排除掉了。

3. 用比对方法验证侦查假设

比对的方法是验证侦查假设的基本方法。比对方法作为单独的方法提出来，是因为它是一种经常用的、比较重要的方法。在前面介绍的几种验证侦查假设方法中也有用到比对方法的。所以，比对方法是贯穿于整个侦查工作的，这是由侦查工作的特点决定的。

应用比对方法时要注意认真分析、选择比对的特征。客观世界没有两

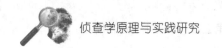

个事物是绝对相同的，任何事物都有其与其他事物相区别的特征，比如，NDA、指纹等。有一些是与案件有关的独有的特征，在侦查工作中要善于发现这样的特征。如在一起凶杀案中，由于被害人的反抗，凶手身上受伤，那么这个就是独有的特征。最后，要把认定对象的多项特征综合起来，形成一个整体特征，作为比对的根据。

（二）验证侦查假设的结论

1. 对侦查假设结论的确证

侦查假设结论的确证就是由侦查假设引出的推论在实践或实验中得到验证。由此可以推知所提出的侦查假设可能是真的，也可以称为侦查假设通过检验被确证了。

从逻辑上看，它的结论只能是或然性的，因此，证据对侦查假设的支持是一个弱支持，而不能由此就确定侦查假设是真的。尽管如此，也不能由此就不重视侦查假设对侦查工作的作用。在实践中，一个案件往往有很多侦查假设，一个侦查假设也可以引出多个推断，一般来说，侦查假设被确证得越多，那么侦查假设成立的可能性就越高。

2. 对侦查假设结论的否定

侦查假设结论的否定就是由侦查假设引出的推论在实践或实验中被证明是不存在的，从而确定侦查假设是不成立的，也称为侦查假设被证伪。

从逻辑上看，这是充分条件假言推理的否定后件式，是有效推理，结论是必然的。对推演出的结论的否定有两种形式：一是有其他证据与推演出的结论相矛盾，从而否定了推演出的结论；二是推演出的结论不存在，但要注意，在实践中经常把"没有发现"当作"不存在"，"没有发现""不存在"是不同的，如果是"没有发现"，则不能否定侦查假设；如果是"不存在"，则就可以否定侦查假设。

侦查假设的验证有两个条件：一是验证的条件；另一个是侦查假设推演出结论所依据的一般规律。当由侦查假设推演出的结论被否定，人们就会以为侦查假设一定是不成立的，从逻辑上说，这是正确的。但在实践中，情况往往比较复杂，只有侦查假设、侦查假设推演出的结论所依据的一般规律和验证的条件，这三个方面都正确时，如果推演出的结论被否定，那么这个侦查假设才可以被否定。

四、发展侦查假设的逻辑能力

建立侦查假说系统不是最终的目的，侦查工作的任务是侦破案件，要把侦查假设上升为对案件事实的描述，还原案件发生时的真实情况，惩治罪犯，维护法律的尊严。所以，发展侦查假设就是根据不断发现的新的证据材料发现错误修正侦查假设，完善侦查假说系统。

（一）发现错误、修正侦查假设

前面提到对侦查假设的验证所需要的条件，若发现或收集到的证据正好与由侦查假设推演出的结论不一致时，要先分析侦查假设与其推演出的结论之间的关系的建立是否合乎逻辑，是否合乎一般科学规律，然后分析验证该侦查假设所推演出的结论是否存在不合理的地方，最后再决定是否否定掉该侦查假设。提出的侦查假设如果经过分析，证明是错误的，就要放弃它，重新建立新的侦查假设。

（二）根据新发现或收集的证据完善侦查假设系统

一个侦查假设的证实是可以实现的，在这一点上，科学假说与侦查假设有所区别。侦查假设是对未知的案件事实的解释，案件是已经发生了的客观存在的事实，它在时间、对象等方面是特定的，所以，侦查假设的证实是可能的。如果在侦查过程中发现新的证据，而它们又不与侦查假设不矛盾，那么就要把它们补充到侦查假设系统中去，使侦查假设系统更完善。

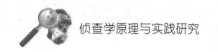

第三节　破案和结案的逻辑能力

在经历了侦查假说的验证阶段之后，侦查人员对案情的认识将更为系统，对犯罪嫌疑人的犯罪事实已经基本查清，对证据的掌握也将更加充分可靠，这时，侦查工作将转入破案和结案阶段。

破案和结案既是侦查工作的目的，也是整个侦查工作的最后阶段。破案和结案工作的质量将直接影响整个侦查工作的最终效果。破案是指侦查部门对所立的刑事案件经过侦查，在有充分的证据证明犯罪事实确实存在并且确系犯罪嫌疑人所为的基础上，依法揭露案件，抓获犯罪嫌疑人的一项侦查活动。结案也叫侦查终结，它是指侦查机关对于所立的刑事案件，经过一系列的侦查活动之后，认为达到结案条件时，依法结束侦查并对案件做出相应处理的一项侦查工作。在破案和结案阶段，对复杂多变的犯罪活动，侦查人员更需要将前面分门别类地予以阐述的种种逻辑思维的方法综合应用在侦查思维中。对案情之间的因果关系、案件事实与案件性质之间的逻辑关联进行严谨的分析和论证，保证侦查工作思路的清晰明白。唯有如此，才能使罪犯心服口服地认罪服法，使其他当事人不觉得委屈冤枉，才能被检察机关和审判机关所接受。

一、破案的逻辑能力

（一）破案的逻辑要求

破案必须具备充分的条件。破案必须同时具备如下三个基本条件：第一，犯罪事实已有证据证明；第二，有证据证明犯罪事实是犯罪嫌疑人实施的；第三，犯罪嫌疑人或者主要犯罪嫌疑人已经归案。这三个条件也是破案的基本的逻辑要求。

上述的第一个条件有四层含义：一是通过侦查已经搜集到一定的质量

确实的证据；二是已经收集到的证据能够可靠地证明案件的犯罪性质；三是已经收集到的证据能够可靠地证明犯罪事实的基本情况；四是被证明的犯罪事实不一定是犯罪的全部事实。第二个条件要求所收集的证据不仅能够证明犯罪事实的存在，而且还应当确凿地证明是犯罪嫌疑人所为。

要满足这些基本条件，侦查人员必须对案件情况进行全面分析，并抓住关键环节，最后综合求证出案件的真实结果。所以，对于与案件相关的所有情况，包括任何细小的蛛丝马迹，侦查人员也必须运用科学合理的有效逻辑方法，全面仔细地认真分析，不能漏掉任何关键的环节，从中找出破案的突破口。

（二）破案逻辑能力的实际分析

在实际的侦查工作中，侦查人员如果能将包括直觉、灵感、想象、试验、比较、归纳、类比和演绎等科学的逻辑方法综合起来，应用于对案情的全面系统地分析，往往就能紧紧抓住破案的关键环节，提出符合案件真相的侦查假设，为制定出科学可行的侦查方案和工作计划指明方向。

二、结案报告的逻辑要求

在结案阶段，在侦查终结时，侦查人员要撰写《结案报告》（即《侦查终结报告书》）。这个报告必须在实事求是地分析案情的基础上，运用科学合理的有效的逻辑方法，这样的结案报告才能将侦查人员前期艰苦辛勤、严谨周密的破案工作表现出来，才能具有论证性和说服力。唯有如此，才能使罪犯心服口服地认罪服法，才能被检察机关和审判机关所接受。

我国的《刑事诉讼法》和《公安机关办理刑事案件程序规定》要求侦查终结的案件必须满足四个条件。

（一）犯罪事实清楚

犯罪事实清楚是侦查终结的首要条件。只有达到犯罪事实清楚的案件，才可以终结对案件的侦查。所谓犯罪事实清楚，是指经过侦查，认定案件中有犯罪行为的发生，此犯罪行为确系犯罪嫌疑人所为；犯罪嫌疑人实施犯罪行为的时间、地点、目的、动机、手段、情节、过程和后果等问题都已查清。如果是共同犯罪案件，每个犯罪嫌疑人在共同犯罪中所处的地位、所起的作用、具体实施的犯罪行为以及各自应负的罪责等问题已经查清。如果上述问题尚未查清，则不能终结侦查活动。

（二）证据确凿、充分

证据确凿、充分是确保办案质量的关键，是侦查终结的基本条件。所谓确凿，是对证据从质的方面提出的要求，要求证据必须真实可靠、确实无误。所谓充分，是对证据从量的方面提出的要求，要求所收集的证据在数量上足以证明案件的全部事实和情节，不因过多而多余，也不因不足而缺乏证明力。证据确凿与充分是相辅相成的，确凿是充分的前提，充分是确凿的条件。只有达到确凿，充分才有意义；同样只有达到充分才能保证真正确凿。

（三）犯罪性质和罪名认定准确

在查清了犯罪事实，收集到确实、充分的证据的基础上，还应依照有关的法律，对犯罪嫌疑人的犯罪行为的性质和罪名做出准确的认定。

（四）法律手续完备

法律手续完备是侦查终结必须具备的重要条件。这一条件有两层含义：一是侦查人员在侦查活动中应当制作的法律文书和手续必须齐全；二是已经制作的法律文书和手续的内容、项目和履行的程序必须符合要求，对于应当制作而没有制作的应当依法补作，对于已经制作但内容、项目或程序上有问题的，应当依法补充或更正，使法律手续完全达到法定的要求。

当侦查人员认为所办的案件已经符合以上四个条件时，就可以依法结案。对于决定结案的案件，侦查人员应当制作结案报告。

结案报告是公安机关侦查部门对所受理的案件，认为案件事实已经查清，具备了《刑事诉讼法》的有关规定的侦查终结条件，由办案人员制作的呈报领导批准结案的内部书面报告。

它是制作起诉意见书或对案件进行其他处理的依据和基础。

侦查人员在撰写结案报告时，除了必须认真检查是否满足结案的必要条件，即认真检查和复核案件事实是否清楚，证据是否确凿、充分，犯罪性质和罪名认定是否正确，法律手续是否完备外，还要掌握和运用归纳推理和演绎推理等逻辑论证的方法，通过对一系列的犯罪事实和证据的逻辑分析和综合，符合逻辑规律和逻辑规则地找出犯罪嫌疑人的犯罪行为与某种犯罪的犯罪构成要件之间内在的逻辑上的因果关联，得出具有说服力的某种犯罪的结论，最后提出逻辑基础扎实的相应的处理意见，特别应注意交代清楚案件事实中的逻辑关系。之所以对结案报告有这样的逻辑要求，正是因为结案报告的撰写过程就是对案件定性的一个逻辑论证的过程。所以，侦查人员在撰写结案报告时，应该认真而自觉地学习和掌握基本逻辑知识，遵守明确概念的逻辑规则、准确判断的逻辑要求和方法、有效推理的规则，尤其是逻辑论证的规则和基本的逻辑规律，熟练掌握和应用明确概念的逻辑规则、准确判断的逻辑方法、有效推理的逻辑形式和逻辑论证的方法，只有在这样严谨周密的逻辑思维指导下形成的结案报告才是整个侦查工作最完美的终结。

第三章 侦查方法的应用基础

第一节 侦查情势分析

侦查方法的运用和案件的侦破应以侦查情势分析为基础。《孙子兵法》中曾提到"知己知彼，百战不殆"，侦查情势的分析正是对"彼"和"己"的分析，而且除了"彼"（作案人、犯罪嫌疑人及其他利害关系人）和"己"（侦查主体）之外，侦查情势还包括了"天时、地利和人和"等更多发生影响力的因素。

一、侦查情势认定

只有首先认定侦查情势，才有可能过渡到以侦查方法决策为目的的侦查情势分析。由于侦查情势分析的主体是"活力"对抗中的"活人"，具有不同个性特征的人对情势的理解有所不同，其结果是对情势的反应可能完全相反。因此，重要的问题是应拓宽侦查人员认识及预测侦查情势各方面因素的可能性，对侦查情势和侦查人员这两组因素进行连接，下面尝试着论述侦查情势认定的一些规则性问题。

（一）反映的不确定规则

对情势的认定取决于不同的人对它外在作用的认知，是对作用于其感觉器官的外界情势的反映。认知受到主体的心理因素的制约，相同的人对同一客体的反映由于在不同的时期人的心理状况不同，对事物的反应就可能不同，甚至得出完全相反的结论。由此可见，对不同的人的刺激，不同程度地影响着对情势的认定，且呈多样化。相同的情势，有人认为是有利的情势，而有人则认为是不利的情势，其认知受制于各自不同的心理结构及其他因素。

（二）人对人的反映的不适应规则

没有一个人在认知他人的时候总是带有完全的把握，因为无论是认识主体还是认识的客体以及认识所处的环境都是不断发展变化的。正如人不能两次跨进同一条河流一样，此时刻的事物已非彼时刻的事物，这就使得人对同一事物在不同的时间认识是不一样的，即认识的差异性。与此同时，受制于年龄、身体的、智能的、情感的、社会的状态之人也在经常变化着，这就是反映的不适应规则。

（三）自我评价的非全面性规则

人的心理是个有机的统一体，有两个组成部分：意识和潜意识。二者紧密相连，互相适应，犹如冰山上下两个部分，而意识只是露出海面的冰山一角。人们往往能够认识到处在露出海面的冰山的一角——意识，而不能认识到被海水掩盖的冰山的水下部分潜意识。这就导致人们对自己的评价只能以处在水面上的冰山的一角意识为基础，而不是以整个冰山为基础，其结果是不可避免地产生自我评价的不全面性的现象。

（四）驾驭信息意义的裂变规则

任一信息在运动过程中都具有客观的转换意义上的潜能或趋势。一方面，它受制于作为信息载体的语言所隐喻的可能性（也就是说，由此可能导致对信息的不同解读、诠释，产生不确定性）。另一方面，它受制于分析主体以及发送信息主体在智能发展、身体状况和心理状态的不同。可见对信息驾驭的不同，其信息意义则发生变化。

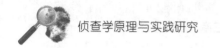

（五）自我保护的规则

主体行为的动机就是维护自己的个人社会地位，个人财产、自身优越感等。当人决定行为时是直接与算计或考虑现实状态有关，总是要考虑上述因素，并以上述这些因素为出发点，根据自己的行为规则和价值观决定具体的行为以及如何行为。这就说明了在行为体系中的模式、特征及其方向直接与顾及或者漠视这些因素相联系。

除此而外，必须注意到，上述规则可能有其例外，在情势分析研究必须予以考虑。

二、侦查情势分析的科学态度

首先，应当将侦查情势当作一个系统看待。侦查活动是一个由人工加以控制的系统工程，系统的思维方式贯穿整个侦查思维活动中，系统的多样性、人为性和正负效应两重性对侦查活动都有其意义。从系统论角度来说，首先要承认有多种因素在侦查活动中发生作用，然后对这诸多因素进行梳理和扬弃，在动态系统中进行静态和动态的分析，在时序中进行树权状思维，最后根据信息的反馈进行决策的修改。只有从大系统的最佳结构出发，安排各种比例，支配各种要素，才能协调全局，高屋建瓴、势如破竹。

其次，应当重视信息分析的价值。信息是侦查认识的媒介，也是侦查决策的前提和基础。从某种意义上讲，侦查情势及其发展动态也是信息流。通过对其诠释，挖掘出对侦查有意义的"显性""隐性"成分及其相互关联。以此为出发点，实现侦查最佳化。

侦查中对信息的接收和处理的过程是：首先对所获得的犯罪信息（输入）进行分析、处理，并作出判断（图像），然后制定部署（输出）开展侦查，再以所获结果（反馈）控制和调整侦查措施中那些不适应的部分，校正各种偏差，不断克服随机因素，从而达到侦破案件的预期目的。具体来说，通过初步侦查，依靠信息的反馈，对临场分析所得的各种推断进行控制和调整，然后对侦查措施和方法进行控制调整，修正嫌疑对象，再对侦查计划、部署和谋略进行调整；不断地进行控制调整，从不断的控制和调整中找到最优的侦查手段和方法，这是排除干扰、达到预期目的的正确途径和方法。

再次，要注意到并承认侦查主体在进行侦查情势分析时可能存在的偏差。任何人都可能会有失误，不过，这里要注意到的是侦查主体是侦查情势构成要素的一部分，但同时又是侦查情势分析的主体，这种"沉"入其中的分析容易带有倾向性，使侦查主体在分析时无意陷入先前思维定式之陷阱，难以在认识上有新的突破。

除此之外，还应当注意到对侦查情势进行分析者不仅有侦查主体，侦查主体的战术伙伴也会随时根据情势的发展作出新的判断和决策，因而在情势分析时必须根据已知之战术伙伴判断能力（这是情势主体因素之一部分），揣摩战术伙伴基于其对情势的判断可能作出的下一步行为。

三、侦查情势分析对于侦查方法的意义

虽然诸多学者认识到侦查情势的重要性，但作出详尽分析的并不多。实际上，即使在对侦查情势乃至整个侦查活动没有特别清晰的了解，侦查主体也会提出这样那样的解决方法，因为毕竟解决侦查实践问题是研究侦查学的目的，而且侦查本身有一个时效的问题。虽然侦查行为和侦查方法的确定及实施未必需要对侦查情势有完整的了解，但是，不可否认，如果能在行为或决策之前取得对侦查情势的正确判断，则无疑能使行为或决策更为科学和可靠，也能降低侦查中的不确定性和风险。

重视分析个案侦查情势对于我国目前的侦查实践有着现实意义。在我国现有的条件下，侦查机关的物质条件和人员配备不可能在短期内发生巨大变化，但侦查工作的任务是繁重的，形势是严峻的。解决侦查工作和侦查能力之间日趋尖锐的矛盾是现代社会的迫切需要。而最有可能对侦查发

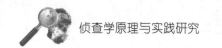

生影响的、最迅速的还是改变思维方法。找到正确的思维方法，能使侦查工作事半功倍，而这种思维方法的确立是在侦查情势的分析基础之上的。

对于侦查方法而言，侦查情势分析使得侦查主体对侦查方法的确定和实施更具针对性。或者说，对侦查情势的正确分析使得众多的侦查方法要素组合方式特定化，可以将这种特定化了的侦查方法要素组合方式称之为战术组合。下面针对这种基于侦查情势分析而进行的侦查方法中的战术组合加以简要分析。

（一）战术组合的内容

具体的侦查决策应该是战术组合，战术组合中不仅包括了战术方式方法，也包括了侦查活动。此概念的提出在某种程度上受杜拉夫"战术操作"概念的影响。侦查科学的紧迫任务之一不仅是研究在侦查活动中个别战术方法，而且在具体的侦查活动中形成的与侦查情势相适应的进行个别侦查活动之间的各种联系，这些联系决定着战术方式、方法、手段及侦查活动系统，它们相互之间的依赖性受制于侦查情势的依赖性。

在这里，首先需要明确两个概念：何为战术方法？何为侦查活动？"方法"是指更为合理性的有效的活动方式，或者更为合理地、恰当地选择侦查活动的路线。侦查活动则是指刑事诉讼法所规定的收集、研究、认定及运用证据的侦查人员活动的独立部分。

侦查活动的战术研究必须以在侦查活动中运用的各种战术方法的系统化为前提，并以在这一侦查活动中各种战术方法体系的典型化为前提。战术方法体系是开放性系统，因为它经常可能被法律未规定的各种其他的方式、方法充实、丰富。与这一体系有所区别，侦查活动从现行刑事诉讼法律的角度来看，可以说是相对固定的各种因素的封闭系统。系统各种因素的数量变化与法律的修改相联系，承认新的侦查活动的合法性或者排除过时的某种侦查活动的非适应性，也就是排除或增加这一系统的某一环节，使侦查活动系统的内部具有一定的序列性。侦查活动的序列性可以看作是侦查战术方法的范畴，也就是说侦查活动系统的这一序列性以最好的形式保障着在具体的侦查情势中搜集、研究、运用证据。

侦查情势不仅影响着此时进行侦查活动的过程和序列性，也影响着侦查活动的目的。侦查活动的目的或者目的集应该是形成有利于侦查的必需的侦查情势，一个侦查活动或一些侦查活动所达到目的的有效手段就是战术组合。

（二）战术组合的特征

所谓战术组合，就是指各种战术方式、方法、手段或者追求解决具体的侦查问题的目的及受制于这一目的及侦查情势的各种侦查活动的一定结合，其基本特征包括以下几个方面。

1. 战术组合可归结为各种战术方式、方法、手段的一定结合

这一结合被战术组合的目的和在某一侦查活动中运用战术方式、方法、手段时的侦查情势所决定，如审讯、搜查、逮捕等。其中具体包括战略方法、战术分析方法、战术情势综合方法、个性的情势分析方法、情势论的操作规则、作用于诉讼参与人的方法，操作性质在微观、宏观问题产生过程中解决它们而构建的机动的系列预测方法。同时还包括各种方法的可能性组合，这种组合使其功效不断增加，并且具有方法加方法产生新方法的功效。需特别指出的是，在这种情况下，其所指的是进行某一侦查活动时各种战术方式、方法、手段的组合。

2. 战术组合可能是多种侦查活动在一个侦查行动中的某种结合

在各种战术方式、方法、手段结合的情况下，无论如何都不是"组合"的侦查活动。组合作为侦查活动系统，在侦查过程的某一时刻而显现。在战术组合结构中，作为结构组成部分的每一个侦查活动都是不可代替的，它们的序列性通常是被严格规定着的。

3. 战术组合可由同一或名称不一的侦查活动所组成

带有保障性质的各种组织、技术措施可能包括在这一组成中，因为它

们不具有独立意义，所以它们的参与并不反映组合的战术性质。与此同时需作下列说明：①从诉讼角度看，处于侦查活动类似的组合结构中并借助于侦查活动而得以实现、运用才具有意义。②侦查活动进行的目的可能就是活动保障作为在某一战术组合结构中后续活动的成效。如有意识地使对所讯（询）问的嫌疑人处于自由状态。在此情况下，即嫌疑人有可能及必须与相关的人接触，讯（询）问后监视嫌疑人就能了解与其相关之人，先对相关之人进行讯（询）问，再对嫌疑人进行讯（询）问，甚至在必要时可以采取对质等形式，这就是以诉讼形式查明及固定事实、联系的手段。在这一组合中，初审嫌疑人达到了保障后续活动成效的目的，而紧接其后的讯（询）问给予了以侦查途径获取材料的可能性。③侦查活动不能在刑事诉讼法未明确规定的某种新的改造中相互交错、融合。

4. 侦查活动的最终目的是解决具体侦查问题

通过解决具体侦查问题，最终查明案件真相，而战术组合的直接目的可能是：①借助其他的思维方法，侦查人员获取一定益处，消除冲突情势；②创设对于整体进行侦查活动或其他诉讼活动必需的条件；③创设保障侦查活动成效的条件；④保守侦查秘密，包括未被利用的信息源的秘密保护；⑤保障在必需时刻前还未曾利用的证据信息源的完整无缺；⑥为了变换或者利用侦查情势而对其加以控制、导引，使其具有其他战术作用。

（三）具体的侦查战术组合方式

研究侦查情势是为了在分析侦查情势的基础上进行侦查决策，制定出最佳侦查对策战术组合以侦破案件。但是战术组合并不是对各种侦查措施方法的随心所欲的组合，它必须遵循一定的原则，按照一定的方式进行。

1. 战术组合许可性的一般原则

（1）合法性

也就是说作用的手段、方式、方法不能违背法律规定及法律精神。

（2）作用的选择性

也就是说作用的方向仅指向某些人及作用于其他人的中和性；心理作用的手段仅针对掩盖真相及阻止查明真相之人是必需的，且能获得良好的效果。心理方法应类似于药物，它作用于有病的器官，而不引致机体健康部分的任何损害。

（3）合乎道德性

也就是说作用的手段、方式、方法不能违背社会的一般的道德标准和公序良俗。

2. 战术组合的具体方式

如果现有的侦查情势对于进行侦查活动有利，那么这一情势可以简单地在实现战术组合时加以利用，对情势的有利方面在设计和实施组合时必须加以考虑；如果侦查情势不利，那么战术组合首先要求将情势转化到好的方面，改变"阻止"侦查活动顺利进行性质的因素；不利的侦查情势直接影响着战术组合的结构，限制着侦查人员对战术组合结构要素的选择，不允许运用这样或那样的战术方式、方法、手段或者进行这一或那一作为组合要素的侦查活动。

战术组合的过程实际上是一个根据不断发展变化的情势选择最为有效、适宜的战术的过程。就侦查过程而言，可称之为博弈理论。在某种意义上可认为是必需的。因此，不妨将博弈理论引进战术组合的具体过程中。

在侦查学及司法心理学中以博弈理论为基础确定了下列角逐方法：集中证据或在解决冲突中目的明确的定向活动，同时考虑到反方最为薄弱的地方；分散反作用方的力量和手段，如以使犯罪活动参与人之间冲突加强的方式进行；创设不利于反作用方达到目的的条件及促使侦查人员实现计划的条件；将反方的力量、手段在实现自己的目的时加以利用（借力打力）；利用各种突然因素，包括进行"情感实验"的途径；创设后备力量和手段；事件的先见之明；在不利的力量和手段的对比时，在不利的条件下避开冲突，（延缓方法，观望战术）；引致反作用方在不利条件下行动；

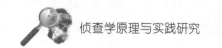
运用反作用方不知的新的方式、方法、手段；活动同步化，带给反方同时的打击；在道德、情感方面对反作用方施加影响，使其产生不利的效果；间接的暗示和劝导。

综上所述，在侦查情势这一大系统中，存在着众多随机因素。众多参与人的碰撞使侦查活动更显复杂。尤其是侦查主体与侦查客体的"活力"对抗及其结果，决定了侦查人员必须寻找在一定时空范围内，针对具体人、事、物而开展侦查活动的战术方式、方法及组合。至于如何组合，只能从宏观上予以把握，提出组合时应考虑的因素及方法。可见，侦查情势分析对于侦查方法的最大意义就是使侦查人员能够根据具体情势的现状和发展趋势，促使个案侦查方法特定化和具体化。从这个意义上来说，侦查情势分析也可以视为一种侦查方法。或者说，对于大多数案件来说，方法的运用是组合式的，而侦查情势分析显然是进一步选择其他方法的前提。

第二节　侦查方法决策与实施的主体

侦查方法主体和侦查主体在外延上是一致的，他们都是侦查情势的重要组成部分。不仅如此，从侦查方法的角度来看，方法归根结底是由人来实施的，因此，侦查方法的决策和实施主体对于侦查方法的实施效果以及侦查目的的实现具有非常重要的意义，侦查主体的配置、结构以及素质从根本上决定着侦查方法适用的水平。

在我国，由于实行较为严格的国家追诉主义，侦查权只能由国家法定侦查机构和侦查人员行使，侦查方法的决策和实施者也只能是法定的侦查机构和侦查人员。

一、侦查机构及其要素

根据我国现行法律规定，享有侦查权因而也可以适用侦查方法的机构有：公安机关的侦查部门负责绝大多数刑事案件的侦查；检察机关的侦查部门负责贪污贿赂案件、国家工作人员的渎职案件、国家工作人员利用职权实施的非法拘禁、刑讯逼供、报复陷害、非法搜查的侵犯公民人身权利的案件以及侵犯公民民主权利的案件；国家安全机关的侦查部门负责危害国家安全案件的侦查；监狱的侦查部门负责对监狱内的刑事案件进行侦查；军队下属的保卫部门负责军队内部发生的刑事案件的侦查；海关下属的走私犯罪侦查局负责走私案件的侦查。

作为一种社会行为的主体，侦查机构是一个由组织要素、意识要素、实物要素和信息要素组成的四维系统。这四个基本要素是侦查主体系统的第一层次的子系统。每个基本要素又有若干层次的子系统组成。它们的横向结合形成侦查主体的多样性、多层次性，也决定了侦查情势的多样性。

（一）组织要素

侦查主体的组织要素也即侦查主体的社会结构形态，表现为有组织的社会实体，主要包括侦查机构的设置、成员、规则以及组织形式等。侦查主体组织要素作用的发挥取决于它的数量、质量和组合的水平：首先，侦查主体组织要素的必要数量是其发挥作用的基础。对于侦查人员的数量的确定，既不是越多越好，也不是越少越好，而是由实际需求量与可能的供给量决定。需求的量是客观的、绝对的。可能的量则是主客观结合的，是相对的。要发挥侦查主体组织要素的力量，就必须解决如何根据不同层次的因素确定合理的限额的问题。其次，侦查主体组织要素的素质决定其发挥作用的水平，也可能影响对数量的需要。队伍整体素质高，人少侦破效率也高。但是素质是在一定的数量基础上发挥作用的，低于不可少的限额，就不能很好的执行侦查任务。再次，侦查主体组织要素的组合方式影响整体战斗力，优化组合产生战斗力。如解决好领导体制问题，理顺各种机构的职能关系，建立高度统一、快速反应的指挥中心，充实第一线的警力，精简上层机关，基层机构多功能化，建立巡警制度，实行治安承包责任制等都是优化组织要素组合的有效措施。

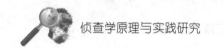

侦查体制是组织要素中最值得人们关注的一项内容。侦查机构的设置方式和组织模式也会对侦查情势产生影响，尽管这种影响是宏观上的。侦查体制并不决定个案的具体侦查人员，但是它决定了在一个案件发生之后，由哪个机关的哪个部门管辖，出动哪个警种，这个部门的反应能力如何，所派警员是否能够达成目标的问题。

（二）意识要素

意识要素是作为一个整体的侦查机构的精神形态，表现为与侦查有关的社会意识。其内容主要是有关侦查工作的理论、政策、法律、制度、纪律、道德、业务知识与技术、工作计划与方案、侦查预案等。

侦查机构的意识要素对侦查机构的性质具有一定的决定作用。侦查机构通过理论指导工作实践，通过理论体现出侦查机构的性质，而且意识要素从认识上、方针上对侦查工作有指导作用。此外，意识要素从政策上、法律上、职业纪律和职业道德上规范侦查行为。

（三）实物要素

实物要素是侦查主体的可感物质形态，表现为与侦查有关的社会物质产品。主要由侦查主体的工作场所、设备、警械、监禁场所及其设施、专业技术设施、制式服装、教育训练场所及设施、侦查人员的给养及福利设施等组成。

对抗犯罪的暴力，必须依靠警察的暴力。警察应拥有超过犯罪暴力的物质技术手段。实物要素是形成现实的战斗力的物质条件，其中某些内容是执行相关法规的直接要求，还为信息要素提供物质载体。

（四）信息要素

信息要素即侦查主体的信息形态，其内容主要包括社情、治安状况、境内外的犯罪情报、犯罪档案资料、侦查科技情报、侦查组织内外交流的信息、保卫对象的情况，等等。

信息要素是侦查机构系统内部相互联系的中介，是侦查决策、依法办案、调整各种社会关系的依据。侦查机构所掌握的侦查信息的量与质以及对其进行科学处理与正确应用的水平，与侦查主体的能动性成正比例关系。侦查信息要素在侦查过程中往往起着决定成败胜负的作用。"知己知彼，百战不殆"，说的就是要以信息的优势赢得胜利。侦查信息的占有与争夺，形成了一个激烈的情报战场。重要的侦查信息的价值是不可估量的，因而对侦查信息要素的强化是永无止境的。对侦查信息的加工、处理、应用、反馈水平的提高也是没有尽头的，重视信息作用是现代侦查的制胜关键。

需要注意的是，上述四个要素并不是独立发挥作用，侦查机构是四个基本要素的完整结合体。侦查行为是在四者结合作用的过程中得以完成的，侦查机构的能动水平取决于四者的结合水平，只有根据其内在的辩证统一规律，达到齐备、互补、协调的状态，才能实现四者的优化整体结合。

二、侦查人员及其素质

侦查人员作为侦查活动中最活跃的因素，在"活力对抗"及智能抗衡的侦查情势中起着至关重要的作用，侦查活动的顺利进行，在很大程度上取决于侦查人员的努力及其必要的身心保障。故此，侦查人员必须具备多种素质。有无良好的品格和出色的能力则是衡量侦查人员是否合格的重要指标。

素质是在先天遗传的基础上，受后天教育的影响，通过个体自身的认识和实践，逐步形成的相对稳定的身心发展的基本品质或者潜能。它既有天赋条件，更有教育的、社会的、文化的和实践的等后天的影响，因而是先天固有品质与后天文化养成融合的结果。在知识、能力和素质的关系上，素质是知识、能力有效发展的前提，是潜在或隐形的文化心理基础，

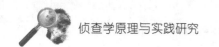

又是知识、能力、内化的结果；知识是素质和能力形成的基础。离开了一定的知识和能力，就谈不上人的素质；而能力则是知识和素质的外在表现和体现。这里所指的素质实际上是知识、能力和素质的综合，是广义上的素质。

由于侦查工作的重要性、复杂性和特殊性，每一项侦查方法决策和实施都会形成一定的社会影响，直接关系到特定法律关系的稳定和诉讼参与人的利益。这就要求侦查方法的决策者和实施者都必须具备较高的素质，保障侦查方法决策和实施的正确性和科学性。

侦查方法主体应符合以下素质要求。

（一）职业道德素质

职业道德素质是与法律素质密切相关的，它是侦查人员在履行本职工作的过程中应当遵循的有自己职业特征的道德准则和规范。

（二）纪律素质

纪律是在一定的社会条件下，一定的集体对其成员规定的必须遵守的特定的行为准则，它是以行为的限制和服从为前提的。纪律素质是将队伍的纪律转化为自觉行动的具体体现，是一个包括组织纪律素质、工作纪律素质和群众纪律素质在内的完整的纪律素质结构体系。侦查人员应增强个人服从组织、下级服从上级的组织纪律素质，坚持实事求是、重证据、重调查研究、严禁刑讯逼供的工作纪律素质和办事公平、廉洁文明的群众纪律素质等。当然，在强调侦查人员的纪律素质的同时，也要注意强调侦查队伍中的民主氛围，事实上，能否实现真正的民主，保证各侦查人员畅所欲言，各抒己见，也是方法决策和实施准确性的重要保障之一。

（三）业务素质

业务素质包括法律素质、专业素质。法律素质是侦查人员作为执法者必须具备的基本条件和基本要求。侦查人员要学法、懂法、守法、严格公正执法，做到有法必依、执法必严、违法必究。在实践中，侦查方法主体需要掌握的法律知识主要不但涉及刑事法、警察法领域，也涵盖了民商法等其他法律领域。

尤其是在经济犯罪日渐突出的今天，后者在侦查中的重要性更加明显。

专业素质是侦查人员依法履行职责，完成工作任务的实际本领，是侦查业务知识和专业技能的综合。侦查人员必须在熟悉和掌握侦查业务知识的同时，从实践需要出发，有针对性地加强实用性、可操作性和技术性的专业技能训练，强化自身的专业素质。当前，侦查工作已经由传统的经验型活动逐步转为科学活动，而科学侦查的关键在于决策和决策执行者运用科学的思维方法，严格按科学决策和执行程序进行决策和实施工作。这就对侦查人员的专业素质提出了更高的要求。

专业素质中很重要的一项就是理论素质。理论素质主要是指侦查人员要掌握一些与侦查工作"休戚相关"的科学理论知识，是侦查人员所必须具备的与侦查工作实践相关的理论知识及思维方式。方法是侦查人员分析、研究案情，对作案人、犯罪嫌疑人以及其他参与人施谋用策操作的基础。从一定意义上讲，对案件的侦破过程实际上就是侦查人员在具体的思维中运用自身所具备知识的过程，是对具体案件中的所有案件信息进行分析、研究的过程。离开先前掌握的知识和思维方式、方法，案件的侦破将寸步难行。所以一定知识的积累和思维方式方法的掌握是侦查工作必不可少的前提，是对侦查人员理论素质的要求。不仅如此，侦查人员的理论素养还有量上的要求：一是相关知识的广博性。侦查的对象是形形色色的犯罪嫌疑人，他（们）的行为方式也是五花八门的，作为一个整体，他们所具备的知识几乎涉及所有的学科。这就决定了侦查人员必须有开阔的视野，广泛涉猎各种科学知识。只有这样，才能应对千变万化的事物，顺利开展侦查工作。二是思维方式方法的灵活性。在侦查实践中虽具有相同知识的积累，在分析案情时，思维方式方法不同，其结果则大不相同；而思维方式方法正确与否，则与知识积累、个人经验直接相关。可见，作为一个侦查人员要应对各种刑事案件，要想在侦查实践中立于不败之地，广博的知识和有效灵活的思维方式方法是必备的要件。主要包括常规思维方式方法和非常规、超常规思维方法，侦查技术知识，犯罪心理学知识，其他科学和社会生活知识、犯罪资料等。

业务素质当中还包含着一项重要内容，即侦查人员的社会知识积累。侦查工作具有社会性、群众性等特点，侦查人员不仅要从书本中学习比较系统的理论知识，而且还应从实践中学习有关社会生活方面的知识（诸如不同地区、不同民族的生活习俗和风土人情；不同层次、不同职业的人们的思想情感、心理特点和生活需求，社交、交通、贸易、邮电、广播、新闻、文化娱乐等方面的基本知识），取得直接经验，并且善于组织，做好调查研究，并将两者有机地融合起来，指导侦查活动。

（四）能力素质

能力素质是指侦查人员在侦查活动中综合运用有关知识、技能，有目的地认识客观对象，有效地适应侦查情势，实现侦查目的的智能和本领。在侦查人员的素质中，能力素质是作用于侦查实践的最直接、最能动的因素。侦查人员在侦查过程中表现出来的共同技能和应具备的基本能力是多方面的、立体的，概括起来说，以下几个方面的能力是很重要的：①科学的思维能力。侦查人员的科学性思维能力是多方面的，主要包括立体性思维、综合性思维、独立性思维、多向性思维、系统性思维、预见性思维和模糊思维等；②组织能力。侦查活动是一项系统活动，也是一项组织活动，侦查人员应能充分发挥侦查组织的作用，有效地指挥和协调侦查组织内部及其与外部组织的各种关系；③创新能力。即发现新问题，提出新问题，解决新问题，创造新事物的能力。创新能力的支撑条件是人的创造性思维，它是以高度扩散联想为核心的分合思维。在控制客观事物发展内在联系的过程中，它能及时中断逻辑思考，把本来联系着的对象分离开来，适时进行扩散思考，把看来不可能联系的对象在新的条件下联系起来。在新的历史时期，犯罪情势的新情况、新问题层出不穷，侦查人员必须具有创新能力，才能适应这种变化；④善于决断的魄力。魄力泛指当事者在处置事情所具有的胆识和作风。在侦查活动中，往往许多良机稍纵即逝，这种急剧的情况变化，需侦查人员依靠自身的知识、经验和胆略当机立断；⑤应变能力。这是一种善于应对和处理突发情况的能力。侦查人员应清醒地认识到事物的发展性和变化性，适时根据变化了的实际情况调节侦查行为；⑥协调关系能力。侦查活动涉及方方面面的人和事必然存在各部分、各方面之间、内部系统与外部环境之间的协调和互相配合的问题。善于协调者可以较好地消除侦查组织内部的矛盾和不和谐现象，积极争取各方面的支持。不仅如此，良好的协调能力也是侦查时争取其他诉讼参与人好感的重要前提；⑦较好的口头与书面表达能力。在侦查活动的诸多环节尤其是各种关系的协调和言词证据的固定环节，语言是必不可少的媒介。语言表达水平的高低将对侦查决策活动的顺利开展和侦查决策目标的顺利达成产生重要影响，这主要表现在两个方面：一是侦查主体内部需要语言进行交流；二是要和群众打交道，因此，要非常讲究原则性和政策性，注意以理服人；学习能力，即侦查人员自我完善和提高的能力。

（五）身体素质

身体素质是人在体质、精神活动和魄力方面的基本条件。身体素质是侦查人员从事职业活动的前提条件和有效发展其他素质的基础保障。侦查工作异常复杂、紧张和艰苦，这需要有良好的耐受力和应变力，强健的体质，特殊的体能，充沛的精力，较强的环境适应能力和疾病抵抗能力。

（六）心理素质

心理素质是指侦查人员的认识、情感、意志等心理过程和能力、气

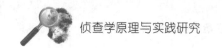

质、性格等个性特征以及整体心理健康的水平，它是侦查人员的战斗力的重要组成部分。侦查人员所从事的是一个社会刺激多元化的职业，其工作性质决定侦查人员所受到的刺激非常广泛，既有社会普通人常遇到的刺激——来自个人的生活或工作方面的挫折，又有由职业本身所带来的社会刺激，这些刺激所带来的心理压力绝非常人所能承受，这就要求侦查人员必须具备良好的心理素质。

在实践中，不同侦查人员核心能力主要依靠学校教育、上级指导、同事传授、自我摸索、培训以及其他渠道获取。

总而言之，要正确决策并使之能得到良好的贯彻，侦查人员就必须具备一定的素质。在实践中，侦查人员提高自己的素质有诸多途径。侦查人员既要正确认识自己，了解自己的优点、弱点以及今后的努力方向，确立顽强进取的信念，学习各种理论知识，又要勇于实践，在实践中增长才干，总结经验，学习他人之长处。

第三节　侦查方法运用的原则

侦查有其特定的规律，建立在侦查情势分析基础上的侦查方法，其运用也必然遵循一定的符合侦查规律的原则。所谓侦查方法运用的原则，就是指贯穿于侦查方法的决策、实施、评价、修正过程中的根本的指导性规定。对应于侦查行为的法律属性、社会属性和一般行为属性，侦查方法的适用和运行过程也必须遵循两项原则，即正当性原则与合理性原则。

一、侦查方法运用的正当性原则

在侦查方法的运用过程中遵循针对性原则，就是要将侦查方法纳入一定的规范调整体系之内。

首先，侦查方法的运用必须遵循宪法和法律的规定。我国宪法并没有直接表述对侦查的要求，但是宪法赋予公民和法人的各项权利和义务却是侦查过程中必须注意的。宪法性的限制性规定一般都较为笼统，实践中往往需要通过法院或其他机关作进一步的解释。侦查也必须遵守刑事诉讼法的规定。我国现行刑事诉讼法对讯问、勘验检查、询问、搜查、扣押以及逮捕、拘留等诸多侦查方法的实施条件、程序和时限都作了规定。因此，在适用上述侦查方法时，必须严格遵循法律的既有规定，必须在侦查方法的适用条件和程序上满足法律的要求。实施违反法律规定的侦查方法而获取的证据原则上不具备可采性。除了刑事诉讼法的规定，侦查也必须遵循刑法的规定。刑法规定对于侦查方法的意义在于刑法所确定的构成要件对于侦查方法的决策和实施具有前提性和方向性。侦查方法的启动往往是以被侦查之事件或人具有犯罪嫌疑为基础的，而构成犯罪的每一要件既决定着案件的定性问题，又可能成为侦查方法选择时的一个侦查途径因素。

其次，侦查方法的运用要遵循警察法和有关侦查职能部门制定的侦查法规。规范侦查是一项复杂的社会活动，而宪法和法律的规定往往较为抽象，规制的领域往往也较窄，需要其他法律法规的补充和配套。警察法的效力和在法律体系中的地位仅次于刑法和诉讼法等基本法律，是侦查直接的法学基础，它对侦查工作的指导作用体现在规定侦查权限、制定侦查监督措施和规范侦查行为等方面。

此外，侦查职能部门为了实践的需要，往往要根据法律的授权，制定大量的法令、条例、规定和实施细则，使侦查工作制度化，也使侦查方法程式化，从侦查法治化的角度来说，刑事特情以及其他许多为侦查机关所实际运用但又没有为刑事诉讼法所调整的侦查措施（例如电子监听、跟踪、网络追踪等）都应当纳入法律规制的轨道。但是，在立法尚不完善和法律解释技术尚不发达的背景下，这种以部门立法形式出现的规定对于侦查方法的适用还是有着特殊的意义。

再次，侦查方法的运用要遵循司法机关对于侦查取证的限制性规定。侦查方法的运用虽然不仅限于取证，但是取证工作本身就要考虑一定方法的运用。为了保证所收集之证据的可采性能够在侦查之后的诉讼阶段也得

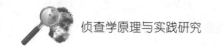

到承认，侦查主体必须杜绝非法取证，遵循法律规定的取证程序和司法机关关于取证问题的司法解释、判例。

最后，对于法律没有明确规定的情形，侦查人员在适用侦查方法时还应当考虑警察职业道德的要求。

二、侦查方法运用的合理性原则

侦查方法的运用要遵循合理性原则，这是立足于普通人之目的行为的角度考察侦查行为，即关注侦查行为的一般行为属性，并以此考虑如何使侦查方法的决策与实施符合理性要求。这里首先需要把握什么是一般意义上的行为以及行为结构。

在现代心理学看来，目的和手段仅仅是静态的、表层的结构，行为的动态、深层的结构应由目的、手段和原动力三部分组成。行为原动力是指引发行为、引发行为目的和手段的根本原因、根本动因。这种观点已经得到了现代心理学教科书的承认，认为人类的行为是基于特定的欲求、为了实现特定的目标，并选择各种各样的手段实现目标的活动。

不管是在何种行为定义及行为结构之下，侦查方法都属于侦查行为的"手段"部分，尽管在实际的侦查方法考量时，行为目的已经成为侦查方法要素之一。人类的行为是有目的、有理性的，科学的侦查行为当然更是一种理性行为。作为侦查行为的手段，侦查方法在运用上也必须符合理性要求。

坚持侦查方法运用的合理性原则包含着两个方面的要求：一个来自侦查方法主体；一个来自侦查方法对象。来自前者的要求是基于侦查方法主体适用侦查方法的目的性提出的，也就是说，侦查方法要合理，就必须符合侦查人员的目的性。来自后者的要求是基于侦查活动的规律性提出的，也就是说，合理的侦查方法应当符合侦查行为规律。

合理侦查方法的上述两方面要求决定了侦查方法的合规律性和合目的性两个方面，合理的侦查方法应当是上述两个方面的统一整体。

一方面，合目的性要求侦查方法遵循侦查目的的约束，合乎侦查主体根据侦查情势所确定的想要实现的目标。据此，无论是侦查途径和侦查策略手段的选择还是侦查工具的选用都必须服务于侦查目的和具体侦查问题的解决。如果纯粹从心理因素来考察，合目的性包含着两层含义：一是它的"合意性，即合乎己方的目的动机"，二是它的延展性，即以侦查方法对象的行为目的为参照。其中，"合意"是侦查方法运用的立足点，反映了侦查方法是为侦查一方服务的，必须以满足侦查利益目标为其存在的基本前提。离开主体需求的侦查方法没有任何意义。合目的性的延展性则体现了方法对象的目的与侦查目的之间的冲突或同一。侦查方法并不仅仅针对犯罪嫌疑人和作案人，只要侦查行为所涉及之人都有可能被纳入侦查方法对象体系。因此，不同的侦查方法对象，其行为之目的有可能不同。在对象体系中，有的方法对象的行为目的往往和侦查目的背道而驰，甚至针锋相对，例如作案人的逃避侦查行为；有的方法对象则可能与侦查目的在方向上是一致的，例如知情人的提供线索行为、犯罪嫌疑人的自首行为。为此，侦查人员在决定各具体侦查行为的方法时应当进行综合考察和权衡，根据对侦查方法对象目的以及它们与侦查目的之间关系的判断，决定适用侦查方法时应有的态度、立场和强度。

另一方面，合规律性表明侦查方法的实效不可能仅从侦查主体一方的主观愿望出发，合乎侦查规律是侦查方法奏效的现实条件。侦查方法主体必须尽可能地尊重侦查规律。为此，侦查主体的方法决策和实施行为必须建立在尊重侦查情势与现状的基础上，必须符合侦查方法决策和实施的科学化要求。

合目的性和合规律性，二者具有一种不可分割的关系：一方面，合目的性以侦查目的建立在对方法对象以及侦查活动的规律性认识的基础上。缺少这一前提，侦查目的就不可能实现，换言之，合目的性建立在合规律性的基础上。总的说来，在侦查实践中合目的性应当居于优先地位，毕竟采用侦查行为的起因在于侦查主体要满足自己的需要，而目的无非就是需要的外化。只有当侦查主体为了满足特定的利益需要，才有必要去调查事实、查缉犯罪嫌疑人，才有必要考虑侦查的规律性。正是因为遵循规律性是为了实现侦查目的，所以在侦查方法领域也必须特别强调侦查方法主体应理解自己本身，使自己成为衡量一切生活关系的尺度，根据自己的本性的需要安排世界。简言之，侦查人员应深刻认识和正确把握自己的需要和行为。

合目的性和合规律性也有冲突之时。但是，如果承认侦查人员在调查上的客观立场，承认侦查目的的确定对于侦查人员而言是中立的，那么尊重侦查规律最终是有助于侦查目的实现的。

根据侦查方法的合规律性和合目的性，侦查方法运用的合理性原则可以归纳为下述规则。

（一）有必要实现侦查方法的个别化

案件种类繁多，无奇不有，即便是同类案件也是各具特点。在个案侦查中，要实现案件侦查目的，就必须根据每个案件自身的特点分析其侦查情势，根据案件的类别、性质、作案人可能的特点和侦查情势的发展趋势，因案、因人、因时和因地施策，使侦查方法更具针对性。

侦查方法的个别化，突出体现在两个方面：一是在侦查方法的设计上必须做到知己知彼。侦查主体在制定和运用侦查方法时，必须深入研究自己和对手的具体情况，把握双方的优劣点和互动情况，尤其是用移情式的"换位思维"方法"设身处地"地推断作案人或犯罪嫌疑人在特定条件下将如何实施犯罪和逃避侦查。简言之，侦查方法的个别化建立在对侦查情势的细致分析和判断基础上；二是侦查方法的设计应充分考虑案件侦查中的"变数"，并在实施过程中及时根据侦查情势的发展进行调整和修正。侦查活动往往带有模糊性和不确定性，尤其在初始阶段，大多侦查判断或推理是或然性的，因而无论是对侦查情势的认定还是对侦查对策的分析都可能包容了极大的可选择空间，使被侦查人员实际所采用的侦查方法本身呈现出高度的灵活性和不确定性。要将这种灵活性和不确定性转变为确定性，缩小可选择的方法空间，就必须根据事态的发展及时对方法的实施效果进行评价，并据此决定是否以及如何修正。

（二）有必要实现侦查方法的系统化

一方面，侦查方法的对象和运作平台都是系统，有其一定的机构形式。侦查方法的制定必须全面考虑，从全局出发，体现系统性原则，绝不能顾此失彼。另一方面，侦查方法原本就是一个由诸多方法要素或子系统组成的系统，只有坚持全面统筹的系统性原则，才能使方法更为完善。

实现侦查方法的系统化着重强调的是侦查方法的完整性、协调性。首先，系统化要求侦查方法具备完整性。一个良好的侦查方法应当是要素齐备的，而且能够从整体着眼，通观全局，从而表现出整体的性质和功能不等于各个要素的性质和功能的简单加和；其次，侦查方法的要素之间，同案不同侦查方法之间，子方法与母方法之间都要保持协调性，对于它们彼此之间可能存在的冲突应有合理的解释，从而使它们能形成一定的结构。协调性要求重视系统要素之间的差异性和层次性。

上述要求反映在实践中，就是对侦查方法应当进行周密的部署。尤其是在侦查的初始阶段，由于对案情的了解尚不充分，侦查方法决策的依据并不牢靠，因而在方法的设计和部署上强调有点有面，既要在较大的可能性范围之内去查找线索，又要把已经发现的倾向性较为明显的线索作为重要突破口和主攻目标，根据这种安排，只要每一项工作均得到落实，那么即使某一方面的线索查证出现偏差，也不会使整个侦查工作受到太大的影响。除此之外，周密部署则还要求在侦查方法的设计和运用时注重措施手段的组合和配合使用。

（三）有必要实现侦查方法的最优化

作为一种社会行为，侦查行为也必然要追随效益最大化理念。受制于

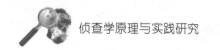

侦查工作的及时性要求以及侦查方法自身的选择性，反映于侦查方法之上的效益理念则是力求选择以尽可能少的时间、人力和物力消耗，求得尽可能大的侦查效果。效益理念与侦查的经济分析问题密切联系，而且方法的优化选择也是侦查方法决策和实施时的一项重要考量指标。

第四节　侦查方法的决策

在侦查中，侦查人员必须针对各种情形作出决定，从两个或多个备选方案中进行选择。毫无疑问，这些决策中大多数时候都是一种反射行为，几乎不需要什么有意识的思考。例如，侦查人员在决定现场勘查的顺序时，往往几乎不需仔细考虑就选择从内到外或者划分区域的方式进行。尽管这些决策并不需要多少思考，但它仍然是一个决断过程。而且，当人们面对新的或重要决策时，往往会深思熟虑，开发尽可能多的备选方案，权衡利弊，最终使人们的行为以及行为的结果受到其决策过程的影响。在侦查方法领域，决策是侦查方法应用的第一阶段，它的成效对于侦查结局具有根本性的意义。

一、侦查方法决策的基本要素与类型

（一）侦查方法决策的基本要素

要掌握侦查方法决策，首先要明确侦查方法决策的构成要素：

第一，备有多个可供选择项或称方案选择，这是决策的必要条件。如果只有一个选择，就不存在决策问题。只有一种方案或策略而没有选择余地的"选择"称为"霍布森选择"，通常只有在情况相当严峻时才会出现。不过，在实践中，许多人认为只有一条路可走时，未必是真正的"霍布森选择"，而可能是没能充分发现新的道路。为了发掘更多的可供选择项，可以考虑借助他人的智慧弥补个人智力的不足。

第二，明确方法的条件效果，即明确在一定客观条件下实施方法时可能会出现的结果。正确的侦查决策是以正确地认识到方法的条件效果为前提的。从理性上说，错误判断方法的条件效果，必然会使决策（或方案选择）出现失误。

第三，明确方法实施时的客观条件。侦查决策是侦查行为的先导，决策和执行之间往往有"时间差"。构成一个良好的决策的必不可少的前提就是明确将来的客观条件，也即方法主体在实施方法时将遇到的能够影响方法效果的外部条件，例如案情的变化，犯罪嫌疑人的反侦查行为。为了明确方法实施时的客观条件，就引出了调查收集资料和预测等问题。资料、情报的收集工作，其重要性毋庸置疑。在多数案件侦查中遵循的以现场勘查为起点的一般侦查方法中，现场勘验、现场分析结论以及现场信息与既有情报资料的比对就是一个资料收集过程。预测在侦查方法决策中也是非常重要的，没有对将来情况的判断，就谈不上科学决策。需要注意的是，侦查预测与侦查假设既有联系又有区别：侦查假设是侦查人员根据已有的案件信息以及以往的侦查经验和一定的科学知识，对案件需要查明的问题所作的假定性说明；侦查预测则是侦查人员根据掌握的案件信息和其他信息对侦查情势的发展所作的推测。侦查预测和侦查假设都带有推测性质，但二者在推测的顺序上有所区别。假设主要是从已知结果推测原因，例如，根据已知现场的各种痕迹判断造成各种痕迹的原因并进而描述作案人在现场的行为过程。而侦查预测则主要是从已知情形推测未来的发展趋势和可能性，例如根据现场勘查所掌握的犯罪嫌疑人的心理特征推测犯罪嫌疑人将会采取的下一步行动。

第四，明确把握侦查方法决策的目的。决策的本质就是为了选取达到一定目标的策略，在决策活动中，目标必须是始终牢记的。诚然，侦查目的（目标）是多元和多层次的，因此，对侦查目的的把握也可能随时出现变化，从而影响原有决策的结果认定。从这个意义上来说，侦查方法决策时也应当考虑到具体（微观）侦查目的可能出现的调整，使侦查方法具有

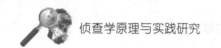

一定的包容性，能够在侦查情势出现变化、侦查目的发生改变的情形下仍然能够在一定程度上适应侦查的需要。

上述四个方面的问题的选择、条件效果、未来客观状况和决策目标构成了一个侦查方法决策的四个基本要素。

（二）侦查方法决策的类型

侦查方法决策的类型很多，因为侦查方法所要解决的问题、所涉及的要素也是多种多样的。不同的决策类型有不同的性质和特点，也反映着不同的决策思维和观念。在具体的决策活动中，究竟应采取何种决策类型，几乎完全取决于所要解决的具体问题本身。下面从几个方面对侦查方法决策进行类型划分。

1. 按照决策主体的数量划分

可以将侦查方法决策分为个人（单一）决策和群体决策两种。个人决策是靠个人权力来保证的决策类型，没有一定权力的个体是不具备进行决策的条件的。个人决策的质量取决于决策者本人的素质，包括其认知能力、思维能力、反应能力以及其知识、品格等。

相对于个人决策来说，以群体或集体为决策主体来进行的决策活动称之为群体决策，或称之为集体决策。由于较为复杂的侦查活动大都涉及大量的信息与变量，涉及各个方面的问题，因此，集中侦查人员群体的集体智慧和优势，进行民主化决策是极有必要的。与个体决策相比，群体决策有助于消除决策的随意性和片面性，有助于通过侦查人员的不同观点和意见的对比分析，打开思路，扩大视野，全面收集和分析解读各种信息材料，充分考虑各方面的要求。为此，应当注意群体决策的方式和方法，既充分发挥集体智慧，又避免议而不决、决而不行。在群体决策中，有以下几点是应当引起注意的：一是要注重信息共享，让所有决策者都掌握足够的共同信息；二是要进行民主讨论，允许不同意见畅所欲言，甚至鼓励不同意见的争论；三是要及时决策。不管分歧多么大，都必须把握侦查的时效性。在一般情况下，在充分民主讨论之后，应及时作出决策，由案件侦查的负责人果断作出决策。

由个体决策和群体决策各自之优劣决定，二者的适用领域也是有所区别的。对于案情简单、明确或者案情紧急，主侦的侦查人员素质较高、经验丰富的案件，个体决策是有效的，而对于疑难复杂或者案情并不紧急的案件，则群体决策不失为较佳选择。此外，对于同一起案件来说，不同侦查阶段的决策方式也可以是不同的，例如需要进行现场保护、需要紧急处理案件的危急情况时，领导人个人的及时决策非常重要。

2. 按照侦查方法决策的问题结构和程序划分

可以分为程序化决策和非程序化决策。

程序化决策是一种定型化的决策，是指可以依照固定程式和方法进行的决策，其所要解决的问题是结构良好的问题。程序化决策中的程序主要是由习惯经验或标准化程序或制度规定获得的。在技术方法领域，程序化决策最为常见。非程序化决策所要解决的是那些结构不良的问题，它们难以用常规程序和方法进行决策。非程序化决策通常用于解决那些未曾发生过或未曾处理过的问题，决策时无固定模式可循。非程序化决策常因决策者个人之智慧、直觉判断、经验与对待风险的魄力等不同而会有所不同。因此，为了保证非程序化的决策的质量和稳定性，通常都会采用群体决策方式。

3. 按照侦查方法决策的环境和决策结果的确定程度划分

可以分为确定型决策、风险型决策和不确定型决策。

需要选择的行动方案的结果和未来的侦查情势密切相关，以方案选择为主要内容的决策过程也因侦查情势的不同发展趋势而有所区别。在确定型决策中，未来的侦查情势完全可以预测，人们知道将来会发生什么情况，可以获得精确可靠的资料和数据作为决策的依据。而风险型的决策中，未来的侦查方法实施的侦查情势有几种可能的状态和相应后果，侦查人员得不到充分可靠的有关侦查情势发展的信息，但是可以预测每种状态

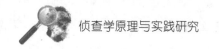

和后果出现的概率。

在这种决策分类中，需要注意的是如何对待侦查方法决策中的风险问题。决策总是面向将来的，而将来的事情总是带有某种不确定性，因而也包含有一定的风险。对待风险的态度应当是迎难而上，但也应进行认真和细致的权衡，所冒风险应该是法律和政策以及侦查主体的主客观条件所能承受的，否则不宜贸然采纳风险过大的决策方案。

4. 按照决策结果的心理预期效果划分

可以将侦查方法决策分为最优决策和满意决策。

所谓最优决策就是指通过主体的决策行为，能够获得客观上最佳的侦查方案的决策活动。但是，最优决策在很多时候是不可能实现的。因为要求得最优，就势必要求掌握一切情况，分析一切可能性，这不仅不太可能，而且要付出昂贵的代价。而且为了追求尽可能多的信息，势必花费大量的时间，这又与及时决策相矛盾，容易丧失良好的时机，反倒影响决策的效果。为此，根据现代决策理论，除了极少数情况下可以进行确定型决策以外，多数时候是追求满意化，即在此时、此地、此条件下，可以满意地解决现实的矛盾，就可以决策了。所谓满意决策就是比拖延不解决更有效益，能够在现实的条件下求得一个让人满意的结果。当然，依据满意决策所获取的方案行动，在取得一定成效之后往往还会出现新的矛盾，这时需要再度进行新的满意决策。满意决策实际上为实践中许多侦查方法决策行为提供了解释模型，也比较符合侦查实际。事实上，在谈到侦查决策的最优化时，谈到的往往是指侦查情势限定之下的最令侦查主体满意的方案。

除上述分类外，还可以根据侦查方法决策之目的，将决策活动分为求同决策和求异决策；根据决策主体的角色，分为领导决策和专家决策；根据决策所要解决的问题即侦查方法的层次和性质，分为宏观决策、中观决策和微观决策，或者称之为战略决策、管理决策和具体业务决策。

二、现代侦查方法决策思维

为了使侦查方法决策行为以及决策结论更具科学性和可靠性，侦查方法主体应当尽可能地使自己的思维纳入理性轨道。根据现代决策理论，结合侦查实践，现代的侦查方法决策思维表现为以下几个方面。

(一) 目标审查

在侦查方法决策时首先要审查决策目标是否正确，是否符合当时的评价标准。偏离目标的决策方案再精美完善，运用了再多的科学方法也无济于事。在决策中，方案和措施可以改变，但是目标是既定的，否则就是另一个决策了。

客观而言，由于侦查资源的有限性，为了全局利益，在个案侦查方法决策的目标审查阶段还可能存在一个价值判断的问题。侦查人员可能会有选择地对某些案件进行精心决策，而对某些案件则有意识地放弃决策。

(二) 区别思考

侦查方法的决策类型很多，对于不同的决策类型，侦查人员应有不同的思维方法。以确定型、风险型和不确定型侦查方法决策为例。对于确定型决策来说，由于结果确有把握，决策就应该根据已有的信息选择最佳方案，并全力去实现最佳结果。对于这种决策，基本的思考原则就是果断选择和实行。对于风险型决策来说，由于要冒一定的风险，决策者就必须考虑选择最有希望（而不是确定无疑的）的方案；准备应变方案以应对意外；在侦查方法的运用过程中不断搜集信息，使信息量足够大，直至能将风险型决策转化为确定型决策，等等。对于不确定型决策来说，由于决策时掌握的信息严重不足，条件不成熟，决策的后果不确定，因此，在决策时要注意最好能够多方案并进，并将主要力量集中在信息的反馈上。

（三）把握全局

全局是一项决策的灵魂。侦查方法的决策要把握全局，这可以从两个方面理解：一方面，侦查方法决策要着眼于侦查全局，服务于整个案件甚至整体案件的侦破。对于那些涉及面较宽，涉案者较多，案件背后可能存在隐案的案件来说，强调这一点非常重要。为此，在侦查方法决策时必须充分考虑宏观侦查方法决策以及以往的侦查决策，彼此之间要相互协调，相互配合；另一方面，从单个的侦查方法决策出发，决策本身就应该系统地展开，成为一项系统的设计。侦查人员在接受或决策一个方案时，必须是一个较为完整的方案。当然，侦查人员可以采纳各个方案的合理部分，但也必须综合成一个新的完整的方案之后，才能被接受。

（四）重视异议

决策负责者对于决策过程中的不同意见要予以足够的重视。异议对于正确决策的意义重大，因为不同意见实质上等于提出了更多的可选择方案，争论能激发人的想象力和创造力，而且不同意见之间互攻他短，各扬己长，充分展现了各种方案的利弊，便于取长补短，最终提高了决策的可靠性。从决策负责者的角度来说，重视不同意见，还可以避免偏听偏信，避免自己的思维定式。除此之外，就决策的实施而言，经过充分展现各种矛盾和分歧的决策过程所得出的结论也更容易为大家所遵循。因此，重视异议的决策过程也是一个统一决策认识的过程。

（五）重视决策中的非理性因素

在决策过程中的一些非理性因素也是必须引起侦查人员注意的。研究决策的科学化，就是要使决策遵循理性规则而行，但是任何决策行为都离不开人的非理性因素。所谓非理性因素，是指在人的心理活动中出现的非逻辑的心理活动形式，它包含了人的情感、意志、欲望、兴趣、信仰以及潜意识等。无论是这些因素的产生，还是其内容和强度，都具有自发性特征。非理性因素的独特之处决定了其对决策过程的影响也是必然的。

侦查方法决策中的非理性因素可以从认识论和人性论两个层面上加以理解：

从认识论层面分析，非理性因素不是一种按步骤、分阶段的严格遵循逻辑顺序认识事物的认识形式，而是那种一瞬间完成对事物本质认识的认识形式。例如直觉、灵感等，它们都具有突发性、随机性、瞬间性和创造性等特点。这类因素在决策时主要通过类型化、直观化和整体化的方式来弥补理性思维之不足。所谓类型化是指经验的类型化，由于非理性因素的参与，决策者不必把握决策对象的全部细节，而只是将以往的经验归纳为一些类型，把不同的经验类型存储在头脑中，当面对某种决策情境时，决策主体会从以往的经验中寻找解决问题的方案。所谓直观化是指在非理性因素的参与下，主体对决策对象的反应是直接的，类似于条件反射式的快速反应。所谓整体化是指决策在直觉等非理性参与下，决策主体在反映问题时并不完全按照理性分析模式进行，往往可以直接把握问题的整体。凭借这种整体化功能，决策主体可以在纷繁复杂的情况中把握问题的关键。

从人性论层面分析，非理性因素是指人的欲望、情感和意志等因素。这些因素对侦查人员的影响也是潜在的，适度的欲望（例如对成功的渴望）、有控制的情感（对犯罪的谴责和对被害者的同情）以及坚忍的意志都对侦查方法决策、侦查行为的实施具有肯定意义。可见，人性论意义上的非理性因素深刻地影响着决策主体对决策环境的认识以及对决策方案的决断能力。

由上可知，非理性因素对决策的作用并不都是负面的。正如把理性分析和直觉结合起来，二者对制定决策来说并不冲突，实际上可以提高决策的有效性。随着管理经验的增加，把直觉过程置于理性分析之上的信心也应不断增强。侦查方法主体在进行决策时既要充分发挥非理性因素对理性因素的诱导和补充作用，又要充分发挥理性因素对非理性因素的定向作

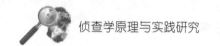

用，避免非理性因素介入侦查决策带来的消极影响。

（六）侦查方法决策中的个体差异问题

非理性因素的存在也提示侦查人员注意侦查方法决策中的个体差异和决策风格问题。在相似的决策环境下，不同的决策者之间总是存在这样或那样的差别，几乎所有的人都把自己的个性及其个体差异带到决策中。有的决策者花费的时间更长，但最终选择未必更佳。在侦查机构内部，决策风格的差异与决策制定尤其相关。

组织行为学研究定义了个体制定决策的四种不同风格。这四种决策风格所基于的共识是人们在两个维度上存在差异：一是思维方式不同；一些具有逻辑性和理性思维的人，处理信息的过程是连续性的；相反，一些靠直觉和创造性思维的人，把事物看成一个整体来接受。另一个存在差异的维度是对不明确性的容忍度：一些人总是需要在组织信息时，采用使不确定性降至最小的方法；而另一些人却能够同时思考多个想法。上述两种维度形成了四种决策风格：命令型、分析型、概念型和行为型。命令型风格的人是有效率和逻辑性的，他们追求理性，对不确定性的容忍度较低。但关注效率结果的同时，在决策中利用最少的信息并且几乎不考虑备选方案。命令型决策者制定决策速度快，注重短期效应。分析型决策者相对于命令型决策者，对不确定性有较大的容忍度，他们期望获得更多的信息，并考虑更多的备选方案。分析型决策者具有适应和应对新环境的能力，将其定义为细心的决策者最为恰当。概念型决策者眼界非常开阔，并考虑很多备选方案。他们着眼于长远目标，并且善于找到创新的方法来解决问题。最后一种类型行为型决策者善于和其他人合作。他们对同事及下属的工作绩效表示关心。他们接受别人的建议，善于理解沟通。此类型的决策管理者尽量避免冲突，并寻找可接受的方式。

上述四种决策风格犹如将人的性格划分为胆汁质、抑郁质等类型一样有所偏颇，但却也能给人们以一定启示。一个侦查人员的决策风格应当成为决定其应否参与决策和参与何种案件侦查决策的一个考量因素。换言之，这应是一个决定侦查人员工作分工的依据之一。

除了上述方面的因素之外，决策者的文化差异，决策者受组织约束的程度等都是研究侦查方法决策时应予考虑的因素。

三、侦查方法决策的基本程式

从侦查行为的阶段性来看，侦查方法决策过程实际上就是制定侦查计划的过程，它是侦查活动的开端，其正确与否，关系到整个侦查的进程和结局。在现代决策思维之指导下，了解和把握侦查方法决策的基本程式对于科学决策是极为重要的。典型的侦查方法决策大致可以表现为下述程式。

(一) 分析侦查情势，发现问题，确立目标

分析侦查情势主要是分析案情，因为侦查主体对于己方状况相对而言是非常清楚的。案情的分析大体可分为三个阶段：第一阶段是现场勘查中的案情分析，即现场分析。第二阶段是侦查开始阶段对案情的分析。第三阶段是侦查过程中的案情复析。侦查决策中对案情的分析是指第二阶段的案情分析，它与现场分析虽处于不同诉讼阶段，但联系紧密，存在一种承继关系。这是因为侦查决策阶段的案情分析与现场分析所面对的几乎是同样的有关案情的材料，只不过现场分析主要为立案服务，其重点在对案情是否符合立案条件进行分析判断，侦查决策的案情分析则重在为选择侦查途径、制定侦查计划服务。

1. 分析案件的内容

(1) 侦查开始的阶段案情分析的内容

对已经发生的案件，分析案情应在认定案件性质的基础上，按现场勘查阶段现场分析的内容进行分析。对于预谋案件，着重分析侦查对象的特点和作案意图，预谋活动的性质、过程、内容以及发展趋势。这一阶段的

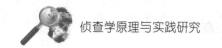

案情分析的主要目的就是通过对一系列孤立、分散、零碎的材料的分析、判断、推理，形成对案情的初步认识，再现已经发生的案件情况。

（2）案情复析

随着侦查工作的深入，要根据所发现的新情况、新问题、新线索，对以前所作案情分析再次分析判断，审核已作的判断是否合乎情理。案情复析贯穿于侦查的整个过程，每一次复析都立足于对前次案情分析的评断，看其是否正确、全面，从而弥补前次分析的不足，修正或维持已订侦查计划。案情复析主要从四个方面进行：判断案件的主要情节与已获材料是否相一致；侦查中发现的作案过程与已获材料是否相一致。如不一致，一般是出于勘查中的失误或判断上的错误，必须复查现场和重新推断。与作案过程相矛盾的环节、现象、痕迹甚至整个判断都应重新认定；某些表面反常现象与案件有无内在联系。对某些看来反常无关的信息或变异现象，或一时难以解释的现象，应认真分析、多方求证，寻找其发生的原因；对遗漏、疑点以及异常现象的反复分析。

（3）侦查缉捕之前的模拟画像分析

查明案情和确定犯罪嫌疑人同为侦查两大任务，对于从事到人的侦查，在分析案情时必须根据案件材料反映的嫌疑人的人身特征，将作案人的体貌特征形象地描绘出来。

2. 分析案情的主要方法

（1）辩证分析法

侦查具有对立性，作案人为了逃避侦查，会想方设法为侦查设置重重阻碍，再加上作案形式本身的多样化，常使本来就很复杂的案情，变得更为扑朔迷离。只有辩证的分析案情，一切从实际出发，才能对案件材料及其反映的案情精心筛选，去伪存真，达到主客观相一致，使案情分析更科学，更贴近已经发生案件的真实情况。

（2）心理分析法

任何涉嫌犯罪行为都可能受行为人主观心理活动驱使，因此，可以运用心理学的方法，透过作案人留下的各种痕迹、物品以及知情人描述的作案过程，分析作案人作案时的心理活动，从而为判断作案经过和犯罪嫌疑人的个人条件提供重要依据。

（3）逻辑推理法

运用逻辑方法从已知案情推出未知案情，这是分析案情经常运用的思维形式。尤其在侦查伊始，占有材料不多，对案情所知甚少，往往只能借助严密的逻辑推理，提出侦查假定。

（4）直觉判断和灵感推理法

在案情分析中，侦查人员的主要任务是发现问题和确立需要通过侦查行为加以解决的目标。为完成这一任务，除了上述三种方法外，直觉判断和灵感推理法也是不可少的一种方法，把理性分析与直觉结合起来，能有效地提高决策的正确性，它对理性抉择起着必要的补充作用。

（二）选择侦查途径，确定侦查策略手段，选用侦查工具

选择侦查途径就是在案情分析的基础上，选择从何处用何种方法开展侦查工作，以便及时部署。不同的侦查途径有不同的着手点。

1. 由事到人的侦查途径

对已发案件，往往从涉嫌犯罪事实出发，以事立案排查嫌疑人。具体可从以下几方面开展工作。

（1）从现场可疑痕迹、可疑物品入手

已发案件的侦查多以现场勘查为基础，现场获取的可疑痕迹、可疑物品，如作案人遗留的工具痕迹、指印或其他特征明显的物品，可以作为寻找发现嫌疑人的依据。

（2）从控制赃物入手

即从遗失物品的特征为依据，寻找发现嫌疑人。一是通过控制赃款的花用、挥霍、还债、赌博、存储等渠道去发现线索；二是控制证券兑换，根据证券号码、特征，从支取、兑换两个环节进行控制；三是通过控制销

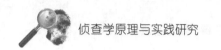

赃渠道发现嫌疑人。挖赃是一个长期运用又行之有效的发现侦查线索的途径，凡有赃物的案件都可采用。

（3）从作案手段、方式以及惯用手法特征入手

作案手段是指嫌疑人作案时使用的具体方法，选择某一种方式作案则称为作案方式。作案人得逞后，在以后的作案中经常会保留某一具体方法特征，这在现场经常会有所反映，所以也是发现侦查线索的重要途径。

（4）从作案规律入手

研究犯罪的进展规律及特点，可以给个案侦查提供极大便利，尤其是对反复作案的情况，掌握作案的规律，可以为判断是否再次作案和下一次作案的目标等情况提供依据。此外，由因果关系、并案侦查、被害人的背景等入手的方法也是从事到人的侦查的重要途径，应根据案件具体情况进行选择。

2. 从人到事的侦查途径

在预谋案件中，由于首先反映出案件的犯罪嫌疑人，所以，一般以嫌疑人为对象，以预谋的事实为根据开展侦查。当然，从人到事的途径并不局限于预谋案件，对于嫌疑人明显的已发案件也可以采用这种途径。由人到事的侦查途径主要从以下几方面着手。

（1）从特定的犯罪嫌疑人入手

这是以刑嫌调查、基础工作中发现的嫌疑人的嫌疑根据为依据，从调查嫌疑根据入手，发现其实施涉嫌行为的情况。

（2）从案件的实际受益者入手

这是提供侦查线索的重要方面，尤其在凶杀、纵火、纵火案中烧毁房屋骗取保险金等案件的侦查中，更要从谁是实际受益者的角度去发现侦查线索。

（3）从人身形象入手

这是以事先掌握嫌疑人的体貌特征，通过情报中心检索或在划定范围内排查。

（4）从控制身体负伤的人入手

根据作案人被抓伤、打伤、咬伤、击伤的部位和伤势程度，布置医疗卫生部门，从控制治疗不明伤害的人员入手，发现带伤的犯罪嫌疑人。

3．从人从事同步开展侦查的途径

这主要是针对突发性案件而言的，突发案件是指在极短时间内发生的危害严重或构成重大威胁的涉嫌犯罪案件。一般而言，这类案件作案手段凶狠残忍，但又由于作案时间极短并且报案及时，因此，在侦查中必须突出一个快字。为避免新的危害，将查人查事的工作同时进行，这样才能达到及时捕获犯罪嫌疑人的目的。

总之，侦查途径要从多方面入手。但是由于事物在不同环境和条件下存在着向不同方向发展的可能性，因此，还要善于根据情况的变化，灵活转换侦查途径。

选定侦查途径后，还需要考虑可以适用的侦查的策略手段。例如对于从人到事的案件，考虑是否根据已有证据限制犯罪嫌疑人人身自由（如拘留、逮捕、监视居住等），并主要通过讯问获取进一步的线索和证据；又如采用外围调查为主，待证据充足之后再限制嫌疑人之人身自由，等等。侦查中可以选用的策略手段非常之多。虽然法定的侦查措施是有限的，但是这些侦查措施的组合使用特别是各侦查措施的具体适用形态在总量上却是相当可观的。因此，在侦查方法决策过程中，侦查方法主体必须充分发挥创造性和想象力，罗列出各种有价值的策略手段来。

侦查策略手段之适用离不开侦查工具，侦查方法决策时还应当把侦查时所需适用的侦查工具纳入考虑范畴。需要注意的是，侦查工具的选用应当与案件的性质和严重程度也即案件侦查的实际需要相适应。

（三）在拟制方案的基础上进行方案选优，决定所要实施的侦查计划

上述侦查途径和侦查策略手段之选择在客观上已经为侦查方案的拟定

提供了丰富的素材，侦查人员可以依托这些素材从各种不同角度和多种途径尽可能组合出多种方案。每种方案都要精心设计出细节，并对方案实施结果进行估测，最后由领导对各方案进行对比，权衡利弊，选取其一，或者综合成一。方案择优的标准可以依最优化或最满意而行，不过，在侦查方法决策中，这两个标准的实际效果是接近的。在某些时候，作为决策过程的一部分，依据这些标准决定的最终方案还存在"试点"问题，即根据需要，在侦查情势允许的情况下，先进行局部试验，测试方案运行的可靠性，在测试基础上进行修正，最终予以全部实施。当然，这实际上已经进入侦查方法的实施和评价过程。

最终确立的侦查方案在法律文件上通常被称为侦查计划。根据侦查的不同阶段，它可分为全案侦查计划和分段侦查计划，也可根据计划的内容和涉及范围分为个案侦查计划、并案侦查计划、专项侦查计划和补充侦查计划等。作为侦查机关应用文书的一种，侦查计划的内容和形式也要遵循法律法规的规定。

严格说来，上述三个阶段只是对侦查方法决策过程的大致描述，是适用于通常情况下的决策程序，也可称为程序化决策程序。实践中的侦查方法决策并不必然会明显地分成这些阶段，尤其是那些瞬间完成的决策更是如此。但是，如果仔细分析，即便瞬间完成的决策也可以进行阶段划分。而且，如果在决策时有意识地考虑到侦查方法决策的基本原理和基本程式，那么，进行决策的正确度和科学性将得到强化。

四、应急侦查方法决策

除了上述程序化的决策之外，侦查人员有时还要面对无序的、突发性的事件，必须在极短的时间内作出决策并付诸实施，以免贻误时机，造成不可挽回的损失。这种情形下的决策行为就是所谓的应急决策。任何决策都有时间要求，只不过应急决策在这方面显得更为急迫而已。为了在不失时机的前提下力求决策的科学性，决策者难以按照普通决策程序按部就班地进行决策，而必须采取特殊的非程序化的方法做出及时的决策，因而应急决策属于一种非程序化的决策。

应急决策要求在决策时尽可能地考虑整体的侦查目标，即便不得不采用权宜之策，也应强调这些权宜之策与最终目的之间的一致性。诚然，这里所说的权宜之策只不过是实现宏观目标的曲折形式罢了，反映的是侦查行为的灵活性。出于应急的目的，在应急决策中，侦查人员的决策行为要以争取眼前利益为主，必要时有限制地牺牲长远利益，这一点与宏观方法决策和普通决策是不同的。例如，在绑架案件的侦查中，为了成功解救人质，缉捕犯罪嫌疑人，侦查人员在与犯罪嫌疑人的直接对峙时，对于绑架者提出的要求可以适度满足，以防犯罪嫌疑人杀害人质。

应急决策在很大程度上体现着领导人的决策风格。因为是紧急事件或意外事件，时间短促，有时难以容许集体的讨论和决策，必须由领导人果断作出决定。在实践中，应急决策还要求负责的领导人亲临第一线，直接指挥决策的实施。因此，应急决策更多地依靠领导者个人的知识、经验、应变能力和决断魄力。

在应急决策中，始终存在决策的科学性和时间性之间的矛盾，这是应急决策所面对的一大难题。仅仅依赖领导人的决策能力固然能保证部分决策行为有效，但无法保证因为领导人决策风格不同而导致的决策结果的不确定性。因此，除了以上述方法保证在紧急情况下做出决策的科学性外，还需要重视以下两项措施：一是做好预案。在日常性的管理活动中，侦查机关就应该精心制定各种应对突发事件的预案。这样，发生意外事件或突发事件时，即可立即启动预案，按照预案的规定处理。日常性的预案制作得越详细，考虑的变数越多，拟定的相应对策越科学，事件发生时的决策和决策实施就越顺利；二是在采取紧急措施使事态得以控制后，进一步的侦查方法决策应当转为普通决策。

第四章　调查取证性侦查方法

第一节　实地勘验的方法

一、掌握实地勘验的原则

（一）先静后动原则

①整体勘验、局部勘验都不能改变现场原始状态，所以应先静态观察、静态勘验。对于发现的任何可疑痕迹物品不能随便触摸、拿取、移动，应先观察、记录、检验其位置、状态、特征，研究痕迹、物品的结构特征与形态变化以及与其他客体、犯罪活动的关系。

②个体勘验时，在动态勘验前也一定要先静态勘验，勘验前一定要戴手套，以免留下勘验人员的手印。只有在静态勘验之后，才可以移动、翻转痕迹、物品，进而进行观察、记录，检验其位置、状态、特征及与其他客体、犯罪活动的关系。

（二）先固定后提取原则

无论何种犯罪现场和痕迹物品，勘查人员都应该先进行固定，之后再进行提取检查。勘查人员可以采取现场记录的方法，如照相、录像、笔录和绘图等，将犯罪现场情况、痕迹、物品所处的位置以及状态固定下来。这样有利于反映痕迹物品之间的先后顺序，也可以反映痕迹物品与犯罪现场以及有关客体物之间的关系，方便今后分析案件、重建现场等活动。

（三）先表后里原则

由于直接进行内部检查容易破坏客体物外部的一些痕迹、结构等，因此，需要对物体或人体先进行外部勘验，然后由外及里、由表面到内部，按照犯罪活动的一般规律，寻找、发现、提取痕迹物证。例如盗窃案件对于保险箱进行勘验时，需要先对保险箱的外部进行勘验，再对其内部进行勘验检查。

（四）先易变后稳定原则

现场上遗留的痕迹、物品有的稳定性比较差，容易消失，有的可能随着自然条件变化或人为等因素改变或消失。因此，勘验现场时需要对现场进行整体把握，分析出稳定性差的痕迹、物品先进行勘验，之后再对稳定性好的客体进行勘验。

二、实地勘验的顺序

由于每个现场都有其特殊性、多样性和复杂性，勘验顺序应按照法律规定，根据勘验需要、现场位置、环境及现场痕迹、物品的分布状况综合确定。通常有以下几种勘验顺序。

（一）由中心向外围进行勘验

由中心向外围进行勘验即从现场中心部位开始，逐步向外扩展到现场外围和边缘的勘验顺序。主要适用于现场范围不大，现场中心比较明显，痕迹、物品相对集中的现场。如一般的室内现场，中心部位比较明显，就可以从中心现场开始勘验，逐步扩展到四周，甚至勘验到室外犯罪行为人来往路线、隐匿藏身的处所等外围现场。

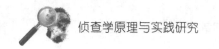

（二）由外围向中心进行勘验

由外围向中心进行勘验即从现场的外围部分开始，逐步向现场中心勘验的顺序。主要适用于范围较大，现场中心部位不明显、不突出，痕迹、物品较分散的现场。如一些室外现场范围较大，中心难以确定，加上室外的痕迹、物品容易遭破坏或消失，或进入现场中心勘验可能使现场外围痕迹、物品遭受破坏等，则可以采取这种顺序勘验。

（三）分片、分段进行勘验

分片、分段进行勘验主要适用于现场范围过大、现场地处狭长地带或现场范围涉及多个地点、多个楼层、多个场合等，而且痕迹、物品比较微小、量少的现场。比如一些碎尸案件，尸块可能被抛弃在多个场所，因此，可以将现场划分为若干个片、段，勘验人员分为若干小组独立展开勘验。

（四）沿着犯罪行为人的行走路线进行勘验

沿着犯罪行为人的行走路线进行勘验即根据犯罪行为人在现场上的行走方式和路线进行勘验，因为行为人在途经的路线上很容易留下一些痕迹物品。通过现场清晰的痕迹、物品指明的行为人的行走方向或路线以及访问的目击者、受害人等查明的行为人的行走过程进行勘验。例如，犯罪行为人作案后往往会在其逃跑的路上抛弃作案工具、抛弃尸块及其他物证等。

（五）从现场的某个特定部位开始进行勘验

由于现场地处交通要道、繁华场所不适宜封闭，或者存在潜在危险需要立即采取紧急措施，这时需要对现场出现的痕迹物品集中，犯罪动作、手段及意图明确的部位进行立即勘查。

三、实地勘验工作的程序与内容

（一）临场准备

实地勘验人员到达现场后，在现场指挥人员的指挥下抓紧做好以下工作：听取现场保护人员对现场保护工作的情况汇报，对存在的问题及时进行补救；询问事主、发现人及报案人，了解案件发生时、发生后有无人员进入现场并接触过哪些物体等，以便确定勘查中心；对到达现场的侦查人员进行分工分组；在基层公安、保卫组织的协助下，邀请两名与案件无关的、为人正直的公民作为实地勘验的见证人。

（二）确定勘验、检查流程

实地勘验反映了勘查人员对现场物质环境和物质状况的认识过程，它是一项有序的认识方法。同时，它又是一项复杂又细致的工作，必须有步骤、有计划地进行。实地勘验需要先静态、后动态勘验，经历整体静态勘验、局部静态勘验、个别静态勘验、个别动态勘验四个流程。

（三）初步静态检验，固定现场

初步静态勘验是勘查人员在不变动现场原始状态的情况下，对现场整体、局部、个体三方面进行初步观察。

1. 整体静态勘验

整体静态勘验又称巡视现场，指勘验人员为了了解现场内外状态及周围环境，不进入现场内部，只在现场周围对犯罪行为人实施犯罪的地点及周围环境进行总的观察、巡视，判明现场的方位、现场内部的状况和犯罪行为人进出现场的出入口等情况，以确定勘验方案、勘验起点、重点、勘验顺序和进入现场路线等。

进行整体静态勘验时需要注意以下几个问题：只能用肉眼或者借助一

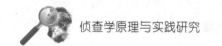

定的灯光进行观察，不能进行任何搬动、触摸，避免遗留新的痕迹、物品；观察的重点应放在现场大致状况、方向、位置、中心部位等，而非集中精力于观察每一个具体的痕迹、物品；对于观察到的现场环境、方位，或紧急情况下必须改变现场状态而采取的紧急措施等都必须用笔录、绘图或设定标志等办法进行记录、固定。

2. 局部静态勘验

局部静态勘验指勘验人员在整体勘验的基础上，根据确定的勘验范围、重点和顺序，在不变动现场原始状态的情况下进入现场内部，有计划地把现场划分为若干部分，对其逐一顺次或分头同步进行观察、研究、记录。通过对现场具体痕迹、物品的分布情况，判明这些痕迹、物品与整个犯罪现场的关系及其在整个犯罪活动中的地位和作用，以便分析犯罪活动的动机、内容、过程和顺序等。

局部勘验时需要注意以下问题：首先对各个局部的原始状态进行记录，包括痕迹、物品的分布、状态及相互之间的位置关系；观察、分析、查明局部范围内有哪些明显可见的痕迹以及其与案件的关系，是不是现场原来就有的、现场有无伪装和变动，从而进一步对犯罪活动、过程、顺序进行认识。

3. 个体静态勘验

个体静态勘验是指在局部勘验的基础上，在不变动客体原来位置状况和存在条件的情况下，对所发现的痕迹、物品进行观察、记录和固定的活动。这需要集中精力于每一个物体，观察勘验对象的位置、状态，分析判断各勘验对象之间的关系，痕迹本身的具体位置、形态，与周围其他痕迹、物品和犯罪行为的关系等，为进一步分析、判断其与犯罪的关系提供依据。

（四）详细动态勘验，提取痕迹、物证

动态勘验是在静态勘验的基础上，在可触动或翻转物体的情况下，借

助各种技术手段和方法对物体进行系统观察、显现、提取、记录及检验等活动。动态勘验侧重于对每个具体的痕迹、物证的发现、显现、提取，对物体的具体位置进行变动时，依照由低及高、由外及内、由表及里的顺序，对勘验客体进行分层次的勘验、检查，争取做到不破坏、不遗漏、不遗留每一个痕迹、物品。

在勘验时需要注意以下几个问题：勘验人员进入现场需要戴头套、手套及脚套，触动物体时尽量拿捏物体的边缘部位，一般人不习惯、不常触摸的部位；对各种明显的、潜在的痕迹物品或微量物证，都需要全面仔细地认真寻找、发现、勘验；对于已经发现的痕迹物品注意提取、包装、运输，并需要结合现场访问情况进行甄别，必要时可以通过技术鉴定、现场试验、侦查辨认等方法进行验证。

（五）结束勘验，制作现场勘验卷

现场勘验人员已经将现场所有的痕迹物品进行提取保存后，则需要做出决定是保留现场还是撤销现场。不管哪种决定，都需要制作现场勘验卷。现场勘验卷是记录现场勘验、检查情况的文书，也是一种法庭证据。现场勘验卷主要由现场勘查笔录、现场绘图、现场照相、现场录像四个部分组成。

1. 现场勘查笔录

现场勘查笔录是侦查人员在勘查案件现场过程中，对现场情况和勘查情况所作的客观真实的文字记载，是一种具有法律效力的司法文书，主要包括标题、首部、正文、尾部。

（1）标题

标题主要写明案件的名称和记录种类。

（2）首部

首部是记载现场勘查笔录的基本信息部分，包括接到报案的情况，勘查人员和技术人员的姓名、职务、出发和到达现场的时间，现场保护情

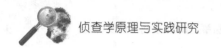

况，邀请的见证人专家情况，现场勘查时的环境情况。

（3）正文

正文是现场勘查笔录的核心内容，包括现场的地点、位置和周围环境、现场中心处所、现场变动变化情况、勘查发现的情况和提取证据的情况、现场勘查发现的反常现象和其他应当记载的情况。

（4）尾部

尾部是现场勘查笔录的结尾部分，包括发现和提取证据的情况，现场拍照、现场摄影、现场绘图情况，现场勘查指挥人员、勘查人员、见证人的签名、盖章。

2. 现场绘图

现场绘图是利用绘图的方法，记录犯罪现场主要物体及与案件有关的各种痕迹、物品的空间关系、大小、形状特征的一种记录手段。现场绘图比现场笔录更具有直观性，现场绘图的种类根据所要表现的对象和范围的不同分为现场方位图、现场概貌图、现场局部图。

（1）现场方位图

现场方位图是指用以表示现场在周围环境中的位置，包括现场本身以及现场周围环境及其他与案件有关的场所、遗留痕迹、物品的特点、犯罪行为人来去路线等。

（2）现场概貌图

现场概貌图是指用来反映现场内部全面情况的图像，反映的是现场本身的全貌情况，即发案地点主要物体的陈设情况，被侵害对象的形态、位置，各种痕迹和遗留物以及相互之间的距离等。

（3）现场局部图

现场局部图即表现现场重点部位及痕迹、物证遗留位置与环境相互关系的现场图。局部图只反映现场的一部分，而不是它的全部，局部图能比全貌图更详细、更全面地反映现场的某一部分。

3. 现场照相

现场照相是通过拍摄记录犯罪案件现场及现场与案件有关的痕迹、物品及其相互关系的一种方法。现场照相的种类分为现场方位照相、现场概貌照相、现场重点照相和现场细目照相。

（1）现场方位照相

现场方位照相是记录现场的位置及现场与周围环境关系的一种照相方法。拍摄的范围不仅包括现场本身，还包括现场周围的环境，即通过现场周围的道路、河流、桥梁、建筑等标志性物体反映现场位置及现场与周围环境的关系。

（2）现场概貌照相

现场概貌照相是以反映整个现场内外结构及各物体间相互关系为内容的一种照相方法。它不反映现场与周围环境的关系，只反映现场本身；不反映现场的某一个部分，而是反映现场的全部，包括犯罪行为人进出现场的路线，被侵害客体状况，痕迹、物品的分布及相互关系，既要全面又要有主次。

（3）现场重点照相

现场重点照相即对现场中心场所进行照相，反映与案件有直接关系的主要物体特征及与邻近物品、痕迹之间的关系。不同性质的案件的重点部位也不相同。现场重点照相的范围不可过大也不可过小，一般根据案件现场情况以能够反映物体的变化状况和痕迹、物品遗留位置及周围环境为准。

（4）现场细目照相

现场细目照相是记录现场发现的与犯罪有关的细小局部状况和各种痕迹、物品，以反映其形状、大小、特征的专门照相。现场细目照相的要求：一是必须按照比例拍照；二是保证被拍物体或痕迹不变形，拍照时照相机光轴应当垂直于被拍物平面；三是拍的照片要清晰完整，拍照时应尽量用标准镜头，不宜选用广角镜头。

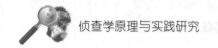

4. 现场录像

这是运用现代录像技术，将案件现场以及现场痕迹、物品之间的关系等情况动态实时记录的方法，现场录像的步骤应当与现场勘查的顺序相一致。首先，应听取案件的介绍，了解案件发生的时间、地点及周围环境；其次，观察现场，对现场进行整体巡视，边观察边拟出拍摄计划，确定录像的顺序、内容及拍摄物体及方法；最后，进行实地拍摄。

现场录像有以下几种方式。

（1）推摄

推摄指被摄对象的位置不变，摄像机逐渐接近被摄物体，使被摄物体由远及近、由小变大的录像方式。

（2）拉摄

拉摄指被摄对象的位置不变，摄像机逐渐远离被摄物体，使被摄物体由近及远、由大变小的录像方式。

（3）摇摄

摇摄指摄像机位置不变，仅变动摄像机镜头的角度，从一个方向向另一个方向对被摄物体进行拍摄的方式。分为水平摇摄和垂直摇摄。

（4）跟摄

跟摄指摄像机的位置跟着被摄物体的移动而移动，在移动状态中进行摄像的方式。这种方法可以反映现场物体之间的空间距离关系，表现现场被摄场所和环境的空间深度，反映痕迹遗留在现场的长度、重点物体每一个面的状况等。

第二节　侦查实验的方法

一、明确侦查实验的任务

侦查实验根据每个案件的不同可能有不同的任务。实践中常有以下几个方面：

①验证某人在某种条件下感知某种现象的客观可能性，主要指在某种条件下能够听到某种声音或看到某种现象；

②验证某人在某一特定时间、条件下能够完成某种行为，如某人在一定的时间内能够乘坐某种交通工具到达犯罪现场；

③验证某种物品、物质在某种条件下发生某种变化的客观可能性，如某种物质在某种条件下能否自燃、自爆、自溶等；

④验证在某种条件下实施某种行为发生某种结果的客观可能性，如现场房门在关闭的条件下，能否从外面将其开启而不留下任何痕迹；

⑤验证现场的某种痕迹是用何种工具在何种条件下形成的；

⑥验证现场的某种变动、现象形成的原因、条件和过程。

二、掌握侦查实验的规则

为了保证侦查实验的科学性和合法性，进行侦查实验必须严格遵循以下规则。

（一）严格依照法定程序进行侦查实验的规则

严格依照法定程序进行侦查实验的规则主要包括以下几个方面：①侦查实验必须在侦查人员的主持下进行；②进行侦查实验需要在穷尽其他方法仍不能达到检验核实证据时才能启用；③侦查实验必须经过法定的审批手续，由县级以上公安机关负责人审查批准；④进行侦查实验时需要邀请两名与案件无关、为人公正的公民作为见证人，必要时还应聘请或指派具有专门知识的人参加；⑤侦查实验中严禁一切足以造成危险、侮辱人格或有伤风化的行为；⑥参与侦查实验的人员应对侦查实验的过程和结果保守秘密。

（二）侦查实验的条件应尽可能与原始条件相同或接近的规则

侦查实验只有在与案件发生时相同或相近的条件下进行，实验的结果

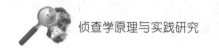

才具有说服力。因此，进行侦查实验时需要注意以下几个方面：①侦查实验应尽量在与原时间相一致的条件下进行；②侦查实验应尽量在原地进行；③侦查实验应尽量在原自然条件下进行；④侦查实验应尽量使用原来的物品和工具。

（三）同一实验应坚持反复多次进行的规则

尽管进行侦查实验时非常注意将实验的条件和案件发生时的条件相同或接近，但由于案件发生后现场原来的环境以及与案件有关的人、物都不同，要想绝对准确地恢复案件发生的条件和情况是不可能的。同时，实验中还有可能出现一些偶然因素影响实验结果，因此，对同一实验需要反复多次进行。在实践中，往往采取控制变量法进行侦查实验，如通过设定几种实验条件，每进行一次实验时仅改变一种实验条件，通过观察结果的变化规律，分析原因和结果之间的内在联系，以保证实验结果的准确性和稳定性。

三、侦查实验工作程序

（一）准备侦查实验

1. 明确实验目的

根据侦查实验的任务，对于有关陈述中的疑点，进一步弄清楚与疑点的有关情况，如有关人员感知某一现象的时机、地点、光线、气候及感知能力等；对于现场痕迹、物品方面的疑点，进一步研究其与犯罪行为的关系，判断其是否为现场原有、作案人所留、与案件无关人员所留、现场发生的变化等。通过分析，进一步明确实验目的，防止盲目开展实验。

2. 拟定实验方案

侦查实验必须在实施前拟定好实验方案，才能保障实验工作有序进行。侦查实验方案的具体内容包括：实验目的、时间、地点、自然条件，参加实验的人员及分工，实验的内容、步骤和方法，实验所需要的工具、器材等物品以及实验的安全保卫和警戒工作等。

3. 确定参加实验的人员及分工

根据侦查实验的具体内容确定要参加实验的人员、数量及分工。一般情形下参与侦查实验的人员有：主持人、记录人员、警戒人员、演示人员、有关专家或专业人员以及两名与案件无关的见证人，确认后根据案件中所涉及的参加人员进行分组分工。

4. 准备实验工具和物品

实验的工具和物品是侦查实验的物质保证，根据要布置的现场所需的环境条件以及实验次数、项目等，准备实验所需的工具和物品以及记录所需要的器材等。

（二）开展侦查实验

①进行侦查实验时，各实验人员要明确自己担负的实验项目及职责，分头开展工作。但是有些情况下，如果将具体项目和内容事先告知实验人员，可能导致实验人员心理状态发生变化从而使得实验结果不准确。所以，在布置任务时应根据不同情况灵活处理。

②侦查实验的指挥人员负责全局工作的开展，指挥人员不能担任某项具体的实验工作，而是要把握实验进程，协调实验人员的工作，及时处理实验中遇到的问题。

③侦查实验时，需要布置好现场警戒，防止无关人员、车辆及其他因素干扰实验进行。同时做好排险紧急措施，保证实验人员的安全。

④在获得了实验结果时，保守侦查实验的有关秘密。

（三）记录侦查实验

侦查实验记录能客观全面地记录现场实验的过程及结果，是诉讼中具有证据价值的材料。侦查实验的记录不能和现场勘验的笔录合并在一起，

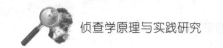

需要单独制作成笔录。侦查实验的记录方式有笔录、照相、录像、录音、绘图等，但是以笔录形式为主。侦查实验笔录主要包括以下几个部分：

第一部分实验基本情况：案件和现场的基本情况、进行侦查实验的理由和目的、实验的起止时间、参加实验的人员；

第二部分实验过程：实验的条件、方法、过程及结果；

第三部分结尾部分：参加实验人员签名盖章，对实验条件、方法、过程及结果的有关说明。

（四）评断侦查实验的结果

侦查实验笔录是法定证据之一。但对于侦查实验结果的证据意义需要结合所要解决的问题和实验结果的性质进行综合分析，有些实验结果只能为分析判断案情、确定侦查方向和范围提供依据，有些则可以用作证据使用。如果实验结果是肯定性的，则表明事件在特定情况下确实可以发生，但不能表明该情况实际上确实发生过，是否发生过还应结合其他证据进一步审查；如果实验结果是否定的，经过审查后确定是真实可靠的，则表明被审查的事件不曾发生过，而且也没有发生的可能性，这种实验结果可以作为证据使用。因此，侦查实验结果本身是否真实可靠则非常重要。

对侦查实验经过本身是否真实可靠需要从以下几个方面进行审查。

1. 侦查实验条件的审查

按照侦查实验的原则，实验的条件应当与案件发生时的条件基本一致。因此，审查实验条件时需要先对实验条件是否一致进行审查，然后对细微的环境、条件变化对实验结果能否产生影响进行审查。

2. 侦查实验方法的审查

侦查实验方法的审查主要对实验步骤、操作顺序、实验工具的使用情况、作用力方向、角度、接触部位等与案件情况是否相同或相似进行审查。

3. 实验人员的审查

实验人员的审查主要是审查参加实验的人员是否具有某种专业知识和解决有关问题的能力，以及与案件有无利害关系等。同时，还应该审查参加者参与实验时的心理状况和生理状况，因此，参加实验的人员在进行实验时如果心理处于非正常状态会影响实验结果。

4. 实验组织工作的审查

实验组织工作的审查主要审查主持人组织有无漏洞、工作是否严密等。

5. 实验结果一致性的审查

实验结果一致性的审查即审查反复进行实验时是否出现同样的结果。如果结果相同说明这个结论的出现不是偶然的，是真实可靠的；如果反复进行同一实验而得到不同的结果，则必须查明原因，对出现的不同结果分析其形成的条件。

第三节 侦查辨认的方法

一、掌握侦查辨认的基本法律程序

根据《公安机关办理刑事案件程序规定》和《人民检察院刑事诉讼规则》的有关规定，辨认应当遵守下列程序：

①公安机关、人民检察院在侦查各自管辖的案件的过程中，需要辨认犯罪嫌疑人时，应当分别经办案部门负责人或检察长批准。

②辨认应当在侦查人员的主持下进行。在公安机关侦查的案件中，主持辨认的侦查人员不得少于2人。在辨认前，应当向辨认人详细询问被辨认对象的具体特征，并应当告知辨认人有意作假辨认应当承担的法律责任。

③几名辨认人对同一辨认对象进行辨认时，应当由每名辨认人单独进

行，必要时，可以有见证人在场。

④辨认时，应当将辨认对象混杂在其他人员或物品中，不得给辨认人任何暗示。

⑤公安机关侦查的案件，对犯罪嫌疑人的辨认，辨认人不愿意公开进行时，可以在不暴露辨认人的情况下进行，侦查人员应当为其保守秘密。

⑥辨认的经过和结果等情况，应当制作辨认笔录，由主持和参加辨认的侦查人员、辨认人、见证人签名或盖章。

⑦人民检察院主持进行辨认，可以商请公安机关参加或协助。

二、掌握侦查辨认的规则

根据各个法律法规相关的规定，为了保障辨认结论的可靠性，辨认必须遵守以下规则：

①个别辨认。为了保障辨认结论的客观公正性，防止辨认人受到来自其他辨认人、辨认对象等各个方面的影响，辨认时要进行个别辨认。个别辨认包含两层含义：一是如果对同一辨认对象有几个辨认人时，辨认应当分别单独进行；二是一个辨认人面对多个辨认对象进行辨认时，应当让辨认人分别进行单独识别。

②混杂辨认。混杂辨认主要适用于对人和对物品的辨认。对人和物品进行辨认时，应当将辨认对象混杂在若干与其相似但无关的人或物品中间。在选择混杂辨认对象时，应以辨认对象的特征为依据。在进行对人的辨认时，混杂陪衬的对象与被辨认人之间应当在性别、年龄、相貌、身高、体态等方面相同或相似。在进行物品的辨认时，混杂陪衬的对象与被辨认对象之间应当在种类、颜色、大小等方面相同或相似。除此之外，对于照片、录像、录音等的辨认，也应当遵守混杂辨认的规则。

③自由辨认。自由辨认是指在进行辨认活动时，应当保证辨认人在不受任何干扰的情况下，自由而独立地进行识别。侦查人员不得以任何方式进行暗示或诱导，更不得进行明确的指认。因此，在组织辨认活动时，应

从辨认开始以前就注意在各个方面保证自由辨认。在辨认开始前，不能让辨认人事先了解有关辨认的情况，不能让辨认人看见辨认对象和知道辨认对象的情况。

④辨认前应当向辨认人详细询问被辨认人的具体特征，禁止辨认人见到被辨认人，并告知有意作假辨认应负的法律责任。

⑤应当明确告知辨认人，犯罪嫌疑人有可能不在队列里或照片之中，从而使辨认人觉得自己不一定必须辨认出某一个。

⑥在队列或照片中不应该突出犯罪嫌疑人。辨认人曾经对犯罪嫌疑人的某些特征进行特殊的关注，或对犯罪嫌疑人的特征进行过语言描述，那么辨认中的犯罪嫌疑人最好避免出现这些特征，否则容易干扰辨认人的辨认，辨认人的言语描述对于面孔的记忆会有干扰作用。

三、侦查辨认工作程序

（一）辨认前准备

1. 向辨认人了解有关情况

在辨认开始前和辨认结束以后，主持辨认的侦查人员都应对辨认人进行询问，这是组织辨认必不可少的程序。在辨认开始前，询问的重点是辨认人究竟掌握了哪些特征，辨认人能否依据对此的感知和记忆进行辨认。同时，侦查人员还应该问明辨认人感知的时间、条件、环境、辨认人自身的感知能力如何等。辨认结束后，针对辨认人作出的结论，侦查人员还应对辨认人再次进行询问，问明作出辨认结论的依据，以便对辨认结论进行正确的评断。

2. 确定辨认的时间和地点

组织公开的辨认活动时，辨认的时间和地点应尽量安排在符合辨认人原感知条件且外界干扰较小的环境中进行。秘密辨认时，应注意不能让被辨认人察觉，因此，在时间地点的选择上应符合保密的要求。

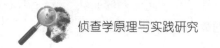

3. 制定辨认实施的方案

辨认应当有组织、有计划地进行。因此，需要制定具体详细的实施方案，方案的内容包括人员的分工、辨认的步骤和方法、辨认中可能出现的问题和相应的对策。

4. 准备辨认器材、场所等

开展辨认活动，要筹备辨认实施的场所和器材。因此，需要做好以下几方面的准备：选择符合条件的混杂陪衬对象；对进行辨认活动的场所进行布置；向辨认人宣布辨认的要求和辨认中应注意的问题以及要求辨认人认真对待辨认活动。

（二）实施侦查辨认

根据辨认的对象不同，在实施辨认时需要分情况开展辨认。

1. 对人的辨认

①在对人的辨认开始之前，应重点询问清楚辨认人掌握了犯罪嫌疑人的哪些特征，能否依据对此的感知和保存的记忆进行辨认。同时问清楚辨认人是在什么时候、什么环境条件下看见犯罪嫌疑人的，当时的视觉、听觉能力及其他有关的客观条件如何。

②遵循混杂辨认规则。《公安机关办理刑事案件程序规定》规定：辨认犯罪嫌疑人时，被辨认的人数不得少于7人；对犯罪嫌疑人照片进行辨认的，不得少于10人的照片；辨认物品时，混杂的同类物品不得少于5件。《人民检察院刑事诉讼规则》规定：辨认犯罪嫌疑人时，被辨认的人数不得少于7人，照片不得少于10张。辨认物品时，同类物品不得少于5件，照片不得少于5张。

③分情况选择不同的辨认方法。一般对于人进行直接辨认的，多采用静态的认定辨认的方法，即以人的面部特征为依据，让辨认对象处于静止状态，以便辨认人仔细观察被辨认人的外貌特征。而如果对于犯罪嫌疑人的动态特征，如说话的声音、行走的姿势为感知和记忆，可以增加对犯罪

嫌疑人的动态特征进行辨认。当犯罪嫌疑人还没有被缉拿归案时，可以组织寻查辨认，发现犯罪嫌疑人。

2. 对物品的辨认

①当组织对物的辨认时，侦查人员应先通过询问辨认人，查明同犯罪事件有联系的物品具有的特征，然后再进行辨认。如果辨认人可能是该项物品的所有者，询问时可让辨认人提供与被辨认的物品原属同一整体或附属关系的物品，或相类似的物品。

②遵循混杂辨认的规则。在挑选陪衬物品时，只要求一般特征即可。如果被辨认的物品比较特殊，难以找到同类的混杂陪衬物品，或者被辨认的物品的特征十分明确，经过询问，辨认人对物品的特征，特别是一些特殊的、不易被他人所知的细小特征十分了解的，也可以不进行混杂辨认，而将辨认物品单独提交辨认人辨认。

③对物品的辨认分情况进行：一是对不知名死者的衣服和随身携带的物品的辨认。通常这种辨认需要先有控制、有选择地组织现场周围群众对物品进行识别，侦查人员应对这些物品的产地、流通和使用范围做出初步判断。二是对现场遗留物品的辨认。三是对赃物的辨认，有时如果不易取得物品，也应该设法取得该物品的照片，提交辨认。

3. 对场所的辨认

①对场所辨认时，侦查人员首先对辨认人进行详细的询问，并根据辨认人所描述的该场所的特征，分析该场所可能位于何处。然后引导辨认人经由这些地点，由辨认人自由辨认，并作出结论。

②对于场所的辨认不适用混杂辨认规则，但辨认的其他规则仍然需要遵守。

③由于有些犯罪行为的过程较长，情节复杂，犯罪人有可能挟持被害人到其不熟悉的地方进行侵害，被害人则无法说清确切的犯罪地点和具体方位。所以对于辨认的结果，侦查人员需要对场所进行仔细勘查，并结合辨认人事先作出的有关犯罪时间等的陈述，评断辨认结论的可靠性。

（三）终结辨认，制作辨认笔录

公开辨认在辨认结束时，需要制作辨认笔录。辨认笔录应该通过问答的形式记录，辨认笔录力求客观、详细、准确。秘密辨认则应当制作辨认报告。辨认报告不能作为诉讼证据，但应入侦查卷宗，以供案情分析研究，其内容同辨认记录基本一致。辨认笔录的内容主要包括以下几个方面：

①辨认前对辨认人的询问情况和辨认人的陈述情况；

②辨认的时间、地点、环境条件；

③混杂人员的姓名、年龄、住址，混杂物品的数量、来源、基本特征；

④辨认的结论，侦查人员就辨认结论对辨认人进行的询问情况和辨认人的陈述；

⑤混杂人员或混杂物品同被辨认人或物品混杂在一起的照片，被辨认出的人或物品的照片；

⑥参与辨认的侦查人员、辨认人、混杂人员和被辨认人、见证人等的签名或盖章。

（四）对辨认结论的审查评断

由于辨认人的主观性强，其感知和记忆也会受到客观因素的影响，所以对辨认的结论应该认真审查和评断。辨认结论只有经过认真、细致的评断，并与其他证据验证无误以后才能作为证据使用。辨认结论一般不能单独作为认定案件事实的依据，必须与案件中的其他证据材料结合使用。对辨认结论的评断主要从以下几个方面进行。

1. 辨认人的自身情况

首先审查辨认人的生理状况：感知能力、识别能力、视力、听力、记忆力、触觉、嗅觉、年龄等；其次审查辨认人的基本情况：同案件结果的关系、同当事人的关系、文化程度、职业、对待辨认的态度、诚信程度等。

2. 辨认人感知时的具体情况

首先是感知时的客观因素，特别是光线、地形、距离、气候、噪声等；其次是感知时的精神状态，是否有顾虑、不安、恐惧、惊愕等消极情绪或极度饥饿、疲劳、睡眠不足等健康不佳的状况存在。

3. 辨认人掌握辨认特征的实际情况

辨认人是通过自己了解的与犯罪有关的人、物品、场所的某些特征同被辨认对象的特征作对比、识别，那么就得考虑这种对比的特征是否明显、清晰、深刻，另外还取决于辨认人对该特征认知的深度和准确程度。

4. 辨认人所掌握的特征与辨认对象之间的误差

在实际辨认时，辨认人所掌握的特征与辨认对象之间有一定差异。所以对于辨认结论中出现的辨认人所掌握的特征与辨认对象之间的误差，应认真分析研究造成差异的原因，并结合事物的客观变化规律，结合考察犯罪嫌疑人有无故意乔装的行为，并参照其他侦查措施所查获的情况，辩证地分析判断辨认结论。

5. 侦查辨认程序

首先，审查是否已进行过其他形式的辨认。其次，审查是否遵循混杂辨认的规则。再次，审查辨认所设置的环境条件。最后，审查辨认时是否遵循辨认规则：辨认前的提醒规则，是否遵循禁止暗示规则、是否违背禁止接触规则。

第四节　视频侦查的方法

一、视频侦查业务流程

常态而言，以接报警、立案为起点，可将视频侦查活动的全环节分为

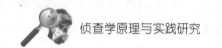

案情分析、视频获取、视频分析研判、信息管理共享四个阶段。

（一）案情分析

该阶段的主要任务包括但不限于：确定事（案）件发生时间、地点；分析确定案件类型，以便有针对性地采取对应侦查方法；运用包括警用地图、公开的电子地图初步确定搜索的范围，根据初步确定的范围，在地图上展示具体的监控点分布图，并对搜索范围内的监控点进行信息标注（包括但不限于监控点所属单位、联系人、联系方式、摄像头覆盖范围等信息），形成视频资源的初步分布图，为视频提取的工作人员提供提取依据；安排相应工作人员的办案任务。

（二）视频获取

视频获取看似简单，但若操作不当，极易导致证据因"真实性"存疑而丧失作证资格。如常见的视频数字摘要值（哈希值）产生变化、调取的视频文件时间产生变化、翻录形成的视频的作证资格问题等。因而，无论是现场获取，还是远程获取（包括联网下载、网络传输），均应严格遵循电子数据取证规则的要求。

（三）视频分析研判

依托获取的视频，视频分析研判主要围绕涉案人员、涉案车辆、其他涉案物品展开。主要任务包括人身或物品特征标记、测量、分析及身份的相似性（同一性）判断，人物活动轨迹的顺查、倒查，模糊图像的清晰化处理，伪装、虚假信息的查证，等等。在此基础上，应尝试构建证据链，重建事（案）件发生、发展过程。

（四）信息管理共享

信息管理共享是从情报工作角度提出的要求。在"两抢"类案件、盗窃类案件、接触式诈骗案件等侦查过程中，犯罪嫌疑人的作案特点往往具有"共通性"，因而结合对犯罪嫌疑人的"画像"，可考虑串并案件、扩大战果。此外，从预测角度分析，及时总结既往案件的特点，建成类案数据模型，对于及时发现犯罪、查证犯罪，极为必要。

二、视频侦查早期的十大基本方法

（一）图像辨认法

图像辨认法是指利用视频监控图像中犯罪嫌疑人的人像和物像（如人、车、随身携带物品等），在判定的侦查区域内开展辨认工作，从而寻找犯罪嫌疑人或嫌疑交通工具、物品的一种方法。

（二）时空锁定法

时空锁定法是指根据视频监控录像记录的时间，逐一与标准时间对比、校正后得出准确时间，并依据该准确时间，连贯各监控点间的时空关系，锁定犯罪嫌疑人所有动作的确切时间与空间，以此刻画犯罪嫌疑人人数、作案的全过程和犯罪嫌疑人所应具备的条件的一种方法。

（三）目标测量法

目标测量法是指通过视频监控画面，用专门的方法测判犯罪嫌疑人的身高、物品大小，确定相关排查条件的一种方法。测量时可选择从视频中选取单帧或多帧清晰的目标，继而建立坐标系进行测量，也可选择通过现场侦查实验的方式测量。

（四）画像校正法

画像校正法是指监控图像所反映的犯罪嫌疑人面部特征不清晰、有明显变形或仅有侧面图像时，根据监控图像所反映的犯罪嫌疑人动态过程、

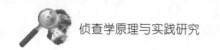

引起模糊和变形的规律，或结合目击者的描述，借鉴模拟画像技术、人像组合方法，对监控图像中犯罪嫌疑人的正面特征进行分析校正，给出犯罪嫌疑人的正面面貌，提供图像辨认的一种方法。

（五）特征提取法

特征提取法是指把视频监控录像中，目力难以分辨的与案件相关的信息特征，运用图像处理技术提取出来，确定可供排查的嫌疑对象的种类和个体特征，从而缩小侦查范围的一种技术方法。如车辆的类别、特定区域的显现处理，犯罪嫌疑人的体貌特征、衣着打扮、随身携带物品的辨识等。目前侦查实践中，基于计算机视觉、人工智能技术的应用，利用智能视频监控系统，技术层面已能够实现人、车、物信息的快速提取。

（六）目标追踪法

目标追踪法是指从视频监控录像中发现犯罪嫌疑人后，根据犯罪嫌疑人的外貌、衣着、车辆等可供辨认的特征，在监控中寻找、追踪犯罪嫌疑人的轨迹，进而确定犯罪嫌疑人的行走路线和落脚点，缩小侦查范围的一种方法。该方法又可具体分为连线追踪和圈踪拓展两种方式，前者适用于犯罪嫌疑人来去方向明确的情形，后者系针对犯罪嫌疑人行踪不明而提出。

（七）信息关联法

信息关联法是指从视频监控图像中确定犯罪嫌疑人后，根据其在活动过程中反映出的接打电话、上网、住宿、乘坐交通工具等可深查的情况，及时进行信息关联，拓展查证渠道的一种方法。

（八）情景分析法

情景分析法是指办案人员依据对案情的研究，分析犯罪嫌疑人进出现场时可能经过的路线、衣着和携带物品的变化情况、可能使用的交通工具、作案后为销赃等可能会去的场所等要素，结合现场和相关区域周边的交通情况，查看相应处的监控录像，进而发现犯罪嫌疑人的一种方法。

（九）实验论证法

实验论证法是指通过现场勘查、调查访问后，侦查人员在相同地点和环境条件下，模拟犯罪嫌疑人的动作、随身物品，根据各监控点图像间的对比，论证犯罪嫌疑人的作案过程、穿着特征、携带物品和交通工具等信息的一种方法。

（十）实时抓捕法

实时抓捕法是指通过人机互动的方式，由监控人员在实时观察监控录像时发现犯罪或是根据已发案件情况，根据犯罪嫌疑人的行动轨迹，直接利用各监控点锁定、跟踪、搜寻犯罪嫌疑人，并及时通知有关部门现行抓获犯罪嫌疑人的一种方法。随着通信技术的发展、图像分辨率的提高以及人工智能技术的深入运用，异常行为的自动识别、目标检测与追踪、自动报警、任务自动推送等，在不远的将来，将会成为视频侦查的主流方法。

三、两大类方法

按视频侦查依托的信息来源渠道的不同，总体上可将当前视频侦查的方法分为以视频图像为主的侦查和视频图像与其他信息联查两大类。

（一）以视频图像为主的侦查

以视频图像为主的侦查，从适用情境、指导价值层面考虑，又可将该方法分为个案意义上的图像扩面侦查法、并案意义上的视频图像关联侦查法、模式意义上的基于子事件分析的视频图像串查法。

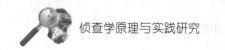

1. 个案意义上的图像扩面侦查法

个案意义上的图像扩面侦查法又称个案图像扩面侦查法。围绕视频图像本身，着眼（案）事件发生发展的时空轨迹和逻辑顺序，围绕目标（人、车、物品）、痕迹物证、特殊行为、生理需求、行为人的反侦查行为，采用顺查、逆查、假设验证等多种方式所开展的调查活动，即是个案图像扩面侦查法。

第一，以人外在静态特征、动态特征为主的侦查。侦查过程中，作为行为实施者的人必定是案件调查的核心。在视频图像中，人外在的静态特征（体貌、衣着、配饰）、动态特征（步态、其他习惯性动作）或多或少都有直观的反映，因而常常被作为首选的查证目标。查证时，既可选择犯罪嫌疑人作为目标，也可选择被害人，还可选择与目标同行的人员，实践中可按照"谁清晰、谁明确、谁优先"的原则筛选。当然，有选择的人员查证也可"分组同时进行"。

第二，以车为主的侦查。因车辆在案件中出现概率高、图像不易遮蔽、查证相对容易，因而围绕车进行的视频侦查，是实践中最常使用的一种方法。与目标人的选择相类似，选择目标车辆时，可选择公共交通工具，也可以选择犯罪嫌疑人自驾车辆，还可选择被犯罪嫌疑人骑（开）走的车辆。对于车辆悬挂有真实号牌的，可直接利用车的查证实现对人的追查。若遇车辆未悬挂号牌，伪造、遮挡号牌，套牌的情况，可适当扩大侦查的时空范围，在追踪过程中利用可能出现的相关人员重新悬挂、更换真实号牌反向求证等方法进行查证。

第三，以物品为主的侦查。此种方法通常适用于人/特征影像不清晰/完整，或者物品特征明确、稳定出现的情况。使用时选择包含背包等在内的犯罪嫌疑人随身携带物品，或选择被侵害的物品均可。

第四，以痕迹物证为主的侦查。当视频画面中发现犯罪嫌疑人有丢弃、遗失的物品（如烟头、喝过的饮料瓶、相关票证），人体排泄物，行走在松软的道路上等有可能留下相应痕迹物证的情况下，办案人员可考虑以特定痕迹物证为条件进行信息碰撞。

第五，围绕特定行为的侦查。在视频分析查证过程中，若发现行为人有较为特定的行为，如异常停留、与其他人员长时间的交流等，可选择以此为突破点进行深入侦查。对于犯罪嫌疑人注意是否存在踩点、作案过程中的配合等。至于其他人员的行为，需结合对应的时空条件进行假设验证。

第六，围绕人的生理需求的侦查。饮水、就餐、住宿、排泄系所有正常人的基本生理需求。侦查过程中，如果视频侦查断线、犯罪嫌疑人去向不明，可考虑围绕行为人在视频中的消失点，结合当时的时空条件，进行大胆假设验证，从中挖掘有用信息。

第七，围绕反侦查行为展开的侦查。针对行为人回避监控探头、人身伪装、伪装车辆、破坏监控探头等反侦查行为，侦查过程可对应采用犯罪画像、选择不易改变的习惯、视假为真、真假碰撞、增加搜索的时空范围等策略展开侦查。

2. 并案意义上的视频图像关联侦查法

针对同一个或同一伙犯罪主体在不同时空环境下所实施的一种、多种犯罪实施合并侦查，即为并案侦查。它是应对系列犯罪、流窜犯罪、职业犯罪、有组织犯罪的有效措施。能否实现并案侦查、准确证明犯罪嫌疑人的同一性则取决于证明犯罪嫌疑人信息的特定性程度。据此，在不考虑反侦查变量、偶发因素影响的情况下，一般可将并案侦查所依据信息的特定程度从低至高大致排序为：一是作案时空、环境选择上是否相似、相同或具有规律性；二是案件性质、侵害对象的相似、相同程度；三是作案方法、工具、作案习惯的相似、相同程度；四是现场遗留痕迹物证的特定程度；五是人身特征的相同与否。作为客观记录事件发生、发展过程的视频图像，显然对于并案侦查有着重要价值。根据并案侦查依据的信息来源，对应可将视频侦查分为：一是依托图像所反映的人的外在静态特征、动态特征的相似、相同性的并案侦查；二是依托图像所反映的交通工具的相似、相同性的并案侦查；三是依托图像所反映的携带物的相似、相同性的并案侦查；四是依托图像所反映的带走物的相似、相同性的并案侦查；五是依托图像所反映的遗弃物的相似、相同性的并案侦查；六是依托图像所反映的痕迹物证的相似、相同性的并案侦查；七是依托图像所反映的人的行为方式的相似、相同性的并案侦查。

3. 模式意义上的基于子事件分析的视频图像串查法

任何一个事件的发生、发展，系由诸多子事件构成，而这些子事件又可分为更小片段。每个子事件的片段又对应特定的时间节点。若诸多子事件片段有对应的证据证明，依时序逻辑按子事件片段—子事件—事件的分析逻辑，实现事件的重构，即为子事件分析。子事件分析的证明逻辑系呈"点—线—面—环—事"的倒置结构。视频侦查时，子事件分析的一般程序是：首先，全面勘验现场，充分调查访问；其次，基于现勘和调查访问等结果，深入分析案情，得到可能存在的子事件；再次，基于子事件证明的视频图像资料的查找，分析其中蕴含的子事件片段，并寻找证据加以证明；复次，对子事件最大限度地证明；最后，按时序逻辑进行整个事（案）件的重构整合。

基于子事件分析的视频图像串查，根据思维模式的不同，又可分为以时间轴进行子事件分析的视频图像串查以事件要素进行子事件分析的视频图像串查以及依行为关系要素进行子事件分析的视频图像串查三类。依据现场勘查获得的图像信息、调查访问等获得的信息，在时间校准的前提下，将各视频监控点记录的信息进行拓展，从中搜寻、固定特定时刻（段），因行为人的具体行为所形成的显在、潜在碎片信息，再按时间轴进行串联整合，重构事件，即为以时间轴进行子事件分析的视频图像串查；依事件要素进行子事件分析的视频图像串查，即是通过视频现场勘查、调查访问获得的信息，围绕人、车、物品等要素进行分类列表，通过信息之间的碰撞深化对子事件的认知，进而求证各要素之间的关联关系，最终实现对整个事件重构之目的；依行为关系要素进行子事件分析的视频图像串查是根据现场勘查、调查访问等获得的信息，基于已知行为推测分析犯罪嫌疑人可能存在的行为，通过信息碰撞、汇集，打通行为要素间的逻辑链条，进而求得行为序列的解构，最终实现对事件中行为人的行为重构的一种侦查模式。

（二）视频图像与其他信息联查

视频图像与其他信息联查是扩展线索、分析重建事件发生发展过程的重要手段。通常用到的信息包括通信信息、资金信息、住宿信息、上网信息、交通信息、外卖信息、物流信息等。

1. 视频图像与通信信息联查

通信信息作为人与人之间交流的重要通道，特别是人手一部手机成为现实的当下，已成为查证行为人身份信息的重要手段。案发前的联系策划、作案过程中的沟通、作案后的逃离隐匿等，无不需要通信的保障。可以说，在视频侦查过程中，无论是在案件符合诉讼法规定的技术侦查的适用条件的情况下图侦与技侦的结合，还是侦查过程中图侦与网安的结合，往往是案件取得重大突破的关键。

实际应用过程中，若图侦人员通过视频判断出目标人员有接打手机的行为，可通过基站位置＋时间＋通话者身份识别代码等方式反查目标的身份信息。此外，实战运用时，办案人员可能会遇到包含犯罪嫌疑人同时拥有两部以上手机、在作案过程中未随身携带手机、在作案前后更换了手机、使用公用电话进行通信、搭建无线电台进行通信等反侦查行为的存在。针对个体同时拥有两部以上手机的情况，办案人员应在区别常用与非常用、生活手机与工作手机的情况下，考虑不同手机识别代码在特定时间段内轨迹的相同特点等进行串查；就作案时未随身携带手机的情况，图侦人员可考虑从案发前后的图像中获得突破；就行为人作案前后更换手机的情况，图侦人员在话单分析时可采用对端分析的方式进行追查；至于使用公用电话进行通信的情况，现目前较为少见，但若出现，可通过对端号码追查、调查访问等进行信息扩展；对于自建无线电台进行通信的情况，其本身就呈现出与其他案件不同的特点，因而围绕这一特征进行反向思考、假设、验证，也可使案件取得突破。

2. 视频图像与资金信息联查

侦查实践中，视频所能记录的与"资金"流动有关的图像往往集中于各金融网点，特别是银行的 ATM 机。虽然目前移动支付、转账已成为"资金流"形成的重要方式，但从安全角度考虑，现金直接交易由于后台无记录，因而在现在和未来依然是行为人进行资金流转的重要方式。对于二者的联查，选择从图像到卡片或从卡片到图像均可，但需强调，侦查时应务必注意可能出现的无关银行卡信息、账户从启用到发案期间低频使用、资金流量较大但账户余额少等异常账户的发现。

3. 视频图像与住宿信息联查

旅宿业属于特种行业之一，根据治安管理的相关要求，登记核验身份系住宿前必须完成的事项，这就为鉴别犯罪嫌疑人的身份提供了有利条件。另外，目前绝大多数宾馆出入口、大堂、电梯、楼道都可能安装有视频监控，因而行为人在场所内和场所周边的活动，必然会留下对应的视频图像，以人、车、物品等展开查证自然就成为可能。此类方法对于外来人员跨区域流窜犯罪的侦查极为有效。实践中，可通过住宿信息、高危人群信息、公共交通信息整体分析研判，实现对犯罪嫌疑人的精准定位，但在住宿信息分析无果、侦查断线的情况下，需特别关注洗浴场所、网吧以及"短租"平台的查证。

4. 视频图像与交通信息联查

需要说明，这里的交通信息主要包含四类信息：一是行为人乘坐公共交通的信息；二是行为人驾、乘、租、借、购置、偷盗、未经登记的车辆的交通信息；三是交通违法信息；四是交通卡口、收费站、检查站信息。围绕视频监控，从行为人的来去路线上，结合高危人群信息等，获得特定时段本地航班、列车的终点、始发信息，可进一步扩展得到行为人的图像、持有的移动电话、同行人员、携带的物品等信息；行为人驾驶、乘坐的作案时所使用的车辆图像，有可能得到车辆行进的 GPS 信息、关系人、购置车辆时的取款影像资料、案发前车辆被盗的影像资料等信息；交通违法信息有可能反映出车辆违法时刻的影像资料、图片，对应可能获得包含车辆、车内人员的图像资料以及逃离路线信息等；卡口、收费站、检查站有可能进一步拓展出行为人的影像资料、ETC 交易信息等。

5. 视频图像与外卖信息联查

随着外卖行业的兴起，通过一部手机，利用对应的 App 实现网上下单、快送直达的点送餐模式，显然已被公众特别是中青年人所接受。利用外卖信息，可以进一步扩展得到行为人落脚点的位置、在落脚点活动的视频图像以及同户居住的人员等信息。

6. 视频图像与物流信息联查

当前，因电子商务普及而飞速发展的物流业，在为大众带来便利的同时，也为不法分子提供了逃避侦查打击的重要手段。从违法犯罪的发现角度分析，收发人地址不详、重量与品名不符、数量与大小矛盾的寄递物品，是侦查人员需要关注的重点；再从犯罪的实施角度，采用物流渠道寄递物品，通过人、货分离可对抗司法证明；另从侵害行为实施后的销赃角度剖析，物流显然可以快速、安全地将物品运至异地销赃。因而，无论何种类型的案件，但凡涉及不法物品流转的，很多时候都可能涉及物流信息的查证运用，而物流信息反向可为图侦提供更多的线索、证据。因而，建议办案人员在盗窃、"两抢"类、制售违禁物品等犯罪侦查过程中务必注意物流信息的查证、应用。

第五章 查缉控制性侦查方法

第一节 通缉通报的方法

一、通缉、通报的概念

（一）通缉的概念

通缉是公安机关为了缉捕逃跑的犯罪嫌疑人，以通缉令的形式，通告各有关地区的公安机关以及其他有关部门予以协助的一种查缉人犯的侦查措施。通缉这一项侦查措施只能由公安机关实施，通缉通常以通缉令的形式发布。

（二）通报的概念

通报是为了查缉犯罪嫌疑人和控制赃物，各地侦查机关之间互通情报、协同作战的一种侦查措施。

二、明确通缉的对象、通报的种类

（一）通缉的对象

应当逮捕的犯罪嫌疑人如果在逃，公安机关可以发布通缉令，采取有效措施，追捕归案。具体来说，需要符合下列三个条件：

第一，被通缉的人必须是犯罪嫌疑人。

第二，该犯罪嫌疑人符合逮捕条件。

第三，该犯罪嫌疑人确实在逃避法律责任而下落不明。

侦查实践中需要发布通缉令的，一般是去向不明的重大、特大案件的犯罪嫌疑人，他们或者是罪行严重，或者是可能继续犯罪，对社会治安有很大危害，应当有针对性地发布通缉令，以获得有关地区、部门和广大公民的协助。具体情形如下：

第一，案件发生不久，经过侦查已有证据证明其犯有可能判处有期徒刑以上的刑罚，但潜逃在外的犯罪嫌疑人。

第二，案件经过侦查，破案条件已经成熟，已准备将其逮捕而逃跑的犯罪嫌疑人。

第三，已经逮捕，破案条件已经成熟，已准备将其逮捕而逃跑的犯罪嫌疑人。

第四，已经判刑，在服刑、关押期间越狱逃跑的犯罪人。

（二）通缉的种类

按照通缉的方式，可以分为通缉令、悬赏通告、边控通知。

1. 通缉令

通缉令通常以布告的形式发布，也可以通过广播、电视、报刊等新闻媒体发布，还可以在公安部计算机网络上发布进行网上追逃。

2. 悬赏通告

为了发现重大犯罪线索，追缴涉案财物、证据，查获犯罪嫌疑人，必要时，经县级以上公安机关负责人批准可以发布悬赏通告。

3. 边控通知

为防止犯罪嫌疑人逃往境外，需要在边防口岸采取边控措施的，应按照有关规定制作《边控对象通知书》，经县级以上公安机关负责人审核后，逐级上报省级公安机关批准，办理边控手续。需要在全国范围采取边控措

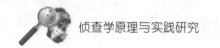

施的，应逐级上报公安部批准。

（三）通报的种类

根据通报的内容和使用通报所要达到的目的的不同，通报通常有以下几类。

1. 不知名尸体协查通报

通过将不知名尸体案件发生、发现的时间、地点和主要经过，死者的性别、年龄、身高、发型、身体外表特征，生前是否患有疾病，受过某种创伤或作过外科手术，衣着的式样、质地、花色和新旧程度，随身携带的物品的种类、数量和特征及这些特征的特写比例照片等进行通报，请求有关单位协助查明死者的身份、生前居住或工作的情况。

2. 赃物协查通报

通过对涉及赃物的简要案情、赃物的种类、数量、特征以及某些不常见赃物的照片等进行通报，以便有关单位进行控制，或在追查已捕获犯罪人赃物的过程中查找。

3. 案情协查通报

由于某些重大案件尚未破获或者在发生重大刑事案件的当时，如果根据现场勘查情况分析，认为犯罪人很可能是外地人或流窜犯罪分子，可以向邻近地区和犯罪人可能流窜犯罪的交通沿线城市的公安机关发出案情、敌情协查通报，以便有关地区的公安机关注意发现案件线索，注意在未破案件中或已拘留的犯罪嫌疑人中发现类似特点、类似手法进行协助侦查。

三、掌握通缉、通报的基本法律程序及原则

（一）通缉的基本法律程序及原则

①有权采用该侦查措施的机关是公安机关，人民检察院在办理自侦案

件时，如需要通缉犯罪嫌疑人的，应通过公安机关进行。

②通缉的主要形式是发布通缉令。通缉令必须由县（市）以上公安机关发出，其他任何机关不得自行发布。各级公安机关在自己管辖的地区以内，可以直接发布通缉令；超出自己管辖的地区，应当报请有权决定的上级机关发布。在全国范围内发布通缉令，必须由公安部决定和发布。

③通缉令发布的地区为：犯罪嫌疑人逃跑可能经过的车站、码头、机场、可能出现的地方以及预计可能捕获在逃犯罪嫌疑人或犯罪人的地区。

（二）通报的基本法律程序及原则

①有权采取该项侦查措施的机关是县级以上公安机关的侦查部门。各级公安机关可以在自己管辖的地区范围内直接发布通报；省、自治区、直辖市的公安厅（局）可以向其他省、自治区、直辖市发布通报；公安部可以向全国或部分省、自治区、直辖市发布通报。通报接收单位是有关地区的公安机关（包括地方公安机关和铁路、民航、林业等非地方公安机关），对非公安机关和广大公民不发通报，如有必要，可以发布悬赏通告。

②通报的发布范围要适当，通报的内容要准确简明，描述语言要规范。发布通报的单位要写上单位名称并加盖公章，写明文号、电话号码和联系人。

四、通缉的工作

（一）通缉的工作程序

1. 通缉前的调查

通缉的目的是使潜逃的犯罪嫌疑人被缉拿归案，因此，通缉令的发布一定要有针对性，只有认真做好通缉前的调查工作，才能保证通缉令通缉的内容明确具体、通缉令发布的地区明确。在制作通缉令前，应切实查明被通缉人的情况。

（1）查明被通缉人的全部社会关系

查明被通缉人的全部社会关系主要包括其亲友、同事、同学和同案犯及其姓名、住址以及被通缉人在出逃前是否表示要前往某地，或流露出其他行动计划。

（2）获取被通缉人的照片和指印

通过搜查获得或请被通缉人原来的单位提供。对于有犯罪前科的被通缉人，还可通过有关司法部门获取。

（3）确定被通缉人的衣着特征和体貌特征

通过询问熟悉被通缉人的人或知情人，研究被通缉人的近期照片以及利用某种有关痕迹或遗留物品进行分析判断。

2. 确定通缉的范围

通缉令通常发布到以下地区：

①犯罪嫌疑人逃跑可能经过的车站、码头、机场以及其他主要道口；

②犯罪嫌疑人可能出现的地点，包括亲朋好友家里，罪犯隐藏、居住的地区，如宾馆、饭店等；

③预计可能捕获在逃犯罪嫌疑人或犯罪人的地区。

3. 制作通缉令

通缉令的制定格式要统一规范，内容要言简意赅，语言要通俗易懂，以便有关机关及广大人民群众协助查缉。通缉令的格式及内容包括以下几个方面。

（1）标题部分

标题部分包括题目（通缉令）和发文号。

（2）内容部分

①案件的基本情况

案件的基本情况包括案件的性质，发案时间、地点，简要的案件情况以及犯罪的手段、方法，实施了何种犯罪，造成了何种后果，逃跑的方式和方向。

②被通缉人的基本特征

被通缉人的基本特征指主要写明被通缉人的姓名（包括曾用名、绰号）、性别、年龄、籍贯、职业、住址、逃走时的衣着打扮、体貌特征，并附上被通缉人的照片。

③被通缉人出逃时携带物品的特征

应将出逃时携带物品的数量、种类、特征进行准确描述，如果有携带武器，则应尽可能详细地注明武器的种类、型号、数量等有关情况。

④通缉令的要求及联络方法

有关地区在接到通缉令后，落实查缉工作的要求以及缉捕犯罪嫌疑人时应注意的问题。并注明发布通缉令的单位的联系方法、联络地址、邮政编码、电话号码及传真号码等。

（3）结尾部分

结尾部分包括发文单位（应加盖公章）及发布日期。

4. 发布通缉令

通缉令制作好之后，应适时发布，以便有效调动有关地区及广大人民整体力量协同作战，有效缩短发现、缉捕犯罪嫌疑人的时间，及时破案。同时，适时发布通缉令，可以促使有关地区和部门启动各种预防措施，消除可能有利于犯罪嫌疑人重新犯罪的条件和途径，防止新的犯罪发生。通缉令既可以发往各地的公安保卫部门、国家机关、企事业单位、人民团体，又可以进行公开张贴，以达到公告之目的，便于人民群众参与。

（二）通报的工作程序

通报的工作程序同通缉的工作程序基本相似，但是要注意以下几点：

①通报是公安机关内部通力合作、协同破案的一种有效方法，一般都是发布到有关地区的公安机关内部，不对外张贴；

②通报除了用作查缉在逃的犯罪嫌疑人外，还可以查缉犯罪人，因

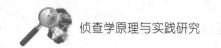

此，有些案件通报时通常只知道其外貌特点、作案手段、携带的赃物等一般情况，而不知道真实姓名和地址；

③对于潜逃的重大犯罪嫌疑人，在确定拘捕之前，不宜使用通缉手段，必要时可以向有关地区公安机关发布通报，请求协助查缉。另外，通缉发布后又发现新情况的，可以补发通报。对于通缉中不易暴露的情况，也可在发布通缉时，用通报的形式进行发布。

第二节　追缉堵截的方法

追缉堵截是对在逃的犯罪人和重大犯罪嫌疑人进行追捕的一种紧急措施。追缉堵截包括追缉和堵截两个方面的行动。追缉是根据已掌握的犯罪嫌疑人的外貌特征、携带物品、现场痕迹和遗留物反映的情况，沿着其可能逃跑的方向和路线进行寻迹追捕的行为；堵截是根据侦查机关的通知和布置，在犯罪嫌疑人逃跑过程中可能经过的路口、关卡进行的阻截、拦截行动。追缉和堵截通常同时并用，两者表现出一种"紧密结合、相互配合"的关系。

一、掌握追缉堵截原则

追缉堵截是一项危险系数大、牵涉面广、往往需要动用多警种联合作战的侦查措施。因此，需要针对不同的情况，因地制宜、因时制宜。但是追缉堵截实施的过程也有一定的原则和要求，基本要求如下：

①明确案情，全面了解追缉目标；

②快速部署，实行统一指挥；

③沿途调查，随时掌握逃跑方向；

④调整部署，机动灵活，采取措施；

⑤协调行动，及时捕获犯罪嫌疑人；

⑥有效装备，保证追堵顺利进行。

二、掌握追缉堵截的条件

追缉工作是在查明犯罪人或重大犯罪嫌疑人已经逃跑时，及时组织力量，寻其踪迹进行追捕的查缉活动。堵截是在犯罪嫌疑人逃跑方向的前方所进行追捕的查缉活动。因此，要进行这两项侦查活动需要具备以下条件。

（一）特征条件

特征条件即需要了解追缉堵截对象的特征，如犯罪嫌疑人的人身、体貌、衣着有明显易辨识特征，犯罪嫌疑人逃离时使用的车辆有能辨识的标志，犯罪嫌疑人携带的赃物特征明显等。

（二）时间条件

时间是衡量是否有采取追缉堵截必要的一个要素。如果案发后不久、犯罪嫌疑人逃离不远，又有迹可循、有特征可查，就可以实施追缉，或者负案在逃的犯罪嫌疑人的行动踪迹被发现，此时可以就近实施追击堵截。

（三）空间条件

空旷、开阔、人员流动小、容易留下足迹等痕迹、嗅源不易被破坏的环境适宜追击堵截。例如，犯罪嫌疑人在白天潜逃进人员比较集中的城镇，同时犯罪嫌疑人特征条件不太好，这就不利于追缉堵截。如果犯罪嫌疑人白天潜逃入人员较少的乡村，即使犯罪嫌疑人特征条件不明显，仍然可以采取追缉堵截。

（四）人员流量条件

现场人员成分单一，全是本地的熟人，陌生的犯罪嫌疑人进入此地作案，就有追缉堵截的条件。同时，如果现场人员流量比较少，也有采取追

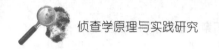

缉堵截的条件。

（五）交通工具条件

如果现场反映出的犯罪嫌疑人有交通工具，或有被盗窃或抢劫的机动车辆等，并且这些车辆的特征比较明显，同时有特定的路线、方向和标志灯，就有采取追缉堵截的条件。

（六）痕迹条件

现场遗留有表明犯罪嫌疑人行踪的痕迹物证时，可以根据遗留的痕迹物证追踪、查缉犯罪嫌疑人。如足迹、气味、车票、视频监控等能反映犯罪嫌疑的行踪。

三、追缉堵截的方法分类

追缉堵截必须考虑敌我双方的不同条件及客观外部因素，因此，其实施过程和方法是灵活多变的。实践中，常常采用以下几类方法。

（一）追缉的方法

1. 单向尾随

犯罪嫌疑人体貌特征明显时，查缉人员可根据犯罪嫌疑人逃跑的方向和路线，直接进行尾随。

2. 两线策应

如果犯罪嫌疑人的逃跑方向和路线不是唯一的，有两种可能，那么就要从犯罪嫌疑人可能逃跑的两个方向派出警力进行追缉。

3. 多路迂回

对于重大案件的犯罪嫌疑人或暴力犯罪嫌疑人，根据犯罪嫌疑逃跑的方向和路线，组织警力，分兵多路进行追缉和堵截。

4. 边追边访

由于犯罪嫌疑人随时可能改变行动方向，那么在追缉的同时需要注意对相遇的知情人进行访问，以期进一步了解犯罪嫌疑人的逃跑方向和路线，以便及时修正追缉的方向和路线。

（二）堵截的方法

1. 设卡堵截

根据犯罪嫌疑人逃跑的方向和路线，布置前方力量进行设卡堵截。

2. 定点堵截

在犯罪嫌疑人的可能落脚点，布置力量进行定点堵截，以便堵截查缉潜逃来此的犯罪嫌疑人。

3. 寻查堵截

在犯罪嫌疑人可能出没活动、落脚藏身的地点和场所布置查缉力量，以游动方式寻找、发现、查获犯罪嫌疑人；也可以在这些地点、场所建立临时掩护点，如化装成小商、小贩、三轮车工人、修鞋人、收购废品人等进行定点巡查守候，发现、堵截和缉捕犯罪嫌疑人。

4. 围捕堵截

在追缉堵截过程中，确认犯罪嫌疑人已经隐藏在一个明确的地点，或在一个较小的区域范围内，缉捕人员应迅速四散分开，抢占有利地形，堵住进出通道，将犯罪嫌疑人包围起来，逐步缩小包围圈，直到将其捕获或迫使其自动放弃反抗，缴械投降。

（三）追缉堵截并用的方法

1. 城市外围堵截，室内搜索追捕

由于城市内部街巷纵横交叉，建筑物密集，易于犯罪嫌疑人藏匿逃跑，侦查人员常常难以准确判断犯罪嫌疑人逃跑的方向、路线及地点。如果判断犯罪嫌疑人未逃离该地区，应先行布置力量在城市外围所有的交通

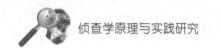

要道车站、码头、港口设关卡进行设卡堵截、定点堵截、寻查堵截、伏击堵截等，在市内采取多种形式巡查、搜捕。

2. 立体的追缉堵截

通过使用现代的海、陆、空交通运输工具，使地面、水面的追缉堵截和空中的观察控制及指挥高度紧密地结合起来，把犯罪嫌疑人控制在一个特定的空间范围内，或始终将犯罪嫌疑人的行踪纳入追捕人员的视线内，最后将其捕获。

四、追缉堵截的工作程序

（一）追缉堵截的组织与指挥

追缉堵截工作通常需要多警种多方面联合行动，行动的机动性强，具有紧迫性甚至危险性。追缉堵截人员既要分头行动，又必须彼此呼应，行动上协调一致。所以正确的组织与指挥是保证追缉堵截行动有序、顺利抓捕犯罪嫌疑人的关键。

①指挥人员应当亲临第一线，加强具体的指挥，对各追缉小组、各堵卡网点、犯罪嫌疑人所处位置、追缉过程中发现的线索和预备行动的方面应有全面掌握。

②追缉堵截实行统一指挥、统一部署、统一行动，不受行业之间、部门之间权限的限制，甚至在紧急情况下，可以就近组织力量进行追捕，不用层层请示，或坐等上级出面协调。

③指挥人员应与各方面保持通信联络，发现新的情况，应及时通报各有关方面的人员，确保信息传递得及时、准确。

④遇到紧急情况，指挥人员应该果断做出正确判断和相应的决策，不失时机地抓住每一个有利于行动成功的机会。同时，其他各侦查机关也不能按部就班，应该立即启动应急预案、采取应急措施，根据案情灵活开展现场勘查、调查访问、组织追缉力量、迅速通知有关堵卡网点，立即展开

对犯罪嫌疑人的追缉堵截。

(二) 追缉堵截的准备

为了正确组织实施追缉堵截措施，应事先做好相关的准备工作，抓住有利时机，正确运用追缉堵截措施，做到人赃俱获，防止和避免发生新的、更严重的后果。

①接到紧急情况通报后，侦查人员应及时通过事主、被害人或目击群众了解和掌握犯罪嫌疑人的基本情况、突出的体貌特征及因实施犯罪而形成的新特征。如犯罪嫌疑人的人数、年龄、面部特征、身高、体型、发型、衣着、讲话口音、携带物品（包括赃物、犯罪嫌疑人自带的物品）特征、数量以及犯罪嫌疑人受伤、沾染血迹、泥土或其他物质的情况。

②仔细观察和牢记犯罪嫌疑人留在现场的足迹或车辆痕迹，并根据痕迹特征对鞋的种类、车辆类型和犯罪嫌疑人的人身特征作出尽可能准确的判断。

③准备好追缉所必需的交通、通信工具和武器。

(三) 追缉堵截的实施

实践中，追缉堵截的对象主要是犯罪嫌疑人和车辆，因此，在实施追缉堵截时需要分情况进行。

1. 对车辆的追缉堵截

（1）对车辆追缉堵截前的准备

首先，在警察跟踪并准备拦截机动车辆时，及时认准其牌照号码和外形特征，并用通信工具报告犯罪情报信息中心，以便在犯罪情报中心的电脑上加以检索。如果该车辆是被盗窃车辆或涉嫌刑事案件，那么警察在对其拦截前就可以掌握更多的信息。

（2）对车辆的实施拦截要分情况进行

①对普通车辆的拦截

目标不明确时，追缉拦截人员可直接拦截、检查或以某种借口拦截检查过往车辆。目标明确时，可以直接拦截检查。一般可以利用的借口有：交通检查、货物检查、车辆出事故而求救、道路稽查、道路维修限速、缓行、边路行驶需查看等。直接拦截的方式有：设置路障拦截，强行命令停车检查等。

②对于暴力犯罪嫌疑车辆的拦截

一般需要两道拦截卡点：第一道拦截卡点，即识别目标的卡点，其目的不是拦截，而是为了识别和发现目标。因此，需要利用上述各种借口进行拦截、观察、识别和发现目标。一旦发现目标及时通知下一拦截卡点，提前做好拦截准备。第二道拦截卡点，是直接进行拦截的卡点，一般需要配置一定的防闯卡器具，如破坏汽车轮胎的器具、防撞击拦截的器具等。同时，可以采取设置障碍拦截、包围强行拦截、伪装交通事故拦截或其他伪装的拦截检查方法进行拦截。有些特殊情况可以设置第三个隐蔽拦截卡点，在第一、第二拦截卡点判断失误后进行进一步辨识或拦截失败后进行补救。

③警车拦截时的位置

追缉拦截时的警用车辆停车的位置应该在距离被追缉拦截车辆的后面至少 3 米远的地方，警察汽车车头的 2/3 部分应露在被拦截汽车的左侧外面；公开拦截时，警车应置于路面正中间，或横或竖地有效拦截被追缉车辆。

④观察识别车辆疑点

对一般车辆观察的重点有：汽车牌照的位置是否合适、牢固；挂牌的方式状态及车辆型号与牌照所显示内容是否一致；开车人或乘车人对警察的出现是否表现出反常现象；车辆型号、颜色、牌照等特征是否与被通缉协查的车辆特征相似或一致。

⑤注意事项

首先，被拦截车辆虽然停住，但查缉人员不要急于登上嫌疑车辆匆忙进行检查；其次，命令嫌疑人的双手不得随意活动，防止其使用武器伤人；

最后，不要让被拦截的嫌疑车辆司机轻易接近我方的车辆，防止其行凶。

2. 对犯罪嫌疑人的追缉堵截

（1）正确选择拦截位置

当确信拦截对象是危险人物时，要尽量选择远离拥挤人群的地方进行拦截，一般选择地形较为平坦，人员较少之处；道路车辆流量少的狭窄之处；道路上坡或转弯之处等。

（2）确保安全的跟踪追击站位

一般选择被跟踪对象的左后方，并随时调整跟踪位置和跟踪人员的相互配合。

（3）选择和利用跟踪时的遮掩物

一般利用道路两侧的各种遮蔽物进行遮掩，有效地调整与被跟踪者的距离等，视情况而采取下一步行动。

（4）保持高度警惕

由于被追缉的人员成分复杂，可能是犯罪嫌疑人，也可能是与被通缉人相似的人或举止行为表现出犯罪可能的人，在盘问和拦截时很可能发生搏斗或枪战。因此，需要特别注意观察其隐藏枪支、武器、工具的部位和迹象。

（5）发现持枪嫌疑人应迅速作出反应

当发现追击堵截的人持有枪支时，需要迅速就近寻找隐蔽物进行隐蔽，迅速拔出武器，推弹上膛，控制对方举动。

（四）结束追缉堵截，盘查可疑人员

1. 公开表明自己的身份

使用合适的语言进行盘查。

2. 盘查时注意站位

（1）半包围站位

几名警察呈半圆形围住犯罪嫌疑人，警察之间的直线距离为1～2米，警察与犯罪嫌疑人之间的距离为1.5～2米。

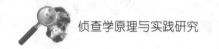

（2）包围站位

多名警察均匀分布在犯罪嫌疑的周围，警察与犯罪嫌疑人之间的距离控制在 1.5～2 米。

（3）只有一名警察时的站位

当警察力量比较薄弱时，警察要站在犯罪嫌疑人前方 1.5 米处，同时要注意应当侧身对着犯罪嫌疑人。

（4）带回审查时的站位

当警察将犯罪嫌疑人带回公安局等地方进行盘问审查时，多名警察仍是均匀分布在犯罪嫌疑人的周围，警察与犯罪嫌疑人的距离控制在 1～1.5 米，同时犯罪嫌疑人站在前面，警察站在后面，以便进一步控制犯罪，防止其逃脱。

3. 注意事项

在拦截时发现可疑人员，及时进行盘问审查。对于可疑人员，如果还未取得可靠证据时，不宜轻易抓捕，而应根据已有材料设法以其他手段查清疑点。对于已取得可靠证据的犯罪嫌疑人，抓捕时也要讲究方式方法，以免犯罪嫌疑人乘隙脱逃，或激化成不必要的搏斗或枪战，造成人员伤亡和物资损毁。

第三节　查询冻结的方法

一、查询冻结的概念

查询冻结是指侦查机关根据侦查工作的需要，依法向银行或其他金融机构、邮电部门查询犯罪嫌疑人的存款、汇款，并通知上述机构、部门停止支付犯罪嫌疑人的存款、汇款的一项紧急性侦查措施。及时发现、查清、冻结犯罪嫌疑人的存款、汇款，不仅可以最大限度地挽回国家和公民的损失，还可以为揭露、证实犯罪提供证据。

二、明确查询冻结的对象

查询冻结的对象是犯罪嫌疑人的存款、汇款。

①查询冻结的对象是犯罪嫌疑人的存款、汇款，这里"犯罪嫌疑人的存款、汇款"不仅包括犯罪嫌疑人以本人的名义存入的存款和汇款，还包括犯罪嫌疑人以他人的名义存入的存款和汇款；不仅包括存进、汇进的款项，还包括取出、汇出的款项；不仅包括查询时还在犯罪嫌疑人账户上的款项，还包括一定时期内犯罪嫌疑人账户上款项存进、取出的整个流动状况。

②"犯罪嫌疑人的存款、汇款"，不仅包括犯罪嫌疑人的存款、汇款，还包括与案件有关的单位的存款、汇款。如单位犯罪案件中单位的存款、汇款，通过单位转账的犯罪嫌疑人的存款、汇款，其他与案件有关的单位的存款、汇款等。有权机关查询的资料应限于存款、汇款资料，包括被查询单位或个人开户、存款情况以及与存款有关的会计凭证、账簿、对账单等资料。

③关于查询冻结的主体，《人民检察院刑事诉讼规则》规定，人民检察院根据侦查犯罪的需要，可以依照规定查询、冻结犯罪嫌疑人的存款、汇款、债券、股票、基金份额等财产，并可以要求有关单位和个人配合。查询冻结前款规定的财产，应当制作查询、冻结财产通知书，通知银行或者其他金融机构、邮政部门执行。由此可见，查询冻结的决定主体是人民检察院，而查询冻结的执行主体包括银行、非银行金融机构（如信托公司、融资中心等）和邮政部门。

三、查询冻结的工作程序

（一）查询冻结的审批及审核

1. 有权机关对查询冻结的审批

侦查机关需要查询或冻结犯罪嫌疑人的存款、汇款时，应当经县级以

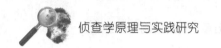

上公安机关负责人批准，制作《查询存款、汇款通知书》或《冻结存款、汇款通知书》，通知银行或其他金融机构、邮电部门执行。犯罪嫌疑人的存款、汇款已经被冻结的，不得重复冻结。

2. 银行对查询冻结的审核

根据中国人民银行《金融机构协助查询、冻结、扣划工作管理规定》：

第一，办理协助查询业务时，银行应当核实执法人员的工作证件（法院查询时还必须同时出示执行公务证），以及有权机关县团级以上机构签发的协助查询存款通知书；

第二，办理协助冻结业务时，应当核实以下证件和法律文书：

①有权机关执法人员的工作证件；

②有权机关县团级以上机构签发的协助冻结存款通知书；

③人民法院出具的冻结存款裁定书、其他有权机关出具的冻结存款决定书。

第三，办理协助扣划业务时，应当核实以下证件和法律文书：

①有权机关执法人员的工作证件；

②有权机关县团级以上机构签发的协助扣划通知书；

③人民法院出具的扣划裁定书（该裁定书同时还应附有生效法律文书，包括民事、行政判决书、调解书，民事制裁决定、支付令、刑事附带民事判决、裁定、调解书）、其他有权机关的有关决定书。

（二）查询

查询犯罪嫌疑人的存款、汇款一般有两种方法：一种是拉网式地查询；另一种是有针对性、有重点地查询。只有在第二种方法无效的情况下才采用第一种方法。要做到有针对性、有重点地查询，可以从以下几个方面入手。

1. 从发现犯罪嫌疑人的存款线索入手

主要途径有：通过搜查发现存款线索；通过讯问犯罪嫌疑及询问其家属、子女发现存款线索；通过调查有关知情人发现存款线索等。

2. 从分析犯罪嫌疑人的存款方面入手

根据人趋利避害的心理，通过分析不同金融机构信誉的高低、利率的高低、风险的大小、网点的多少、服务态度的优劣、离家的远近等情况，分析犯罪嫌疑人会将赃款存于哪个金融单位、哪个储蓄所，以此来决定查询的重点或顺序。

3. 利用网络查控系统

对犯罪嫌疑人的不动产、金融理财产品等，充分利用现代科技手段的网络查控，利用云计算、大数据等手段提高"查人找物"能力，实现"一网打尽"。

（三）冻结

①侦查机关不能直接扣划单位的存款、汇款，银行需要根据侦查机关出具的《协助扣划存款通知书》及侦查人员的工作证或执行公务证明、有效的法律文书及副本，才能扣划有关企事业单位、机关、团体的有关存款。

②异地查询冻结。当需要异地查询冻结与犯罪有关的财物、文件的，侦查人员应当持办案协作函件和相关的法律文书，与协作地县级以上侦查机关联系，请其协助执行。

③冻结存款、汇款的期限。根据《公安机关办理刑事案件程序规定》等的规定，冻结存款的期限为6个月，有特殊原因需要延长的，公安机关应当在冻结期满前办理继续冻结手续。每次冻结最长不得超过6个月。逾期不办理冻结手续的，视为自动撤销冻结。申请执行人申请延长期限的，人民法院应当在冻结期限届满前办理续冻手续，续冻期限不得超过上述规

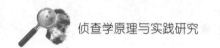

定期限的 1/2。检察院、公安机关、军队保卫部门等冻结单位存款的期限不超过 6 个月，每次续冻期限最长不超过 6 个月。

（四）对被冻存款、汇款的处理

对于被冻的存款、汇款，一般有三种处理方式。

1. 解除冻结

根据我国《刑事诉讼法》和有关规定，对于冻结的存款、汇款、债券、股票、基金份额等财产，经查明确实与案件无关的，应当在 3 日内通知银行、其他金融机构、邮电部门解除冻结，并通知被冻结存款、汇款、债券、股票、基金份额等财产的所有者。

2. 依法没收或返还被害人

在侦查中犯罪嫌疑人死亡，对犯罪嫌疑人的存款、汇款应当依法没收或返还被害人的，可以申请人民法院裁定通知冻结犯罪嫌疑人存款、汇款的银行、其他金融机构或邮电部门上缴国库或返还被害人。

3. 随案移送人民法院

对于冻结在银行、其他金融机构或邮电部门的赃款，应当向人民法院随案移送该银行、其他金融机构或邮电部门出具的证明文件，待人民法院作出生效判决后，由人民法院通知该银行、其他金融机构或邮电部门上缴国库。

（五）对查询、冻结的监管

上级公安机关发现下级公安机关冻结、解除冻结存款、汇款有错误时，可以依法作出决定，责令下级公安机关限期改正，下级公安机关应当立即执行。对拒不改正的，上级公安机关可以直接向有关银行或其他金融机构、邮电部门发出法律文书，纠正下级公安机关所作的错误决定，并通知原作出决定的公安机关。

第四节　留置盘问的方法

一、留置盘问的概念

留置盘问是指为维护治安秩序，公安机关的人民警察在盘问、检查工作中，对有违法犯罪嫌疑的人员依法将其带至公安机关，进一步盘问、调查，以确认或排除其违法犯罪嫌疑的一种强制性侦查措施。

二、明确留置盘问的条件

适用留置盘问应符合以下条件：

①留置盘问的主体只能是公安机关的人民警察，其他司法、行政执法部门的人员都不能行使，公安机关中不具备执法资格的聘用人员和治安联防人员也不具备这项权力。

②适用留置盘问的前提条件是人民警察在盘问、检查工作中当场发现有违法犯罪嫌疑的人员，如果不是当场发现，则不能适用留置盘问。

③留置盘问的对象只能是被害人、证人控告或指认其有犯罪行为的；有正在实施违反治安管理或犯罪行为嫌疑的；有违反治安管理或犯罪嫌疑且身份不明的；携带的物品可能是违反治安管理或犯罪的赃物的。不属于上述规定的四种对象的其他人员则不能适用留置盘问。

④留置盘问必须经过审批程序。适用留置盘问应当经实施的公安机关批准，留置的时间不得超过 24 小时，特殊情况下，经县级以上公安机关批准，可以延长至 48 小时，并且应当立即通知被留置人员的家属或所在单位，在法定期限届满时不能对留置人员采取拘留或其他强制措施的，应立即释放被留置人。

⑤留置盘问的地点应在公安机关。

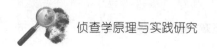

三、留置盘问的工作程序

（一）将被盘查对象带至公安机关

公安机关的人民警察在执行当场盘查、检查工作时，对符合留置盘问条件的人，必须带至就近设有规范询问室的公安机关继续盘问，以进一步证实或排除其嫌疑。

（二）办理有关法律手续

决定对被盘查对象进行留置盘问，执法的公安警察应立即填写《继续（留置）盘问审批表》，经留置的公安机关负责人批准。如果经过 24 小时留置盘问仍不能证实或排除嫌疑的，有延长留置盘问必要的，应在 24 小时结束前，填写《延长继续（留置）盘问审批表》，并经县级以上公安机关批准，可将留置盘问的时间延长至 48 小时。

（三）通知被留置人家属或单位

公安机关应依法履行通知程序，即在对被盘查对象进行 24 小时留置盘问或 48 小时留置盘问时，应立即通知其家属或所在单位。通知的形式视具体情况而定，应选择最有效的通知形式，在实际工作中，大多数采取电话通知的形式。

（四）适时进行盘问

留置盘问是一项法定权力和措施，公安机关应在有限的法定时间内，科学分析被留置对象的心理，利用掌握的证据和留置对象存在的疑点，制定切实可行的盘问策略，选准突破口，适时盘问，证实或排除留置对象的嫌疑。

（五）作出处理决定

对不批准留置盘问或不批准延长留置盘问以及在经过 24 小时或 48 小时留置盘问后，被留置对象的疑点基本查清、嫌疑已被排除，应立即予以释放。如果经过留置盘问，被留置对象的犯罪嫌疑得到证实，需要立即侦查的，应立即采取拘留、逮捕或取保候审、监视居住等刑事强制措施；如果被留置对象的违法嫌疑被证实，需要给予治安管理处罚的，应按照《治安管理处罚法》给予处罚。

（六）制作卷宗备案

一般来说，留置盘问卷宗包括《继续（留置）盘问审批表》《延长继续（留置）盘问审批表》《继续（留置）盘问通知书》、盘问记录、对指控人的询问记录、证人证言以及处理决定等。因此，当处理决定作出后，需要进一步整理各种卷宗，交被留置对象家属或存卷、存根等。

第六章 刑事侦查的相关技术

第一节 刑事追踪

一、痕迹分类及发现、提取痕迹规则

(一) 痕迹检验的一般理论

痕迹检验技术是刑事侦查技术中重要的分支之一,它研究与犯罪机制有关的各种痕迹的出现原理与规律,研究并制订发现、提取、分析和固定痕迹的方法和手段,以达到查明犯罪事实、侦破犯罪案件、预防犯罪危害结果的目的。

每一种犯罪行为均能引起周围环境的变化,并在周围环境中留下各种痕迹。刑事侦查学从广义和狭义两方面研究并区分痕迹。广义的痕迹是指由犯罪行为引起的一切物质性后果。它可能是一种客体作用于另一种客体而产生的反应形象,还可能是犯罪分子遗留或丢弃在犯罪现场的外来物,又或是损坏的客体的一部分、纺织品或针织物的细小纤维、血渍、表面加减层等。而痕迹检验技术通常仅涉及狭义的痕迹,即痕迹反映形象。

痕迹反映形象所反映的既可能是留痕客体的外部形态结构,也可能是痕迹承载客体自身固有的形态与结构特征,同时痕迹检验技术还研究痕迹的形成机制及原理。这些痕迹可以是手印、足迹、车辆痕迹、唇印、工具痕迹等。反映痕迹的形成机制及原理的对象可以是各种接点、裂缝、喷溅

的血渍或其他机体分泌物。痕迹检验在侦查工作中发挥着重要的作用，痕迹是揭露和证明犯罪事实的重要证据，还可以解决同一认定的问题。

痕迹检验首先要查明各种痕迹的形成机制，即造痕客体与痕迹承载客体相互作用的性质。具体而言，在判断痕迹形成机制时需要查明，工具破坏或侵害障碍物客体的方向是由内向外还是由外向内；车辆从犯罪现场逃逸时的去向；门锁的内部结构原理以及它是如何被打开的；汽车的发动机和底盘上的号码是否被改动等。

痕迹检验还可以揭示犯罪行为与出现的危害后果之间的因果联系，分析痕迹形成机制并在此基础上还原发生的案件事实。

痕迹检验具有重要的侦查学意义，通过痕迹检验可以判断实施犯罪的工具，了解犯罪主体的生理特征、职业习惯等相关身份信息。概言之，痕迹检验可以解决以下问题：

①确定客体对象的种类归属；

②根据现场留下的痕迹确定行为主体的生理解剖学特征；

③确定痕迹的形成机制及案件的客观事实；

④根据留下的痕迹对人或物进行同一认定。

解决同一认定问题的实质在于根据留下的痕迹判断客体是否同一，以确定客体的种类归属或原始起源。通过现场遗留的手印、赤足足迹、牙齿痕迹、唇印、耳郭和额印可以查明可疑人与犯罪嫌疑人是否为同一人。根据痕迹还可以判断犯罪分子使用的犯罪工具种类。痕迹检验可以帮助侦查员迅速收集相关线索并进行统一认定，借助燃料润滑油的滴液可以确定犯罪分子使用交通工具的类，进而可以确定具体的犯罪车辆。

在具体的情形下痕迹检验还可以确定实施犯罪的条件及危害结果发生的原因，有效地预防犯罪，简化侦查措施以及通过技术途径保护客体，防止犯罪侵害。

在研究痕迹检验的科学方法和实践操作的过程中，概括总结出同一认定理论、反映理论和种类认定等侦查学说。

痕迹检验技术的基础理论包括以下几个方面：

第一，客观世界中物质的唯一性。任何客体都与其自身保持同一，即任何客体都具有同一性。尽管同一种类的客体在外观形态、尺寸规模或是整体特征上十分近似，但是细节方面必然存在差别，这在痕迹检验中就表现为每种痕迹都有自身独有的特征。尽管许多客体在外观形态结构上可能十分近似，但是各种细节综合在一起使得世界上的每一个客体都是不可复制的。

第二，物体的外部形态结构包含着许多个性化特征，这些特征作为痕迹可能会完整地反映在另一物体表面。一个物体形态结构的细节能否完整地转移至另一物体表面取决于痕迹形成的条件，更为重要地取决于造痕客体和痕迹承受体的物理属性及二者相互作用的原理。痕迹承受体硬度越小，越是具有可塑性；它的表面结构越是细小，那么转移的细节信息就越完整清晰。应当注意的是，当两个客体相互接触并留下痕迹时，这些物体表面结构的变化是相互的，并且在它们之间传递的信息是守恒的。

第三，相互作用并形成痕迹的客体具有相对稳定性，由此可以进行比较研究。痕迹检验技术研究的痕迹反映形象形成于两个客体的相互接触，即承痕客体（在其表面上形成痕迹）和造痕客体（留下痕迹的客体）相互作用的结果。在痕迹形成时两个客体相互接触的表面称作接触面。因此，痕迹检验技术研究的客体都是具有足够稳定的表面特征的固体。

客体之间能够形成痕迹的接触可能是物理作用、化学作用和生物作用的结果，如物理作用可以具体细化为机械作用、电力作用或热能作用，而生物界的痕迹则可能是在微生物作用下发生腐烂的结果。

（二）痕迹分类

通常而言，痕迹检验技术中研究的痕迹都是物理机械作用产生的结果。研究这种相互作用的特点以及这种相互作用下形成的痕迹也是痕迹检验研究工作的实质。

机械作用下痕迹的形成取决于一系列要素。首先是相互作用的客体的物理属性，其次是作用力的大小和方向。

根据造痕客体的属性不同，痕迹可以分为以下几种：

①人形成的痕迹，如手印、足迹、唇印、额印、牙印等；

②工具、武器、生产机械设备和机器形成的痕迹；

③交通工具形成的痕迹；

④物形成的痕迹等。

根据痕迹形成的机制不同，痕迹可以分为静态痕迹和动态痕迹、立体痕迹和平面痕迹、内部痕迹和外围痕迹、易见痕迹和不易见痕迹（不可见痕迹）等。

静态痕迹是指在痕迹形成的过程中，造痕客体的每一处细节均在承痕客体表面留下清晰的反映形象。因为静态痕迹是在平静状态下形成的，因此，造痕客体的表面结构特征可以清晰地传递和表达。例如，车轮的滚动痕迹就属于这一类痕迹。

动态痕迹是指造痕客体与承痕客体在接触作用过程中，接触部位发生相对位移，因此，两个客体的表面特征呈线性反映，形成的痕迹往往表现为线性痕迹。突出的客体表面会凹陷形成小沟，而凹下去的部位又会形成轴状凸起，动态痕迹包括钻痕、砍痕、锯痕、车轮在路上滑行的痕迹等。

无论是静态痕迹还是动态痕迹，都可以进一步分为立体痕迹与平面痕迹。立体痕迹是指不仅具有长度和宽度，而且还有深度的痕迹。立体痕迹是造痕客体在压入承痕客体的承接表面时发生的局部变形。在立体痕迹上完整地表现接触的客体外形、尺寸和结构特征的凹凸痕迹。平面痕迹是指硬度相当或是表面均较硬的两个客体相互接触时形成的痕迹。由于承痕客体和造痕客体相互作用出现平面反映形象，如印在油漆布上的皮鞋印、玻璃杯上留下的指纹等。平面痕迹分为加层平面痕迹和减层平面痕迹两种。所谓加层平面痕迹是指在形成痕迹时，造痕客体表面附着的介质转移至承痕客体表面，而减层平面客体形成的过程恰好与之相反。根据形成痕迹时发生变化的部位不同，又可分为内部痕迹和外围痕迹。内部痕迹是指造痕客体作用于承痕客体表面时，承痕客体接触面范围内发生变化所形成的痕迹。外围痕迹是指造痕客体与承痕客体接触面范围以外发生变化所形成的痕迹。根据视力感知痕迹的程度，还可以分为易见痕迹、不易见痕迹（不可见痕迹）。易见痕迹是指不用借助任何操作即可发现的痕迹。不易见痕迹（不可见痕迹）是指本身色调与所在承痕客体无明显反差（或是根本没有颜色），即痕迹的颜色与其背景颜色几乎重合，或是该痕迹过于微小，仅在显微镜下才可见。不易见痕迹（不可见痕迹）通常需要借助专业照明设备或仪器才能发现，有时甚至还需要采取物理或化学方法，借助一定的专业物质显现痕迹或对显现方法进行补充及增强。痕迹的种类不同，相应的发现、固定和提取痕迹的方法亦不同。

（三）发现痕迹与固定提取痕迹

在犯罪现场发现痕迹前，首先应当评估现场环境。这可以查明犯罪发生时现场的每一个物品所处的位置和状态，犯罪嫌疑人来到和逃离现场可能的行动路线，现场他可能接触过的物品，可能藏匿犯罪工具的地点等。可以设想一下犯罪嫌疑人在该现场环境中可能的行为举动，于是确定犯罪痕迹存在的范围及其形成机制。

一旦确定了痕迹形成机制，可以轻松地判定该犯罪与痕迹形成之间的因果联系以及该痕迹在案件侦查中具体的作用。应当确定现场环境中每一个痕迹的位置，把痕迹与造痕客体联系在一起，由此查明发生的客观情况并详细地记述在笔录中。

细微的痕迹只能借助各种不同倍率的放大镜或照明工具才能发现。如果要发现本身色调与承受体无明显反差的痕迹必须运用专业的滤光镜，或是紫外光照明及电子光学变换器等。当窄缝光以小于 $45°$ 的锐角照射在承痕客体表面的不易见痕迹上时，该痕迹的凹凸处会因光照而呈现出不同形态。在提取痕迹前应当采取相应措施保全发现的痕迹。

所有发现的痕迹应首先采取照相的手段记录和固定。首先记录客体上的痕迹位置，然后根据照相规则记录痕迹本身的特征，如果痕迹的颜色具有重要的侦查学意义，那么应当利用彩色照相机并将照片彩色打印出来。痕迹照相时应当着重刻画犯罪痕迹或细微物质的区别性特征，现场勘查笔录中应当附加记录痕迹在客体位置上的照片，或是直接作为书证附卷。

　　对发现的痕迹应当准确详细地记在笔录中。笔录中应先记载承痕客体表面的特点与状态，因为它可以影响造痕客体的反映形象，然后还要记录客体上痕迹的范围、具体位置及其他特征，如形状、大小及每一个痕迹的特殊性，这里，精确测量是必要的步骤。对痕迹的细节性特征应当尽可能详细地记录。

　　在笔录中还应当记录发现、固定和提取痕迹的手段和方法。因为现场勘查笔录通常是在犯罪现场勘查结束后制作的，在笔录结语部分应当叙述痕迹如何提取、包装、送交何种鉴定。

　　无论是勘验、提取、固定和测量痕迹，还是制作立体或平面的模具，都应当最大限度地保留痕迹的原态。

　　对于在体积较大或价值昂贵的物品上遗留的痕迹，如果要提取原物就应当制作复件，首先应当照相。

　　为使表面的手印或赤足的足迹显影可以使用专业的粉末或化学试剂，然后再转印在提取手印的胶片上。

　　提取立体的鞋印、工具痕迹、车辆痕迹时需要制作模具：石膏的、黏土的或是塑胶的最大限度地保留痕迹的原貌、尺寸和表面特征。

　　从犯罪现场应当提取发现的与案件相关的一切痕迹。侦查实践证明，即使是不够完整和清晰的痕迹也可以进行痕迹检验，只要它能反映出造痕客体必要的特征。

　　对提取的承痕物或痕迹复件（模具）在包装和运输时应当防止损坏。包装好的物品应当封存并进行说明：该物证由谁提取、因何事由、在什么情形下被提取。

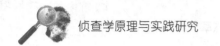

物证应当随案件一并移送，应当对承痕客体或是痕迹的复件进行鉴定。

二、手印

（一）指纹检验

指纹检验属于刑事侦查技术领域，主要研究人类手指上的皮肤花纹结构，根据指纹痕迹进行统一认定、刑事登记及查缉犯罪嫌疑人。

指纹检验还包括掌纹检验，后者进一步分为手掌纹检验和脚掌纹检验，专门研究人的手掌和脚掌上的皮肤花纹。

生物学告诉人们，世界上任何两个人皮肤表面的纹线形态都是不同的。在人的手掌或脚掌上布满了粗细不等的凹凸纹线，其中除数量最多、排列均匀的凸线——乳突线及和乳突线并列的凹线——小犁沟外，还有粗大、明显的屈肌褶纹以及皱纹、褶皱（白线）和汗孔。其中，最为明显的皮肤形态构造为屈肌褶纹。白线、皱纹一般是由于皮肤失去弹性、干性皮肤以及随着年龄的变化而出现的。通常而言，这些线在鉴定中发挥着辅助性作用。在痕迹检验技术中最有研究价值的是乳突纹线和汗孔，它们具有不同的形态，每一条纹线距离另一条的距离、排列各异，无论是手掌上还是脚掌上的纹线都有着足够复杂、形态各异的结构。

对于每个人而言，氨基酸除了各自所占的比例不同外，其组合方式也是各异的。因此，根据人的汗液油脂中氨基酸成分进行鉴定的方法有了理论依据。更甚于此，对汗液油脂成分进行生物学研究还可以获悉人的血型、性别属性，知道他的机体存在哪些疾病，特别是免疫系统的疾病，还可以知道行为人服过哪些药物、毒品，他的日常饮食如何等信息。这对判断嫌疑人范围，从中搜查到犯罪分子都能发挥极其重要的作用。

指头乳突花纹主要由三种形态和流向相同的纹线组（系统）构成：内部花纹系统、根基线系统和外围纹系统。

三种不同的纹线系统相汇合，构成具有鲜明特征的汇合区，被称作三角（△），因其像希腊字母表中的第四个字母△而得名。

指头乳突花纹因其内部花纹不同而分为不同的类型和种类。因此，指纹的基本类型分为三种：弓形纹、箕形纹和斗形纹。

最常见的一类指纹是箕形纹，几乎占到了指纹类型总数的65％。斗形纹大约占30％，而弓形纹仅占大约5％。由于内部系统的结构特征不同，因此，每一种花纹类型有自己的形态。

弓形纹又可以细分为弧形纹和账形纹。

箕形纹因箕口的方向和结构不同而不同。根据箕口的方向，箕形纹有正箕和反箕之别，其中箕口朝向小指的为正箕；箕口朝向拇指的为反箕。因箕形纹的结构不同而进一步细分为简单的、半弯曲的、封闭的和汇合的（球拍形）。

斗形纹分为环形斗、绞形斗、螺形斗、曲形斗法、双箕斗、杂形斗等。

由于弓形纹只由两道纹线组构成，因此通常弓形纹不存在三角。箕形纹中通常只有一个三角，而斗形纹可能会有两个或是更多个三角。根据这一特征，即三角的数量来区分指纹则为更容易些。

乳突花纹的类型和种类、乳突线的尺寸、弯曲程度、屈肌线和白线的轮廓——这些都是一般特征。

在每一条乳突线的结构中还有许多细节特征，可以用来识别个体身份进行同一认定，因此，它们也被称作乳突线的个别特征。这些细微的形态差别就是人们常说的细节。这些个别特征包括小点、小眼、小勾、小桥、短棒、纹线分歧、纹线结合、纹线起点和纹线终点。在与其他痕迹比较进行身份识别时，必须保证个别特征全部匹配。

（二）手印形成机制及其显现方法

用于识别个体身份的乳突线痕迹，是那些留在光滑的、抛光的或是塑

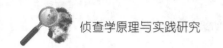

料表面的静态痕迹，这些表面结构与乳突花纹相比明显简单得多。

手印附在承受客体上，有平面的，有立体的；有明显的（可见的），有潜在的（不易见的或不可见的）；有加层的，有减层的。不易见手印——通常是干净的手指在不吸收汗液油脂的材料上形成的手印。不可见手印常是由于痕迹留在了表面可以吸收汗液油脂分泌物的客体上，如纸张、布、皮革等材料。

在侦查和鉴定实践中，最常见的几种显现手印的方法是目视观察法、物理方法和化学方法。

1. 目视观察法

运用目视观察法发现痕迹通常需要借助自然光或人造光，使光源与承受客体表面构成适当的角度，以目视直接发现。这是发现指纹的最佳方法，它可以在原始状态下保存痕迹。

2. 物理方法

物理方法显现手印是利用乳突线汗液分泌物具有一定的"黏滞力"，可将某些物质的细小颗粒黏附于手印表面。因此，利用粉末法显现不易见或不可见的手印时，这些粉末应当细致、干燥，与痕迹受体表面颜色的反差要大。常见的白色粉末有氧化锌、铝粉及松脂。最为常见的黑色粉末有氧化铜、铅粉、用氢还原的铁粉、石墨粉。用氢还原的铁粉经常会作为载体与其他具有显色作用的单一粉末混合在一起使用，而那些具有显色作用的粉末可能来自彩色的宝石，如黄晶石、红宝石和蓝宝石。

在这一过程中，通常需要运用专业的毛刷蘸取粉末刷显客体。毛刷通常是由松鼠毛或西伯利亚貂毛制成，质地柔软、疏松。也可以用喷雾法显现手印，在使用氢还原的铁粉时应当使用磁性刷。

碘熏法显现手印的原理，是当碘升华后，碘蒸气可与手印物质中的汗液油脂成分发生物理吸附，从而使手印染色显现。这种方法的优势在于痕迹可以不止一次地被处理，但这一方法亦有缺点痕迹很快即消失，手印转为不可见状态。用碘熏法显现技术固定手印时可借助淀粉。在碘熏手印上撒上薄薄一层淀粉，水蒸气熏湿成碘糊，因淀粉遇碘后呈蓝色反应，于是手印被固定下来。如果要显现留在彩色客体表面的手印则需要运用荧光粉，而后在紫外灯光下观察。

3. 化学方法

化学方法显现不可见的手印是利用形成手印的汗液油脂分泌物可与一定的化学试剂发生反应（或聚合作用），增强手印与痕迹受体表面的反差，将手印显现出来。用化学试剂显现手印时，承受体的表面最好能够吸收化学试剂的液体。

显现手印的主要化学试剂有茚三酮、无水丙酮或是乙醇和硝酸银。可以利用喷雾器向检材表面喷溅茚三酮试剂，或是利用棉球在检材表面涂抹茚三酮试剂。痕迹着色反应并不是立即就有结果，通常要置于室温下数小时后才能显现手印。为了提升反应速度，则可以对浸润茚三酮的检材表面进行加热，同时用硝酸银与茚三酮酿成混合液，这样会大幅提升日常光下手印显现的效果。

对于那些相对新鲜的手印，运用物理方法即可显现出来，而那些遗留时间较久的手印最好用化学试剂显现。

在寻找犯罪嫌疑人手印时，应当在犯罪现场中那些与犯罪活动关系密切的物体上寻找，这与该物体的规格大小及价值贵重并无直接关系。运用粉末法显现出来的手印极容易被破坏，因此必须采取相应措施对其加以保全。对现场用粉末显现出来的手印进行固定和提取时可以运用指纹胶带，而后送交指纹鉴定。在某些情形下，指纹胶带可以用办公室胶带临时替代。这种普通胶带对于提取不光滑表面上的指纹效果更佳。

用碘熏法显现出手印后，在提取时通常要运用硅酮膏"K"或"U"，其中添加了催化剂和2～3滴邻甲苯胺。复制大面积的手印时也运用这种硅酮膏。

指纹学研究可以解决一系列与案件侦查相关的实质性问题：在若干个犯罪嫌疑人中找出真正的犯罪分子；对一个行为主体实施的若干个犯罪事

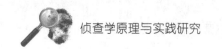
实进行串并案研究进而确定犯罪嫌疑人的身份；根据调查发现案件的重要情节，对犯罪嫌疑人身份进行认定。

在进行指纹鉴定时必须向鉴定人提交比对样本：指纹卡或在干净的白纸上所有犯罪嫌疑人捺上手指和掌面印痕以及从承受体上提取的手印，或是它们的拷贝，有时还可能是犯罪现场遗留的手掌、脚掌印迹。

三、足迹

犯罪嫌疑人常常会在犯罪现场遗留下足迹（鞋印）。这些痕迹会在其行走、奔跑、跳跃或原地站立时形成。根据这些痕迹可以判断犯罪嫌疑人进入现场的路线，在现场移动时的步行姿态以及逃离犯罪现场的方向，由此可追踪犯罪嫌疑人。通过研究发现，跛足的人在行走时有缺陷的病腿步伐长度明显短于正常人的步伐。根据足迹可以判断案情及犯罪主体的一些特征，最终利用足迹缉拿犯罪嫌疑人。根据足迹还可以轻松地对人或是鞋子进行统一认定。

在犯罪现场勘查时很少能遇见赤足的足迹。在此需要说明，赤足的足迹从外形上分为两个主要区域——趾区和跖区，弓区和跟区。只有在一个完整的足迹上，脚掌结构的特别才表达得更为完整；足乳突纹线清晰可见，表皮缺陷亦多种多样，如老茧、伤疤、褶皱和皱纹等。

对鞋印初步研究的目的有以下几个方面：查明鞋子的特点；与其他鞋印进行比较；正确测量鞋子的尺寸并记入笔录。

（一）鞋形特征要素

整体鞋形特征有以下几个方面：

①鞋印全长——从鞋尖前缘的中点贯穿至跟后缘中点的直线；

②沿中心线的鞋底掌部的长度（如果掌后缘切面清晰显现才测量）；

③最宽处的掌宽；

④最窄处的弓宽；

⑤鞋跟的前缘至后缘之间沿中心线的鞋跟长度；

⑥鞋跟最宽处的宽度，如果是赤足，则是足跟最宽处的宽度。

研究了整体鞋形特征后，还需要研究局部鞋形特征：鞋的各个区域结构特征、鞋底立体结构形态（鞋底花纹）特征、鞋子尺码标识和鞋子品牌标识等。

（二）步伐特征要素

足迹的步法特征可以反映出人体行走时的特点，步法中各要素亦体现出人体的解剖特征与功能特征。

在测量步长时，左足与右足应当分别测量。随着年龄的增长，人的步长也随之变化。一个中等身高的男子在正常行走时，步幅摆动区间为75～85厘米，而跑步状态下的步长可达到1米以上。右足步长要比左足步长多出1～2厘米，左撇子则相反。一个中等身高的女子步长，通常要比男子的步长短5～10厘米。

步宽显示出行走时双足之间的距离，是行走时左右足后鞋跟（脚跟）之间垂直于步行线的水平距离，正常姿态下双足距离平均为10～15厘米。

步角是左右脚印之中心线与足迹步行线之间构成的夹角，它反映出行走中的双足平行起落时的落步习惯，可以分为内收步（即左右两脚印之中心线收向步行线以内）和外展步（即左右两脚印之中心线展向步行线以外）。通常男人的步角平均是15°～25°，女人的步角平均是10°～20°。

在分别测量左右足的步长、步宽和步角时应当选择不同地点多次测量，因为测量的结果可能会因为客观原因出现一些误差。

鞋印的固定和提取有以下几种方法：根据物证照相的规则如实摄录足迹的自然状态；详细制作笔录；制模提取；复印提取。

对鞋印初步研究后，将结果记入笔录，笔录中要指出以下内容：发现鞋印的地点；鞋形特征；鞋印尺寸；鞋底个性特征；步法要素的测量数据；提取和固定的方法。

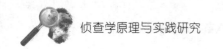

（三）足迹模型制作方法

发现足迹后，应当根据刑事照相规则立即对其拍照固定，以防止该印迹受损或消失。立体足迹经过拍照后，还应当制作足迹模型，通常采用石膏制模的方法。在此之前，应当清理现场足迹内的异物，如小树枝、小石子、烟头等。

根据土壤状态的不同，采取三种制模方法：灌注法、浸润法和综合法，选择哪种方法取决于承痕体的表面状态、天气条件和季节。

采取灌注法制模，先将石膏溶于水调至浓奶油状。将调好的石膏沿着足迹的边沿，自然地灌满足迹表面，灌至其厚度的1/3深。然后平衡地放上骨架，继续灌注石膏液到边缘。做完这些后，可用喷雾器继续使石膏湿润。

将灌注法与浸润法结合起来的是综合法，这样可以在任何承痕体表面对足迹进行提取与固定。如果足迹留在雪上，石膏就应当用降至0℃的冷水调制。为此可以向冷水中添加雪直到它停止融化为止。如果足迹是留在比较分散、轻飘的物体表面，如灰尘、水泥、面粉等，需要先对足迹进行固定。为此先配制6%～10%浓度的过氯乙烯丙酮溶液，用喷雾器将溶液喷洒在足迹表面，将承痕体上的细小微尘固定下来，而后再将调好的石膏液注入痕迹中。

在提取鞋印时还可以用硅酮膏"K"。铸造模具时，根据想要的不同足迹颜色，可以向硅酮膏中添加白色或深色的填充物，并加入专门的催化剂仔细混合。得到的混合物灌注并充满整个痕迹，在室温下经过大约半个小时鞋印将被固定下来。

对遗留在坚硬物体表面的、加层、减层而形成的粉尘（泥）足迹，可以用痕迹提取膜片或胶纸按压后复制提取。

对足迹进行鉴定是为了准确地查明案情，通过研究足迹、步法掌握犯罪嫌疑人的身份特征，认定从犯罪嫌疑人处提取的鞋子与现场足迹是否同一。

四、车辆痕迹

车辆痕迹主要研究车轮对地面滚压形成的车轮痕迹或其他突出部位（如保险杠、挡泥板等）留下的痕迹以及对其他从车身脱落的零件或配件进行研究。在研究各种车辆痕迹时，还经常伴随着对物质材料研究领域的物质痕迹鉴定与分析。

车辆痕迹往往是交警部门开展调查的依据，根据犯罪现场遗留的车辆痕迹可以确定用于犯罪运输的被盗车辆类型，犯罪嫌疑人出入现场的来去方向以及其迅速转移受害人、尸体的方向等。

根据车轮和车辆突出部位遗留的痕迹及车身脱落物可以对车辆进行鉴定，判断其属于哪一种类。除此之外，研究这些痕迹还可以对发生事件的过程进行还原：确定汽车行驶的方向和速度，发生碰撞的部位、角度和线路以及交通事故中其他需要认定的重要情节。

汽车、摩托车、无轨电车、拖拉机等无轨交通工具的车轮痕迹有明显特征。其中，汽车的车轮痕迹在侦查实践中具有普遍代表性，而对其他交通工具的车轮痕迹的研究内容与其基本相同，在此仅对汽车的车轮痕迹展开详细论述。

根据车轮在形成痕迹时的状态不同，车轮痕迹分为滚动痕迹和滑行痕迹。前一种痕迹是指车轮自然前行转动时形成的痕迹，而后一种痕迹则是由于车轮打滑或是车轮因紧急制动被锁定后滑行。

车轮滚动痕迹形成机制与静态下的车轮痕迹相类似：轮胎花纹的每一处细节均留下自己的印迹。当然，汽车在前行时，履带板会轻微地抹平痕迹的边缘，留下的车辆痕迹必然会发生变形，这会在一定程度上扩大或减小轨迹宽度。

汽车的车轮痕迹分为平面痕迹和立体痕迹。平面痕迹又分为加层平面痕迹（如汽车先是行驶在泥泞道路上，然后又行驶在干燥的沥青路面上）

和减层平面痕迹。立体痕迹的形成是由于松软泥土的变形，该痕迹不仅可以显示出轮胎表面的三维结构，在某种程度上还可以表现出它的侧面轮廓。

根据轮胎痕迹可以确定以下内容：汽车行驶的方向和转速（制动、打滑或是停止）；汽车的样式和型号，有时还会对汽车进行鉴定；查明汽车的样式、型号及行驶方向是搜索汽车的必要前提。

重型货车和轻型汽车留下的痕迹是不同的，其区别主要在于后车轮、轴距和轮距。轮距是指左轮轨迹和右轮轨迹的中心线之间的垂直距离或者就是后驱动轮轨迹间的距离。测量车辆痕迹时通常以车后轮的反映形象为准，因为后轮的痕迹经常会部分或全部地将前轮痕迹掩盖。只有在研究和测量车辆的转弯痕迹时，前轮轨迹才有意义。

通常以干净地面上留下的清晰的轮胎花纹测量胎宽，对反映出来的轮胎花纹痕迹应当照相，并将轮胎花纹的形态特征及各项数据记在笔录中，然后参考各类车辆手册，查明这些数据参数与哪一种品牌的汽车相对应。

确定汽车行驶方向的主要依据有以下几项：

第一，轨迹两侧的尘土细沙等物质形成的扇形面花纹。其扇形面展开方向即为车辆行驶来的方向，反之为车辆驶去方向。

第二，遗留在路面上经车轮碾轧的水洼。水分消失的方向即为车辆驶去的方向。

第三，行驶的车辆上滴落的燃油滴、刹车液、水滴、油滴等液体物质，在路面上呈矢状，其尖端为车辆行驶方向。

第四，印在路面上的"人"字形轮胎胎面花纹，其开口部分指向车辆行驶方向。

第五，沿着车辆行驶的方向，车轮驶过的草茎被碾平。

当车辆制动时，轮胎胎面花纹所反映的痕迹清晰度就会降低。如果发现打滑的痕迹（滑痕），那么，就可以利用该痕迹判断车辆在停止前行驶的速度。为此，应当测量制动痕迹的总长度，然后再减去汽车的轴距宽度。所有上述列举的交通工具痕迹特征均应当反映在现场勘查的笔录中。

除对测量结果进行详细描述外，还应当进行刑事照相。首先运用全景摄影方式对痕迹的全长进行拍照，然后分别拍摄胎面花纹最清晰的部分。概貌照相与细目照相结合，对显示个性化特征的轮胎胎面痕迹应当制作石膏模具。

在送交鉴定时，应当为鉴定人提供现场勘查笔录的复印件、痕迹物证的照片、石膏模具以及印有车轮痕迹的受害人衣服或物品等。最好是提供一套完整的车轮组件，但由于重量或体积的原因这一想法并不现实。在这种情形下，如果侦查工作需要侦查专家或鉴定人的帮助，那么最好能够根据收集到的痕迹样本找到与之型号相符的轮胎，提供给侦查专家或鉴定人为研究犯罪痕迹使用。

在车辆痕迹检验中需要提出并解决以下问题：第一，形成痕迹的轮胎类型；第二，是哪一种交通工具在现场留下的痕迹；第三，是否为该轮胎留下的痕迹；第四，具体是前轮还是后轮在受害人的衣服或身体上留下的痕迹等。

在犯罪现场发现的从车身脱落的零件或其他部件，如前车灯碎片或其他玻璃碎片、汽车涂层颗粒或是载重货物的碎屑、紧固零件等，应当提取原物并且用其搜索交通工具，进行同一认定，或者用其确定发生碰撞的具体位置。

对挡风玻璃或其他碎片进行研究，可以确定汽车的种类、结构、品牌，甚至可以直接锁定犯罪车辆。如果在查验汽车时发现同样类似的碎片，则必须进行同一认定，以确定整体和部分之间的关系。根据汽车表面涂层上脱落下来的细微物可以确定交通工具的颜色，然后再对其进行痕迹鉴定和材料物质鉴定。

五、工具痕迹检验

犯罪嫌疑人利用工具在破除各种障碍物时往往会形成痕迹。由于采用的工具、障碍物的材料及破坏的方法不同，因此，形成的痕迹具有各自的典型特征。

所谓破坏是指以犯罪为目的，通过撬、凿、压等行为摧毁墙壁、地板、天棚或其他障碍物，绕过上锁的装置而进入封闭的房间或仓库中，开锁时可以用类似的钥匙或万能钥匙。

犯罪嫌疑分子用于破坏的工具通常有以下分类：为犯罪目的而专门制作的工具；用于撬压的工具；日常生活中使用的工具；犯罪嫌疑人随手拿到的工具。

在某些工具和器械的作用下，承受客体上会留下平面或立体的痕迹。平面痕迹十分少见，通常形成的平面痕迹是加层痕迹，在障碍物表面可能留下原属于犯罪工具的物质，如油漆、铁锈等。

根据范围和位置，工具痕迹可以分为以下两类：留在锁定装置上的痕迹；留在其余障碍物上的痕迹。

锁定装置通常是指具有高度保密性的工具，它的开启和关闭都需要借助钥匙或其他工具。锁定装置可以分为独立装置，如插销、门闩、挂钩等，它主要用于锁定障碍；还有辅助装置，如用于穿栓的圆环、扣环或穿孔等，但辅助装置必须与独立装置配合使用。

（一）工具痕迹勘验

勘验开锁和破锁痕迹。为进入住宅或其他保险室的房间，犯罪嫌疑人必然要进行开锁、破锁或是采取其他补充性手段，除使用万能钥匙、与原配钥匙十分近似或一模一样的复制品外，还可能直接拉开锁匣上的扣环，或是钳断、锯断挂锁上的锁键。

如果现场留下的痕迹是在锁闩、锁匣壁上留下的各种擦痕、划痕，锁的机关与这些痕迹并不相符，但形成这些痕迹的钥匙齿明显又与原配钥匙十分近似，这说明是使用万能钥匙开的锁。在这种情形下，犯罪嫌疑人破坏的往往不是锁体本身，而是用来固定锁的其他配件。

破坏锁键是犯罪嫌疑人通常采用锉刀、螺丝刀等撬拨或是用锯或钳子等截断锁键。有时犯罪嫌疑人直接敲打锁匣，使用锤子等物体打击锁匣侧面，使锁键受震离簧而打开。如果是采取这种方式开锁，那么地上也许会掉有金属碎屑，在门框上可能会留下锉刀的痕迹。

在勘验锁身时，应当查明以下几项：

①锁的位置，是仍挂在门上还是已经掉在地上；

②锁的外表和样式；

③制造锁的金属材料颜色；

④锁键位置；

⑤被破坏部位的状态；

⑥在锁上是否存在异样的加层痕迹，如锈渍、颜料、血渍等以及撬拨工具上脱落的金属碎屑；

⑦锁上留下的撬拨痕迹的大小、形态和具体位置。

如果在勘验锁的外表时并未发现明显可见的痕迹，这说明犯罪分子可能是使用万能钥匙或是用复制的钥匙作案。这种情形下痕迹应该是留在锁的内部，因此，后续应当对其进行痕迹鉴定。

如果仓库的门锁为悬挂式或嵌入式，犯罪嫌疑人常常会撬压锁闩。这种撬压的方法通常表现为在门和框的缝隙中插入长条状金属工具，用其尖锐的一端拧进锁匣中。如果在锁闩上发现新鲜的刮痕，则证明撬拨行为发生没多久。在门框、锁键内缘、锁体和扣环上往往可以发现尖端工具撬压、挤压等破坏锁时形成的各种形状立体的痕迹，特别要留意那些凹陷痕迹、划刮痕迹以及金属挫、锯形成的痕迹。

（二）工具痕迹的认定

为了对撬压工具进行同一认定，应当将现场提取的物证提交司法鉴定。为了避免在物证上添加新的痕迹，禁止对锁体本身进行任何操作。与锁同时提取的还有它的钥匙。

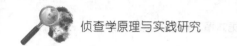

在开锁、破锁时，犯罪嫌疑人有时还会运用一些钳子、锯等工具，甚至有时就直接采用日常生活工具，如废铁棍、斧子等，有时还会运用专门的撬压工具，如外形类似芭蕾舞演员足尖或是大象鼻子的撬棍等。

在撬压工具作用下，锁定装置上可能会形成以下痕迹：

①打击和按压痕迹；

②砍伐和切割痕迹；

③锯开痕迹；

④钻孔痕迹。

打击和按压的痕迹可以通过长、宽、高三个测量指标反映出撬压工具接触面的尺寸。勘验砍伐和切割的痕迹可以对切割工具的刀口宽度得出较为确定的结论。如果留下的痕迹不深，或者留下的是劈痕，那么还可以反映出斧子磨刃的角度。

当犯罪嫌疑人用手锯锯开障碍物时，钢锯的粉尘大部分会落在犯罪嫌疑人的对面。而在另一面，即犯罪嫌疑人处在的位置会留下手锯摇柄限制品形成的凹痕。

为进入房间，犯罪嫌疑人经常会在天棚、地板、墙体上钻出许多洞孔，打碎窗户玻璃，拆除砖砌的墙体或烟囱。在勘验任何一种被突破的障碍，特别是采用武力突破的障碍时，首先应当采取各种技术手段发现手印、足迹、涂抹或喷溅上的血渍等，这些痕迹有助于明确犯罪分子突破行为的性质。在提取血液痕迹时还应当将它的载体一同提取，只有在不能提取载体原物时，才可以用锉刀来完成提取工作。

如果窗、门、壁龛或其他客体是由铝合金框条保护起来的，那么犯罪分子在割锯它们的时候，为了降低噪声会在锯开处涂上润滑油，然后用金属棍棒的末端将金属框条别向另一边，以形成所需尺寸的开口。

（三）工具痕迹的记录

在犯罪现场发现工具痕迹后，首先应当拍照，然后详细地勘验并测量，将结果记于笔录中。在犯罪现场的勘验笔录中应当指出以下内容：

①被撬拨并留下痕迹的障碍物的外观和材质；

②痕迹的类型和位置；

③每一条痕迹的形状和特征；

④相互垂直或交叉的两条痕迹各自的长度和宽度以及最深的痕迹深度；

⑤在痕迹上是否存在其他外来的微量物；

⑥提取痕迹的方法。

（四）工具痕迹的提取

提取痕迹时，最好同时提取痕迹载体或是载体上留有痕迹的部分。如果实在无法提取原物，那么应当用黏土塑料或其他化合物制作痕迹模具。

如果工具痕迹为平面加层痕迹，那么提取时可以将其复印在专用的指纹胶片上；如果痕迹是由深色的微量物形成的，那么要将其转印至浅色胶片上；如果痕迹是由浅色的微量物形成的，则与之相反。如果工具痕迹为平面减层痕迹，那么在提取这类痕迹时需要与它的载体物一同提取，并且还要从被破坏的障碍物表面选择提取颜料、铁锈或灰尘等作为分析比较的样本。

最终，侦查员应当将一切留有痕迹的物品送交司法鉴定。为解决同一认定的问题，往往还需要将现场发现并缴获的犯罪工具一并交付鉴定人进行鉴定。

如果客观条件不允许将留有痕迹的原物移送司法鉴定，那么就必须制作相应的痕迹模具。除此之外，还应当对留有痕迹的物品进行概貌拍照。

对提取并移送送检的物品、模具、犯罪工具应当仔细包装，以防止在运输途中毁损或丢失。痕迹鉴定可以解决以下问题：犯罪嫌疑人用工具撬压物品的具体情况，犯罪嫌疑人的某些身份特征（如是否左撇子），对犯罪工具和遗留在物品上的痕迹进行统一认定。

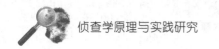

在痕迹鉴定前需要解决以下问题：

①送交鉴定的锁是否已被损坏；

②锁是否被犯罪嫌疑人用万能钥匙或是复制的钥匙打开；

③锁是否在未破坏机关的前提下被打开；

④锁是在何种状态下（即打开状态还是关闭状态下）被损坏；

⑤何种工具在障碍物上留下的痕迹；

⑥从哪一方向破坏的障碍物——是由里向外还是由外向里；

⑦采用什么方法开锁或破锁；

⑧在不同犯罪现场发现的痕迹是否为同一种工具留下的；

⑨评估开锁或破锁的手法后，判断现场痕迹是否为同一人所留，该犯罪嫌疑人是否有明显的职业习惯，如果有，是什么样的习惯；

⑩现场留下的撬压痕迹是否为移送鉴定的工具所留。

第二节　物证检验

一、物证检验的任务、种类及必要性

物证检验作为刑事侦查技术的组成部分之一，主要研究能够证明案件真实情况的物质材料痕迹产生的原因以及微量的物质材料被犯罪嫌疑人从现场带走或遗留在犯罪现场的活动规律。物证检验的目的在于发现可疑物、证实可疑物和对可疑物进行同一认定。

（一）物证检验的任务

所谓发现可疑物是指确认在某些客体上是否存在着某种可疑的物质材料。这主要存在两种情形：一是发现了被精心掩饰（或隐藏）的重要物品，二是在某些物质载体上发现了重要的痕迹物证或微量物证。如果发现的微量物是毒品、毒物等不宜触碰的物质，应当用专业器皿盛装；如果是毒品、贵重金属材料的细微物，还应当称量重量并包装后送检。

所谓证实可疑物是指对发现的物质材料进行分类，确定它的种类归属特征，进而揭示其实质。工业材料学、工业材料领域的其他相关知识以及鉴定机关积累下来的鉴定经验数据是证实可疑物的科学前提。检验爆炸残留物，证实爆炸事件的原因，还应当建立专门的警察电子信息数据库，在该数据库中存有工业爆炸物、起爆器材及装置在俄罗斯的生产和销售的详细数据。

所谓鉴定研究是指对某一具体的物品、物质进行同一认定，确定该物品、物质的分类、来源及属性。

在侦查实践中，物质、材料及产品都可能作为关键性的证据，对侦查破案发挥着至关重要的作用。当然，物证检验也经常与指纹鉴定、痕迹鉴定、枪弹鉴定等联合运用，以保证全面、充分地研究这些载体上的重要侦查信息。

（二）物证检验的种类

物证检验涉及的物质种类很多，甚至还囊括"非传统"类型的物证，如毒品、聚合物、纤维、涂料、金属合金、玻璃、土壤、燃料、汽油制品等。

1. 聚合材料、油漆材料涂层检验

在物证检验中，经常要对聚合材料、油漆颜料、涂层等物质进行化验，分析其物质成分。

在侦查实践中，如果是一起利用简易爆炸装置引爆攻击物的刑事案件，那么就要对爆炸现场遗留下来的爆炸装置残余、盛装炸药的皮包、公文夹碎片——各种聚合化合物或聚合薄膜物进行鉴定研究。如果是一起走私案件，那么犯罪分子可能会用塑料薄膜和胶带对违禁品进行包装，而后再进行运输，因此，也需要对各种聚合物的微量物进行鉴定分析。

鉴定时，应当确认在物体表面和内部是否存在（或缺失）某种聚合

物、油漆颜料或涂层的微量物。鉴定时需要解决以下问题：在该物体上是否存在（遗留）某种聚合物、油漆颜料或涂层的微量物，如果存在，是何种聚合物、涂料。

在对聚合物、油漆颜料和涂层进行检验研究时，可以确定其来源、名称、应用范围及成分特征。

客体的鉴定方法因其属性不同而不同。根据制造该物体的聚合材料或是它的涂层材料的属性以及它的某一部分来认定它所归属的整体。在这一过程中，鉴定人员需要解决以下问题：

第一，被发现的涂料碎片或痕迹是否为某一装饰物或涂有某种颜料的物体的一部分；

第二，在犯罪现场发现的某种聚合材料（制品），与在犯罪嫌疑人处发现的某种聚合材料（制品），是否为一件整体。

根据客体的制造原料来确定它的种类属性时，侦查员应当解决以下两个问题：

第一，鉴定的客体与聚合材料、涂料的痕迹是否具有共同的属性；

第二，聚合材料、油漆颜料和涂层的比较样本是否具有共同的属性，如果有，那么是何种属性。

2. 纺织纤维检验

纺织纤维检验通常用于解决两个重要的问题：根据某种纺织制品的一部分确认其整体；确定受害人与犯罪嫌疑人之间是否发生衣物接触，或是某人是否触碰过犯罪现场的物品。纺织纤维检验可以独立进行，如分析衣服局部的纤维材料；也可以作为综合性司法鉴定的一部分，如对割破受害人衣服的刀具进行鉴定时，需要检验遗留在刀具上的纤维微量物。

某种覆盖或黏附着纺织纤维微量物的载体物，或是从犯罪现场（从犯罪嫌疑人衣物上）提取的纤维，含有纤维的产品、物件（如棉线、扣绊、绳、纺织布匹、缝纫器具或转轴等），或是纺织纤维制品燃烧后的灰烬，统统可以作为检验的客体。这些客体可以出现在任何刑事案件的现场。

在发现和提取纺织纤维材料时，侦查员需要思考的基本问题有：在载体物上是否有旁人覆盖或遗留的纤维物品，如果有，那么是何种纤维物品；覆盖其上的纤维物品是否为某种特定的纤维物。

纤维材料或是纺织纤维制品的鉴定问题，可以分为若干类型。因纺织纤维的种类不同，其鉴别方法亦是各异，鉴定目的为根据部分确定整体。鉴定时，鉴定人员需要解决以下几个问题：

①发现的纺织纤维材料是否为找到的嫌疑物（如某纺织纤维制品、衣服或物品）的一部分；

②提取的各种纺织纤维样本（如布料、绳子、编织袋线绳、绦带）是否原为一件物品上的某部分；

③提取的各种纺织纤维样本（棉、麻、丝）是否出处相同，或原为一件物品分离而成。

在发现嫌疑物及其上面覆盖的纤维物品时，应首先确定该纺织纤维材料的种类，而后解决该纤维材料或纺织物品是否产地、来源相同或保存环境条件相同的问题。

3. 金属、合金检验

金属和合金检验在物证检验中属于较为复杂的一个问题，因为各种不同的金属或合金材料的制造工艺不同，应用范围广泛，可利用的工具设备多种多样。因此，确定金属合金的加工方法，鉴定合成该金属的器具设备，经常需要结合痕迹检验方法或材料检验方法进行综合性鉴定研究。

在犯罪案件中，经常能获取到的金属物证除各种喷镀金属痕迹、金属或合金制品外，还包括电源裸线熔化或短路的痕迹，爆炸案件中已变形的金属零件，金、银等贵重金属的承载物等。

发现金属或合金材料制品的途径通常有两种。大多数经伪装的金属或合金制品是借助金属探测仪或专业的 X 射线技术发现的。这项工作较为简单，可以由经过相应的专业技能训练的专家、行动技术人员或侦查员完成。有时，在发现和清除爆炸装置、弹药或其他秘密物（如该秘密物由金

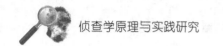

属材料制成）、贵重金属合金或武器装备时，也需要采取专业技术来搜索金属物品。

当某些物品作为贵重金属的载体时，其表面可能会留下该种金属的微晶物；在两种金属器材相互敲打碰击时，彼此表面也会留下相互作用的痕迹；在多数时候，射击的枪弹会在受害人衣服或身体上留下痕迹。因此，在研究上述载体物时，必然要重点关注这些金属微晶物在载体表面覆盖喷镀的痕迹。在鉴定时需要解决在载体物上是否留有某种特定金属的痕迹，如果有，该痕迹是如何形成的问题。

对金属和合金进行检验时，因每种金属和合金的材质不同，鉴定检验方法亦不一样。根据某一客体的金属元素构成，可以由收集到的物证的某一部分推断出它的整体形象。鉴定人应当查明，已发现的金属材料微量物是否为该客体（或者管道线路、毛坯料等）的某一部分，发现并收集的这些客体之前是否为同一物（即使在这些破碎的客体上缺乏共同的分割线）。

根据收集的物证客体的金属元素构成，来确定它们是否属于同种物，那么鉴定人员需要阐明：这些用于比较研究的物证样本是否为同一种金属物质。

在金属和合金检验实践中，经常需要确定某些客体是否来源相同。这时，需要解决的鉴定问题包括以下几个方面：

①某些金属制品是否为同一设备出品，或者制造时利用了同一辅助工具或器材；

②金属或合金制品的比较样本是否因利用共同的原料、采用共同的设备、辅助工具或器材，体现出制造者相同的职业习惯等，证明其来源相同；

③送交鉴定的制品是否为当前生产条件下制作而成。

4. 泥土检验

在侦查实践中经常可见这样的情形：一些泥土来自案件现场，黏附在犯罪嫌疑人（受害人）的衣服或鞋子上，作为重要的物证或线索。通常，泥土检验解决以下两个问题：①某一重要物证上是否黏附着泥土杂物；②确定从犯罪嫌疑人处收集的泥土物证与在犯罪现场采集的泥土样本是否相同。

另外，通过泥土检验还可以确定泥土来自哪一区域。

二、微量物证研究

在侦查实践中，侦查员发现的一切与案件相关的细微痕迹或物质，均可概括称之为微量物证。这些微量物证往往反映出大量的信息，是有价值的侦查线索。这些微量物证由于量小体微，并且常常附着在某些载体物上，因此，不能采用常规分析法对其研究，必须运用专业的微量分析技术和设备。

在侦查实践中，越来越多的雇佣杀人案、盗窃案、抢夺或抢劫案中出现微量物证，包括微小痕迹、细微物或微量物质。

通常，微小痕迹会混杂在一般的犯罪痕迹中，前者作为后者的组成部分而存在。当反映出的宏观特征仍不足以实现对客体的同一认定时，就必然需要研究微小痕迹。例如，在犯罪现场遗留的指纹痕迹显示，两条乳突线交会形成小眼。但这种皮肤花纹特征却是较为常见的，根据该特征仍然无法对留下指纹的主体进行统一认定。因此，鉴定人必然要研究其他细微特征，如汗孔的数量，形态，分布状态，乳突线的起点、终点及边缘特征。只有当上述指纹特征及细微特征一一符合，或是匹配相似程度极高时，鉴定人才可以根据零落分散的手指痕迹与犯罪嫌疑人进行同一认定。

侦查实践中，细微物有着越来越重要的侦查意义。通常，在侦查语境下言及的细微物是指规格小于1毫米、有着固定的形态和结构的固体物。它们包括人或动物的毛发或皮肤碎屑，植物或其他来源的组织纤维，植物的花粉或孢子，金属或矿石的粉末，喷溅出的血液，唾液、油漆、汽油、石油燃料的液滴，近距离射击的痕迹，金属工具相互碰撞作用后留在彼此表面的金属喷镀痕迹等。

微量物质是指各式各样的、散落分布各处的某种固体、液体的零碎部分（该部分对整体物而言所占比例微乎其微）或气雾颗粒。这些微量物质难以防止其散落或蔓延，并且这些微量物可以是任何一种物质，各种原料添加剂也被认为是微量物质的一种形式。

（一）微量物证的发现和提取

微量物证的采集通常分为两个步骤：首先应当发现并提取微量物证的载体物，而后最好将该载体物移至实验室条件下，由相关的专家采集并研究微量物证本身。这时，侦查员（或专家）应当了解微量物证通常存在的位置及其可能的来源，这点十分重要。因此，侦查员（或专家）需要设想犯罪机制，犯罪嫌疑人或受害人可能的行动，可能使用了哪种犯罪工具，凭借充足的理由来猜测微量物证可能由哪种物体转移至另一物体上，该微量物证究竟是什么，它们应该如何分布存在。

1. 微量物证的发现

在勘验衣服时，应当特别留意纽扣、拉链、挂钩、皮带的扣卡、拉锁、衣兜及接缝处这些部位，通常这些部位可能存在从受害人、犯罪嫌疑人的衣服、身体上脱落的，或是从犯罪现场黏附的微量物证。

为发现微量物证经常要使用各种不同倍数的放大镜、各种照明光源及其他刑事侦查技术设备。勘验时应当将门窗关闭，将勘验物置于桌子上，桌子表面铺上光滑的白纸或是崭新干净的玻璃板（赛璐玢）。如果侦查员无法单独发现并采集微量物，那么他可以直接提取原物（衣服、鞋子、犯罪工具），将其完整地转交鉴定人员再开展鉴定研究。

在犯罪现场勘查中，侦查员为发现微量物证，应当格外留意某些部位，如门锁、门闩的撬压破损之处，脏污、粗糙、凹凸不平的物体表面，物体的突出部位。在犯罪嫌疑人的鞋底或指甲下可能会发现泥土、污垢、植物花粉等微量物。在撬压痕迹处，可能会发现撬凿工具遗留在物体表面的锈斑、油漆、润滑油痕迹。

在采集微量物证时，侦查员必须采取相应的防备措施。需要注意的是，遗留在载体物表面的微量物证极容易消失，它们可以轻易地被人用手抹去，或是黏附在衣服、鞋子上。有时，本来不相干的微量物也可能被带入犯罪现场中，如衣服纤维、鞋子上的泥土等。因此，严禁在勘验的现场吸烟，防止在现场留下烟灰；严禁在现场梳头发，防止在现场留下脱落的断发或头皮屑等。

在搜索采集微量物证时，应当使用拥有较强光束的专业照明工具，如手电筒、可调节亮度的照明灯以及可以对微量物放大观察的照明设备，这些照明光源可以伸入到黑暗的各个角落。另外，极化射灯、卤素灯、台灯、生物显微镜、彩色滤光灯、照明转换器"泰兰"等设备也十分常用有效。

2. 微量物证的提取

提取微量物证时，需要利用胶带、软毛刷、氨纶护口镊、弹簧小钳子、解剖刀、可更换过滤头的迷你吸尘器、磁石、玻璃和硬橡胶的电介质棒、无菌纱布等一系列实验器材。提取到的第一种微量物证应当独立包装，并指明其发现地点。严禁将从不同地点提取的微量物证混合在一起。

提取微量物证的方法取决于载体物的种类和性质，最好直接提取载体物本身，或是提取载体物上发现细微物及细微痕迹的部分。一般而言，在以下情形下应当提取载体物本身：

①微量物本身无法从载体物上脱离，如血渍、唾沫、燃料润滑油、近距离射击痕迹等；

②载体物上保留着的微量物证不仅对鉴定研究有用，而且载体物本身也是重要的物证，如指纹痕迹上的汗渍就是微量物证，或者组织结构的印迹等；

③载体物上目测不到微量物，但实践证明了微量物存在于载体物的概率很大，对微量物的采集和研究只有在实验室条件下才可以进行。

对载体物的包装需要遵照以下程序：要将其固定在容器中，以防止在运输过程中它的位置发生改变；应当给容器加上良好的防护，防止内容物倾泻、腐烂、熔化，应当塞紧、凝固或是烘干；用于包装的材料表面不能起毛或是粗糙。采集的微量物证应当装在干净的试管中或是干净的塑料袋中，如果是玻璃容器应当套上磨砂塞子。

在对微量物证展开研究前，应首先明确它在载体物上可能存在的形式，因为即使它必然存在，但不一定所有存在于载体物上的微量物都与犯罪案件相关。此时，侦查员应当查明：微量物证是如何形成的，它原来属于哪种物品，然后才能够对该微量物进行鉴定。如果鉴定时怀疑该微量物来自受害人或是勘验参加人，则需要从他们身上提取检材样本进行比较研究。

如今随着技术的发展，在侦查实践中引入的各种微量物证分析方法，在最大程度上减少了实验操作对微量物证体积的需求。这样一来，首先可以最大限度地保存客体的原貌，其次尽管鉴定人掌握的客体体小量微，但仍然可以完成鉴定任务。

（二）微量物证的实践意义

微量物证检验的结果可以确定以下内容：

①确定杀人凶手的身份、犯罪工具的特征；

②确定尸体是从哪一犯罪地点移到此处的；

③确定犯罪地点和犯罪情节，根据植物开花的周期、尸体上出现的花粉判断死亡时间；

④断定受害人是在火灾发生前还是火灾发生后被人杀害的；

⑤判断是否有人来过犯罪现场的事实；

⑥判断犯罪嫌疑人的行动路线、实施犯罪的方法和机制、所有犯罪参与人的特征和行动的前后顺序。

除此之外，微量物证检验还可以确定纵火、爆炸、毒品、毒物中毒的手段，判断两名行为主体或是人与物（物证）之间发生接触的具体事实，某些零件是否先前属于一个整体，赃物隐藏的地点，掩饰犯罪痕迹的方式，是否存在伪装的现场以及其他犯罪情节。

在确定犯罪时间和犯罪地点方面，微量物证检验发挥着重要的作用。确定犯罪时间，往往需要对生物环境中的细微物进行研究，如尸体上生出的微生物，在尸体上找到的植物花粉或种子、水藻等。对犯罪地点的确定，往往借助研究黏附在受害人衣服（或尸体）上、犯罪嫌疑人衣物上的泥土微粒、油漆或其他污染痕迹，这些痕迹往往显示其来自某一地区。有些微量物是犯罪嫌疑人从犯罪现场黏带出的，如撬压门闩时黏附在衣服上的微量物质，这是证明犯罪嫌疑人曾经到过现场的有力证据。

在犯罪现场发现的，某些来自衣服、鞋子或交通工具（如车漆碎片、汽车前灯碎片、汽油印迹、泥污）的微量物证，证明了该客体曾经在某一时刻位于现场的事实。侦查员在查明位于现场物体上的上述微量物证后，可以确定犯罪嫌疑人潜入现场的位置和方法及其进出现场的行动路线，还可以确定某些物体发生位置改变的事实等。

在侦查杀人、故意伤害等犯罪案件时，微量物证检验在查明客体之间曾经发生的接触事实方面发挥着重要的作用。在上述案件中，有些事实需要根据犯罪嫌疑人与受害人之间的衣服（或身体）接触时留下的微量物证断定。这可能是衣物纤维、血渍、唾液、汗液或其他机体分泌物，从受害人或犯罪嫌疑人身上掉落的其他细微物及遗留在犯罪嫌疑人、受害人衣服上或身体上的作案工具碎屑残骸等。

一些脱落的车漆碎片、衣服或身体上的玻璃或塑料残骸、衣服纤维组织、喷溅出的血液或脑浆以及在破碎零落的交通工具上发现的机体组织残骸，都可以证明汽车与受害人之间发生过碰撞。微量物证检验还可以确定犯罪嫌疑人曾经停留在哪一辆具体的交通工具中，如在机动车盗窃案中，查明哪些主体轮番坐在驾驶室中，包括最终确定究竟是何人驾驶的交通工具。这时，遗留在驾驶员座椅靠背上的衣服纤维以及从犯罪嫌疑人穿着的衣服上提取的微量物都具有重要的侦查价值。

在犯罪嫌疑人小指与无名指之间、大拇指和食指之间的烟黑（这些印迹需要在红光线下才能观察到），可以证明犯罪嫌疑人使用的是短筒枪支。如果犯罪嫌疑人使用的是左轮手枪射击，那么除了烟黑还可以发现火药的微量物，这在常规照明下利用放大镜即可观察到。如果犯罪嫌疑人使用的是长筒武器，那么烟黑粉尘不仅会出现在犯罪嫌疑人手上，还会出现在他的脸上和衣服上，这些信息都可以反映出使用武器的种类。

微量物证检验是一项复杂的刑事侦查技术，因此，只有侦查专家或其他相关领域的专业人士才能从事该项研究。在侦查实践中，微量物证检验往往离不开其他传统的鉴定活动，如车辆痕迹检验、指纹鉴定、爆炸痕迹检验等。只有将各种鉴定检验方法综合运用，才能保证对物质载体传递的侦查信息研究更加充分且全面。

三、气味痕迹检验

嗅觉侦查作为刑事侦查技术研究的重要领域之一，如今发挥着越来越重要的作用。它是各种发现、提取、分析和保存气味痕迹的科学方法与技术手段的综合运用，旨在侦查活动中确定具体的犯罪嫌疑人，指出属于他的个人物品、文件，或是找出其他一切与该人相关的、有其特殊气味特征的物品。

作为活着的生命有机体，每个人每天都要分泌大量的机体分泌物。这些机体分泌物形成于生命过程中，并伴随着呼出的空气、尿液、油脂或汗液的分泌排出体外，流于自然环境中。根据有机体的分泌物可以判断出人的性别、生理、心理及情感状态。除基本的个体特征外，这些分泌物还可以反映出某人临时的、偶然的特征，如其刚刚在何处停留，是否吃过辛辣的食物等。如果采取相应的措施，对发现、提取的人的气味分子做好防腐处理，可以保存较长的一段时间，甚至可以保存若干年。

因发现气味痕迹的方法不同，嗅觉侦查可以分为警犬嗅觉测定法和仪器嗅觉测定法。警犬嗅觉测定法主要是利用警犬的嗅觉器官发现具有浓烈气味的物质。仪器嗅觉测定法则需要利用一系列物理或化学仪器，识别、分析气味浓烈物质的气味谱，将它们登记成气味谱图，可以灵敏地捕捉到人体分泌物的气味中的某一化学成分。但是需要强调的是，仪器分析气味的灵敏性和选择性远远逊色于"生物探测仪"——警犬。

（一）气味痕迹的发现

通过对气味痕迹分析，可以解决的问题有：发现犯罪嫌疑人及共同犯罪人，证明在不同犯罪地点采集的气味痕迹是否属于同一人；确定在不同犯罪地点收集的物品是否属于同一犯罪嫌疑人；确定从犯罪嫌疑人或其他人处提取的物品是否属于受害人；通过综合性的物证研究，确定某一气味是否来源于某个具体的人等。

当各种客体与人体或是持续产生气味的物质发生直接接触时，能够产生气味痕迹。这种持续产生气味的物质可能来自人体、衣服、个人物品、文件、立体或平面的手足印，甚至可能来自他撬压破坏过的门闩，来自受害人的身体或衣服，来自犯罪工具，甚至犯罪嫌疑人长时间待过的房间空气中也会沾染他的气味。

气味痕迹的鉴定研究工作应当重点关注这些气味的特点。这些特点包括最大限度保留气味痕迹的外在条件；严格限制勘验参加人的数量，只允许必要人员参加；严格遵守行为规则和物品搬运规则，严禁损坏痕迹或用外来的芳香物质污染气味痕迹，这就要求所有的勘验参加人的一切行动都必须服从指挥官指挥，禁止吸烟或通风；严格遵守搜索和提取气味痕迹的程序。在接触一切痕迹或者物品前，指挥官应当将上述注意事项提前告知所有侦查参加人。

（二）气味痕迹的提取

在提取气味痕迹时常常要使用侦查专用箱，内置带有磨砂塞子的玻璃细颈小瓶、无菌的医用棉布或棉球以及专业的吸附剂，如活性炭。如果犯罪嫌疑人在现场遗留了个人物品，侦查员应当用镊子或戴上医用橡胶手套收集每一件物品，各自放入干净的聚乙烯无菌袋中，并将袋子密封保存。有时，为了追求良好的密闭性经常会用双层的聚乙烯无菌袋，封存的气味可以保存数月之久，并且不会丧失气味的独特性。

气味的样本通常使用纱布或法兰绒的棉塞采集。常规步骤为：先用镊子夹起无菌的棉塞，将其轻轻地压在气味载体的表面，然后将棉塞放入暗色密闭的玻璃容器中。这种带有气味的物体可以从犯罪嫌疑人的衣服、个人物品或鞋子上提取。

为了更好地从棉塞表面提取气味痕迹，应当使用铝箔或聚乙烯薄片置于棉塞表面，并用力下压。如果痕迹位于载体的垂直面上，那么棉塞、箔片或胶片还需要用胶带固定。如果需要从球状体表面或是不规则物体的表面（如门把手、汽车方向盘等）提取气味痕迹时，还需要缠绕上吸附剂（如活性炭）。如果要从载体物上遗留的立体或平面的手足印上提取气味，在使用吸附剂时需要放在小盒子里，这是在为其创造"微环境"，促进气味物质快速挥发。

如果从密闭房间的空气中提取气味样本，则需要使用聚乙烯烧瓶、注射器或其他吸气式装置。保存时需要将密闭容器中的气味样本上下摇晃，随后用其确定犯罪嫌疑人。如果犯罪嫌疑人曾经在房间里待过 10～15 分钟，那么根据来自房间的气味样本，警犬就可以灵敏地"识别"他，甚至气味只是取自他曾经接触的小物件，如火柴、按钮、别针等。即使房间中还存在来自其他人的气味，但仍然不会对侦查人员需要采集的气味产生实质性影响。

如果存在于足印、鞋印、作案工具或犯罪现场的人体气味物质处于开放的状态，那么它只能保留 20 个小时。而如果该气味物质遗留在个人物品上，则可以保留几天。在房间的空气中，气味可以保留 2～3 天，甚至房间短暂的通风仍然不能使气味消散。对于某些出色的警犬而言，只要从犯罪嫌疑人或他的痕迹上提取几十毫升的气体就足以辨别出他的气味。

为了更好地采集、长期保存并且多次提取气味，需要利用专业仪器"大黄蜂"，它具有极强的吸附性。另外，较好的吸附剂还有活性炭，它可以保留气味样本长达两年，并且可以对气味样本进行多次提取使用。

通常，人的气味是由那些较难挥发的血液油脂成分形成的，与之相应的，如汽油、松节油、丙酮、酒精、花露水或其他芳香物质中则含有容易挥发的成分。这些物质挥发速度远远快于含有油脂汗液的手足印。鉴于上述差别，决定采集并使用犯罪嫌疑人哪些具有强烈气味的痕迹，需要等待一段时间后，直至那些容易挥发的物质的气味挥发完，然后再选择犯罪嫌疑人痕迹的气味样本，对其进行防腐处理后以备下次使用。

人体的分泌物，如唾液、尿液、汗液等都包含着独特的气味物质。这些分泌物以及身体不同部位的毛发、剪掉的指甲都可以作为气味样本提交给警犬识别，当然最好的样本要数风干的血液。在提取和包装分泌物样本时应当使用玻璃小瓶或塑料袋，同时要在容器表面标注出案件编号、提取的地点和时间，然后封存。

及时提取并保鲜的气味可以邮递运输，下一步将从犯罪嫌疑人的个人物品处取样。最好选择犯罪嫌疑人的衣物取样，如他的衬衫、手绢、帽子、内衣等，因为这些物品上集中了足够多的气味物质。如果一个案件涉及多名犯罪嫌疑人，并且居住在不同地点，那么在犯罪现场发现的同一物品应当随之运输进行警犬取样。取到的每一个样本应当立即密封保存。

对气味痕迹进行司法鉴定时，需要提出以下问题：

①从嫌疑物品上收集的气味样本中是否有人的气味，如果有，它是否属于犯罪嫌疑人；

②该气味痕迹是男性遗留的还是女性遗留的；

③犯罪现场遗留下的血液、毛发或汗液是否属于犯罪嫌疑人；

④凭借气味判断，在犯罪现场发现的手足印是否为犯罪嫌疑人所留。

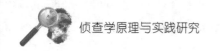

第三节　枪弹痕迹勘验

一、弹道痕迹形成机制

所谓弹道痕迹是指子弹发射过程中在弹壳、弹头或其他与枪支有关机件上形成的各种形象痕迹。

(一) 弹壳痕迹

弹壳痕迹是指枪支的不同部位或者机件表面微观粗糙痕迹的动态或静态反映，具体表现为子弹在压入弹匣、推入枪膛、射击、爆发、退壳和排壳等一系列击发过程，致使弹壳先后受到枪支特定部位的挤压、撞击和摩擦，在相应部位留下不同类型的形象痕迹。在枪支鉴定中，发射痕迹、托弹板、退弹器、挡弹板及弹药室上留下的痕迹都具有重要的意义。

(二) 弹头痕迹

弹头痕迹由枪管的构造和状态决定。它是一组动态痕迹，在枪管的每一具体部位都能留下弹头经过的痕迹。如果是滑膛枪射出的弹头痕迹，那么该痕迹沿着纵轴平行分布。

如果是膛线枪射出的弹头痕迹，形成机制略为复杂。当子弹在枪膛内被击发，借助火药爆炸产生的巨大气体压力脱离弹壳后，沿着枪管急促地飞出枪口。弹头进入膛线部时必须嵌入膛线，当弹头旋转前进驶过枪管的一瞬间，因与枪管内壁摩擦而在其表面留下反映枪管内壁某些凹凸特点的原始痕迹或重复痕迹。当子弹在枪膛受击发后，火药爆炸产生巨大的气体压力及燃烧高温等，都可能在枪管内或弹着点附近形成或留下一定的物质，就是射击附带物质。弹药在枪管的每一次爆炸，在枪膛和枪管内均要留下弹药燃烧后的灰烬和气味，这些灰烬和气味的强度取决于枪管的状态。如果是清洗干净的枪支或是涂上润滑油的枪支发射的第一发子弹，形成的灰烬和气味必然少于接二连三发出的子弹。这些火药燃烧后的可辨现象，可以帮助侦查员推断被验枪支究竟是第几发子弹摧毁的目标物。

（三）弹着痕迹

弹着痕迹是指枪弹发射后，弹头飞离枪口射向目标时，在被射击的客体上形成的痕迹。弹着痕迹可以具体表现为：

①由子弹造成的机械性损伤，由压缩空气、火药气团或火药颗粒造成的机械性损伤；

②各种热能痕迹，如烧焦、烘焦、烧结、熔化等痕迹；

③射击残留物，包括发射药、击发药燃烧产物、未燃尽的火药颗粒、掉落在角落里的子弹滑行痕迹、油液和金属碎屑等微小残留物等。

弹着痕迹主要分为弹孔和弹头擦痕两种。

飞行弹头击中目标物形成的孔洞称为弹孔，它是主要的弹着痕迹。弹头能量和目标物的物理特性决定了弹孔是否贯穿。如果弹头能量足以克服目标物的全部阻力，便形成穿透弹孔。而如果弹头未能击中物体，只是擦边而过或者被击中物品过硬使弹头前进时改变方向，便不能形成弹孔，只是擦痕。弹孔的形状、大小及周围是否存在射击物屑决定了弹着痕迹的类型——穿透弹孔还是盲孔、接触擦痕还是滑行擦痕。子弹可能会击落目标物上的一部分材料，因此，被穿透的弹孔便出现"组织缺损"。子弹在穿透目标物时，还会留下"擦线"。当枪支与射击目标物紧密地贴合在一起时，射击伤口处会形成"圆章"形状的痕迹。子弹穿透目标物时，出口的洞孔尺寸要比入口大，并且边缘外翻。一般而言，出口处已经没有射击残留物。

如果枪支配备了消音器，那么射击时形成的穿透痕迹又不一样。这是因为火药气流发生了动态变化，枪支结构上的某部位元件发生了变形。因此，这样的枪支射击后少有组织撕裂崩碎的现象，也少见沉积下来的射击

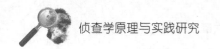

残留物，在目标物的表面通常会形成"圆章"状的弹痕切面。

二、弹道客体勘验

枪支、弹头、弹壳和射击痕迹经常在犯罪现场被发现或提取，因此，司法弹道学的鉴识专家应当参加犯罪现场勘查。在搜索枪支、弹头或弹壳时，经常会用到探雷器、金属探测仪、磁性升降机。为发现射击后的灰烬痕迹、擦痕、火药颗粒，经常要用电子光学转换器和侦查专用的放大镜。

（一）勘验、记录、提取枪弹痕迹

在发现枪支的地点对该枪支进行现场概貌照相，记录枪支、枪弹的发现位置及原貌，测定它与两个固定地标之间的距离。勘验枪支时，务必要提醒侦查员谨慎小心：不能触碰扳手，禁止将枪管朝向自己或他人，禁止将弹药从一人手中传至另一人手中。记录弹匣中是否有子弹及子弹的数量，它的标记性符号，枪身状态，扳机、枪栓是否关闭，是否呈待发状态，保险扣是否打开。

侦查员在勘验时应当戴上专门的橡胶手套，手持枪支的部位应当是犯罪嫌疑人不可能留下指纹的部位。如果需要从枪口方向勘验枪管，务必先将子弹退出包好。勘验时应当确定枪支的特征，是否存在焦渣、油垢、锈斑或是其他物质，也包括是否有气味。

在勘验笔录中依据下列提纲进行描述：

①枪支种类、系统、类型、样本、内径；

②弹膛或弹匣中是否有子弹；

③扳机、保险扣的状态；

④标志性记号；

⑤枪管的特殊结构；

⑥是否存在缺陷，如果存在，描述缺陷的特点和范围；

⑦在枪支表面是否存在手印或其他微量物证，如果有，描述存在的具

体位置。

(二) 弹孔勘验

对于大多数的射击目标物而言，子弹贯穿时形成的入口都有较为均匀的外边缘，痕迹向内凹陷，形成擦痕。出口的尺寸通常大于入口，边缘不均匀并且向外翻。如果子弹射击在玻璃上，则是另外一番模样。形成的弹孔呈圆形或椭圆形，由入口到出口洞孔渐大呈喇叭状，入口边缘相对平整，而出口断面粗糙，弹孔周围有辐射状或同心状裂纹，弹孔直径均大于弹丸直径。

在勘验笔录中，首先描述被击穿的目标物的整体特征，指出洞孔相对于地板（或土壤）所在的位置，测出它与地面之间的距离。同时，在笔录中还要描述发现的弹孔的形成原理。

(三) 发现和提取弹头

在勘验现场时侦查员需要查明，犯罪嫌疑人一共发射了几发子弹，并且采取一切手段找到所有的子弹。侦查员需要确定弹头的飞行方向，然后根据其飞行轨迹仔细勘验沿途的一切物体。对于坚硬物体表现形成的跳弹痕迹，首先观察物体表面状况，是否有弹头作用痕迹，再根据弹头擦痕循迹查找。一般情况下，"反跳"的弹头会掉落在弹着点附近，那么侦查员可以在角落里进行仔细寻找。

如果出现盲孔并且无法提取整件物体，那么可以从该物体上锯下（或割下）带有子弹的那一部分，提取部分的大小由射击残留物沉积的范围决定。

查明弹头穿透哪些物体，各种痕迹的数量、分布及各自与现场固定物之间的距离和角度。枪支上是否有其他手印或附着痕迹，它们的分布如何，面积多大，注明弹孔、弹道在物体上的空间位置和具体反应，并加注连线和其他连接记号，以便在必要时恢复原状，重新分析和勘查。

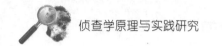

在勘验笔录中需要记录以下内容：

①弹头的形状、结构特征、尺寸，是否有尾部、小槽及底部特征；

②金属颜色，弹头固定在弹壳上的方式；

③标志性符号；

④被击穿的目标物是否存在变形，如果有，变形有何特征，膛线的特征、数量和方向、宽度、表现方式及倾斜角度。

在勘验猎枪射击后的现场时，可能会发现塞垫。在勘验笔录中，应当指出发现塞垫的地点，塞垫的材料、形状、大小，标志性符号及射击痕迹（灰烬和铅砂的印迹）。

（四）发现和提取弹壳

发现弹壳的地点取决于犯罪嫌疑人使用何种枪支。由于大多数类型的猎枪不能自动排除弹壳，因此，犯罪嫌疑人可能会随意抛弃或藏匿排出的弹壳，它们可能在任何角落被发现。类似的情形也发生在转轮手枪的射击过程中。

如果犯罪嫌疑人使用的是自动手枪，那么侦查员在寻找弹壳时，应首先确定射击的角度、射击距离和枪支类型，因为不同类型的枪支排壳方式亦不相同。勘验时，侦查员应对发现的每一件弹壳物证标注数字序号，并将它们一并记录在勘验笔录中。另外，笔录中还要指出物证的形状、弹壳当前部分的结构特征、弹壳材料的颜色、标志性符号、子弹固定在弹壳上的方法及发现的枪支零件物证痕迹。

三、枪弹痕迹鉴定

枪弹痕迹鉴定，广义上解决四类问题：枪支种类鉴定、枪支性能鉴定、枪击环境鉴定和枪支同一认定。

在解决同一认定问题前，为确定搜索的范围并发现犯罪嫌疑人，首先应判断枪支的系统、类型和样式。

(一) 枪支种类鉴定

枪支种类鉴定解决以下问题：

①在犯罪现场发现的弹头（弹壳）是从哪种系统、类型、样式的枪支中射击而出的；

②发现的弹头（弹壳）内径是多少，其内径是否与射击的枪支内径符合；

③射击出需要鉴定的弹头（霰弹）的猎枪内径是多少；

④是哪个工厂制造的子弹（弹头、弹壳、霰弹），是否为同一批次；

⑤犯罪嫌疑人射击使用的枪弹装备了哪一品牌的火药；

⑥犯罪现场提取的子弹、弹头中装备的是哪种型号的霰弹；

⑦现场发现的物品是否为枪支，如果是，该枪支的种类、类型和样式如何；

⑧当前需要鉴定的子弹是从何种类的枪支中射发而出的。

(二) 枪支性能鉴定

枪支性能鉴定需解决以下问题：

①武器的状态，如是否经过改装，是否更适合射击状态。

②枪支的射击性能，如该武器在一定距离内击穿客体的能力，在犯罪嫌疑人或受害人身上是否留下射击残留物。

③因果联系鉴定：损伤是否由枪支造成；什么原因造成了弹头、弹壳和枪管变形；衣兜上的污渍是否由携带枪支造成；射击的潜在可能性和痕迹形成机制；自制枪支的哪几个部件相互作用才能实现射击；对于该模型的枪支而言，能否不经扣动扳机就能实现射击；该枪支是否配备瞄准装置，能否实现瞄准射击。

④过去发生的事实：枪支上的标记性符号是否被抹去；该枪支的厂号是多少；最后一次擦枪后，犯罪嫌疑人是否再次使用了该枪支发射。

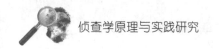

（三）枪击环境鉴定

枪击环境鉴定与分析发生的事件或射击动态过程中的各要素息息相关，在这个鉴定过程中，需要查明以下两个问题：

①在射击的刹那间受害人处于何种状态和位置；

②犯罪嫌疑人与目标物的距离多远，射击方向和射击顺序如何。

所谓射击距离，是指枪口距离目标物表面的直线距离，确定这段距离具有重要的侦查意义。只有确定了射击距离，才能确定目标物的机械性损伤、烟灰沉积区和受害人衣服破损范围。

侦查员应当向弹道鉴定专家提供射击物、射击用的枪支或是与以前曾经使用过的类似的子弹。另外，侦查员还应当提供与案件有关的笔录、图表或其他文件的复印件，通过这些文件资料，鉴定专家可以了解发现物证的条件及它们在现场的具体位置、已知的枪弹射击情况以及法医对尸体的鉴定情况。

射击距离可分为远距离射击、近距离射击和贴近射击，射击距离完全可以确定，即射击瞬间枪口离目标物是存在一定间隔，还是尽可能贴近极限（通常是指不少于70厘米）。

当使用霰弹枪射击时，根据它的散落物判断射击距离。侦查员应当重点留意射击入口的特征，因为距离目的物越远，霰弹飞散的范围越广。

在实践中，直接射击杀伤目标物时必然存在着一处射击点，因此，犯罪嫌疑人的位置是可以判定的。通常，根据死者身体上子弹通行造成的直接枪创，或是一次射击造成的两处弹孔之间的连线，进而确定犯罪嫌疑人所在的位置。根据大致确定下来的位置，侦查人员可以在该地点处搜寻犯罪嫌疑人可能遗留下的痕迹物证，如鞋印、弹壳或烟头等。在实践中，犯罪嫌疑人利用枪支上安装的瞄准装置，经过两次击穿行为（如击穿了双层窗框的玻璃）瞄准目的物。或是另外一种情形，即沿着连接两处弹孔（如在玻璃上和对面的墙壁上）的连线延长一段距离后，可能会发现犯罪嫌疑人可能藏身的地点。

（四）枪支同一认证

同一认定是枪弹痕迹鉴定中一项重要的工作，它可以确定枪支的种类属性及自身独特属性。枪支的鉴定研究可以凭借弹头、弹壳、霰弹、铅砂遗留的痕迹进行，因为由坚固金属制造而成的枪支零件总会留下自己的痕迹。

在同一认定时，鉴定人需要回答以下几个问题：

第一，提交鉴定的枪支是否曾经发射了弹头、弹壳或霰弹；

第二，在提交鉴定的众多枪支中，现场发现的弹头、弹壳或霰弹是由哪一型号的枪支发射的；

第三，在不同现场发现、提取的弹头、弹壳或霰弹是否为同一型号的枪支发射的；

第四，现场发现的弹头、弹壳或霰弹与犯罪嫌疑人枪支射击样本弹头、弹壳或霰弹是否同一。

在同一认定时，需要提交以下物证：一是用于鉴定的弹头、弹壳或霰弹；二是用于鉴定的枪支；三是同一批次的或是装备方法近似的枪弹；四是嫌疑枪支在发生刑事案件后再次射击的事实以及关于该枪支可能进行的改装或维修的信息。

如果需要根据霰弹遗留的痕迹来鉴定滑膛猎枪，那么应当向鉴定人提供击中目标的一切枪弹物证，包括它的破碎分离物。研究霰弹痕迹时，侦查员需要判断每一枚霰弹在枪管中推进的方式，评价它的损耗程度，还可以使用专门配备枪弹的枪支进行试验射击。

第七章　大数据侦查的数据分析技术

第一节　大数据侦查支撑条件

开展大数据侦查需要有平台、技术、工具、数据资源、人才、制度等条件支撑，否则，大数据侦查只是一句口号或一种形式。信息化侦查的支撑条件与大数据侦查的支撑条件不可同日而语。与信息化侦查相比，大数据侦查需要更多、更高的支撑条件。就平台而言，信息化侦查只需一个可以容纳一定数据的平台就可以展开了，而大数据侦查却必须在能够容纳大数据级别的平台上展开。就技术而言，信息化侦查只需用到的技术能够保证关联的畅通就可以了，而大数据侦查却必须用到特定的大数据技术。就数据而言，两者的区别就更显著了。信息化侦查用到的只是一些信息或少数的数据，大数据侦查用到的是海量的大数据级别的数据。目前，只有满足以下将要论及的所有条件时，那样的侦查才是大数据侦查。

一、大数据侦查平台

借鉴互联网企业在大数据应用、创新方面的经验，通常认为，丰富的数据和强大的平台是大数据应用、创新的基础条件。数据分割、各自为战的小平台是无法实现大数据侦查的。

大数据侦查平台是有特定含义的。它既包含了大数据平台本身，也包含了大数据和大数据侦查技术。同时，这一平台能够保障数据及数据使用的安全。它的基本特点是能够容纳来自不同渠道、格式多样的大数据量级数据，而且可以在该平台上进行数据的可视化处理。此处所谓的处理包含数据的收集、采集、存储、抽取、检查、转换、整合、加工、挖掘，通过搜索、比对，分析轨迹、关系，研判重要对象，预测、打击犯罪等。

在过去的许多年里，公安机关不停地进行信息化建设。因此，在全国范围内的各地各级公安机关已建成了规格不一、功能不同、相互独立的数百个平台或系统。这是信息化建设的成果。利用这些平台和系统，公安机关开展着信息化侦查。在对付犯罪分子时，这些平台和系统发挥了重要的作用。

随着大数据、云计算、移动互联网、物联网、人工智能技术的出现，在技术进步的背景下，应该实现更为高级的侦查。公安机关必须根据网络条件、现有数据资源、现有项目计划进行平台和系统的重建。

当下，公安大数据平台的重建正在进行，各省区市也正在建设新一代的公安信息化网络，这为大数据侦查的真正实现提供了重要的条件。

二、大数据侦查技术

大数据技术是开展大数据侦查的另一个重要支撑条件，大数据技术包含大数据与大数据技术本身。大数据的应用和技术是在互联网快速发展中诞生的，并产生了一套以分布式为特征的全新技术体系，如分布式文件系统、分布式并行计算和分布式数据库等技术，以较低的成本实现了之前技术无法达到的规模，这些技术奠定了当前大数据技术的基础，可以认为是大数据技术的源头。

认识大数据，要把握资源、技术、应用、理念几个层次。通常认为大数据有 5V 的特点：Volume（大量）、Velocity（高速）、Variety（多样）、Value（低价值密度）、Veracity（真实性）。概括起来，即具有体量大、结构多样、时效性强等特征。大数据的应用强调以新的理念应用于辅助决策、发现新的知识，更强调在线闭环的业务流程优化，处理大数据需采用新型计算架构和智能算法等新技术。

关于大数据技术可以从纵横两方面进行理解：从纵向看，大数据的运用过程通常经历数据准备、数据存储与管理、计算处理、数据分析和知识展现五个阶段。从侦查实践看，大数据运用包含数据的获取、整理、分析、利用、审查、检验鉴定、展示等过程。从横向看，大数据存储、计算和分析技术是关键。

首先是大数据存储技术。数据的海量化和快速增长特征是大数据对存储技术提出的首要挑战。这要求底层硬件架构和文件系统在性价比上要大大高于传统技术，并能够弹性扩展存储容量。大数据对存储技术提出的另一个挑战是多种数据格式的适应能力。格式多样化是大数据的主要特征，格式多样化要求大数据存储管理系统能够适应对各种非结构化数据进行高效管理的需求，需要对数据库的一致性、可用性和分区容错性之间做出权衡。

其次是大数据计算技术。大数据的分析挖掘是数据密集型计算，需要巨大的计算能力。大数据的数据密集型计算对计算单元和存储单元间的数据吞吐率要求极高，对性价比和扩展性的要求也非常高。因此，要通过新型并列计算技术解决大数据的密集型计算。

最后是大数据分析技术。从现状看，大数据分析技术的发展需要在两个方面取得突破：一是对体量庞大的结构化和半结构化数据进行高效率的深度分析，挖掘隐性知识，如从自然语言构成的文本网页中理解和识别语义、情感、意图等；二是对非结构化数据进行分析，将海量复杂多源的语音、图像和视频数据转化为机器可识别的、具有明确语义的信息，进而从中提取有用的知识。目前的大数据分析主要有两条技术路线：一是凭借先验知识，人工建立数学模型来分析数据；二是通过建立人工智能系统，使用大量样本数据进行训练，让机器代替人工获得从数据中提取知识的能力。由于占大数据主要部分的非结构化数据，往往模式不明且多变，因此，难以靠人工建立数学模型去挖掘深藏其中的知识。通过人工智能和机器学习技术分析大数据，被业界认为具有很好的前景。

随着互联网与传统行业融合程度日益加深，对于 Web 数据的挖掘和分析成为需求分析和市场预测的重要手段，于是出现了 Web 数据挖掘。Web 数据挖掘是一种综合性的大数据分析技术，它可以从文档结构和使用集合中发现隐藏的输入输出的映射过程。目前，研究和应用得比较多的是 PageRank 算法。PageRank 通过统计网站外部链接和内部链接的数量和质量来衡量网站的价值。这个概念的灵感，来自学术研究中的这样一种现象，即一篇论文被引述的频度越多，一般会判断这篇论文的权威性和质量就越高。在互联网场景中，每个到页面的链接都是对该页面的一次投票，被链接越多，就意味着被其他网站投票越多。这就是所谓的链接流行度，可以衡量多少人愿意将他们的网站和该网站挂钩。

开展大数据侦查离不开大数据技术。公安大数据平台建设必须将大数据技术的运用纳入其中，也就是说，建成的大数据平台能够让大数据技术有用武之地。

三、大数据侦查工具

工具与技术相伴，技术需要工具支撑，工具是技术得以具体应用的重要载体。

大数据需要从底层芯片到基础软件再到应用分析软件等信息产业全产业链的支撑。无论是新型计算平台、分布式计算架构，还是大数据处理、分析和呈现都需要相应的工具支持。从大数据运用纵向流程看，数据获取、存储、整理、计算、分析等环节都需要相应的工具。

(一) 大数据获取工具

获取数据的途径、渠道、手段多种多样，牵涉的数据获取工具也将十分繁杂。随着传感器、5G 及 NB-IoT 的发展，数据采集及传输的途径得以扩充，与此同时，新型的数据采集及传输工具得以面世。社交媒体和机器人过程自动化等技术带来了新数据通道工具。

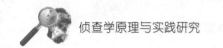

当数据拥有者向企业和用户提供数据时，需要流通平台与市场工具。当政府需要开放数据时，也需要数据流通平台的支持。数据流通平台是多家数据拥有者和数据需求方进行数据交换和流通的场所。按平台服务目的的不同，可分为政府数据开放平台和数据交易市场。政府数据开放平台主要提供政府和公共机构的非涉密数据开放服务，属于公益性质。数据交易市场是商业化的数据交易活动，其催生了多方参与的第三方数据交易市场。

快速发展的物联网技术在为数据采集提供新途径的同时，也派生出许多新的数据获取工具。比如，智能化的可穿戴设备经过几年的发展，智能手环、腕带、手表等可穿戴设备正在走向成熟，智能钥匙扣、智能自行车、智能筷子等设备层出不穷。

（二）大数据存储工具

与传统的数据存储不同，一般的存储设备无法满足大数据的存储要求。大数据海量化、快增长、格式多样化的特征决定了大数据存储工具设备的高要求：必须能够弹性扩展存储容量，存储管理系统必须能够适应对各种非结构化数据进行高效的管理。

在存储方面，文件系统以及随后的 Hadoop 的分布式文件系统奠定了大数据存储技术的基础。与传统系统相比，文件系统与分布式文件系统将计算和存储节点在物理上结合在一起，从而避免在数据密集计算中易形成的 I/O 吞吐量的制约，同时这类分布式存储系统的文件系统也采用了分布式架构，能达到较高的并发访问能力。

（三）大数据整理工具

这里的整理是一个复合词，数据整理包含数据抽取、检查、清洗、转换、整合、加工、挖掘等内容或动作。在整理的过程中，要用到各种工具。

（四）大数据分析工具

由于体量庞大，结构化、半结构化、非结构化数据并存，数据挖掘与分析行业对大数据分析工具提出了很高的要求。因此，大数据分析工具的发展需要在应对体量与应对半结构化、非结构化数据上取得突破。以深度神经网络等新兴技术为代表的大数据分析技术工具已经得到一定程度的发展，而深度学习是近年来机器学习领域最令人瞩目的方向。

需要指出的是，数据挖掘与分析的行业特点很强。就现状看，除了一些最基本的数据分析工具外，还缺少有针对性的、一般化的建模与分析工具。各个行业需要根据自身业务构建特定数据模型，数据分析模型构建能力的强弱成为不同企业在大数据竞争中能否取胜的关键。

对大数据侦查而言，为了顺利地开展大数据侦查，必须根据大数据侦查行业的特点研发出数据挖掘与分析工具。

四、大数据侦查资源

资源包括数据和信息，而且数据是大数据级别的数据。目前，全球数据量正呈指数级增长，我国具有天然的大数据规模优势。

信息技术与经济社会的交汇融合引发了数据迅猛增长，数据已成为物理世界在网络空间的客观映射，我国巨大的人口基数以及经济规模具有形成大规模数据的天然优势。

（一）大数据侦查的数据归类

大数据侦查数据是我国庞大数据体系的组成部分，它来自公安大数据平台数据中心，来自侦查工作中的主动获取。大数据侦查数据多种多样，结构化、半结构化、非结构化数据并存，数据交错共存。要对大数据侦查数据进行科学的分类并不容易，这里仅根据数据的来源对大数据侦查数据进行如下分类。

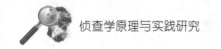

1. 公安网数据资源

公安网数据可以分成三类：一类是公安网上的公开信息，二类是存储于数据库里的数据，三类是接入公安网的数据。公安网上公开的有关犯罪的信息按其内容来讲，大致可以分为发破案件信息、抓获人员信息、痕迹物品信息、可疑物品信息以及工作动态、经验介绍等。存储于公安网数据库里的数据有：驾驶员、吸毒人员、在逃人员、违法犯罪人员、出入港人员、保安人员等人员信息数据；旅馆、网吧、物流公司、交警数据等机构信息数据；机动车、出租车等车辆信息；案件、事件、事故等案事件信息数据；等等。此类数据会因为业务的扩展或基于不同的目的而发生变化。接入公安网的数据有政府数据、社会数据等，随着获取数据技术的不断进步和公安大数据平台的建成，接入公安网的数据会越来越多，数据将越来越庞大。

公安网中最常用的数据是人员、案件、物品和个体识别信息数据，这些数据最初始时涉及以下内容：

①人员信息数据：常住、暂住、租房人员信息数据；警员、驾驶员、车主、出入境人员信息数据；旅馆住宿人员信息数据；通信人员信息数据；高危人员信息数据；社会人员信息数据；上网、微信人员信息数据；违法犯罪、吸毒、从事邪教人员信息数据；在逃人员信息数据；失踪人员、无名尸信息数据；等等。

②案件信息数据：刑侦综合系统案件信息数据；执法办案系统案件信息数据；"110"刑事接警信息数据；发破案信息系统数据；全国杀人案件信息系统数据；全国重大案件信息系统数据；现场勘查信息系统中的信息数据；等等。

③物品信息数据：被盗抢车辆信息数据；违章车辆信息数据；被盗抢手机信息数据；被盗抢骗物品信息数据；现场鞋印信息数据；道路监控信息数据；交通违章车辆信息数据；旧货、邮寄、汽车修理、租赁等社会信息数据；等等。

④监控视频数据：这些数据自然接入公安网络。

⑤旅馆住宿数据：旅馆住宿登记信息、总台监控记录等接入公安网。

⑥个体识别信息：指纹信息系统；DNA 信息系统、鞋印信息系统、照片信息（常住、暂住、旅馆、违法、逃犯）系统等。

2. 通信数据资源

人在使用通信工具与他人联络传递信息时，在通信网络中就留下了特定时间的痕迹。在使用电信营运商提供的服务时，基于营运商计费、设备维护和管理的需要，记录了大量的数据。这些痕迹、数据会遗留在终端设备里，也会遗留在基站数据库里，还会遗留在营运商所建的其他数据库里，这些数据就是通信信息资源。

按照通信工具的实际使用情况，通信留下的数据可以分为通话数据和信令数据。通话数据是指通信工具由于接打电话、收发短信而遗留的电子数据记录。这种痕迹通常表现为话单或短信数据。而从侦查角度出发，这种痕迹应全面拓展，包括话单、通话记录（已拨、已接、未接电话号码及时间）、短信（已收、发短信内容、发信人、收信人、时间等）、电话号码、照片、视频、录音等。信令信息则是指通信工具在正常工作状态下登录移动通信基站时所遗留的电子登录数据。

由于通信工具的大量使用，通信信息已与人类形影不离。人与人之间传递信息因而产生通信，通信的信息痕迹又把关系对象连接在一起。利用信息痕迹进行通话情况的分析（话单分析）便能刻画出一个人的活动轨迹，考察对象的相互关系。通信信息资源无疑是大数据侦查可资利用的重要资源。有的公安机关已建成能够容纳通信数据的系统，并将通信数据纳入了公安资源。

3. 资金流转数据资源

网络购物用户在其活动过程中进行了资金的流转，在活动中的资金流转与网络连在了一起。这种通过网络流转资金或称为网络支付，或称为移动支付。常见的网络或移动支付有支付宝支付和微信支付。以支付宝、微

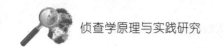

信支付平台为核心的网络支付系统连接了资金库与消费终端,在网络支付或移动支付的过程中留下了十分庞大的数据,很显然这些数据是开展大数据侦查需要用到的数据。

在网络支付或移动支付中,起核心作用的是银行卡或其他资金卡。时至今日,民众拥有的包括银行卡在内的各类卡数以几十亿计。人们除了把银行卡、信用卡与支付软件绑定外,还常常使用其他各种有价识别卡,如IC卡、购物卡、充值卡、乘车卡、加油卡等进行社会活动。因此,利用资金流转数据资源很大程度上就是利用有价识别卡数据资源。

4. 视频数据资源

视频数据资源来自各类监控系统,这类数据与互联网数据显然是交叉的。视频数据与视频监控系统相关,视频数据通常存储于以下系统中。

(1) 智能卡口监控系统

智能卡口监控系统是指依托道路上特定场所,如收费站、交通或治安检查站等卡口点,对所有通过该卡口点的机动车辆进行拍摄、记录与处理的一种道路交通现场监测系统。

(2) 道路交通监控系统

道路交通监控系统也称交警非现场执法系统或电子警察。电子警察是公安交通管理部门为维护交通安全秩序,监控、发现、查处驾驶员和车辆违反交通管理法规行为,疏导交通,而在城市路口和城乡道路中设置的视频监控系统。

(3) 街面安防监控系统

街面安防视频监控是指公安机关为了实现对社会面的控制,根据统一布局,合理规划,在街面设置的视频监控系统。

(4) 社会视频监控系统

社会视频监控系统习惯称之为"天网",是指政府机关、企事业单位、家庭个人基于内部管理或安全防范的需要而建设的系统。社会视频监控系统种类多样,主要有以下几种:①重点单位、企事业单位、楼堂馆所视频监控。②道路收费站视频监控。③居民小区视频监控。④营业性场所视频监控。⑤银行等金融机构网点视频监控。⑥公交、地铁、车站、码头、机场及火车、汽车、轮船、飞机等视频监控。

（5）其他类视频监控。①侦查中拍录的视频。一是讯问中拍录的视频；二是隐匿身份侦查中拍录的视频；三是控制下交付中拍录的视频；四是重点嫌疑人专案监控视频；五是重点区域专案监控视频。②个人数码摄像机、手机摄制的可以用以揭露、证实犯罪的视频。③新闻媒体摄制的可以用以揭露、证实犯罪的视频。以上各类视频数据自然是开展大数据侦查的重要数据来源。

5．卫星定位数据资源

卫星定位以前被全球卫星定位系统所垄断，现在我国的北斗卫星定位系统已经占据了卫星定位的相当份额。目前，卫星定位数据资源主要是指车载系统运行过程的历史记录。车载定位系统就是一个基于卫星定位系统提供的信息，通过移动通信技术和计算机网络及相应的管理机构，服务于某一部门的社会服务系统。出于安全管理需要，卫星定位与导航设备通常安装并使用于出租车、租赁车、自备车及运钞车。近几年，卫星定位系统也被一些特殊企业用于危化运输车、集装箱运输车等的调度、管理。卫星定位数据因卫星定位系统应用的扩展而不断增多。卫星定位设备具有定时报送地理位置、行驶轨迹记录、控电控油、车内录音等十余种功能，由于车与违法犯罪之间的密切联系，因此，卫星定位数据资源成为重要的大数据侦查资源。

6．网约车数据资源

网约车是网络预约出租汽车的简称。在构建多样化服务体系方面，将出租车分为巡游出租汽车和网络预约出租汽车。网约出租车的过程会在平台系统、出租车终端、顾客终端留下出租车平台、出租车、出租车司机、顾客、网约、履约、失约等数据。而且一些老的平台正在整合兼并，许多新的平台继续出现。无论平台如何变化，网约车都将是一个长久存在下去

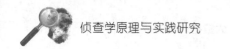

的行业，网约车数据也将是开展大数据侦查需要用到的重要数据。

7. 共享单车数据资源

共享单车是指企业在校园、地铁站点、公交站点、居民区、商业区、公共服务区等提供单车共享服务，是一种分时租赁模式。共享单车是基于物联网、移动互联网、卫星定位技术而实现共享的。在用户服务方面，共享单车 App 可在行程结束后自动结算，具备押金支付、退回功能，且具备停放区引导功能。在车辆技术方面，智能车锁是共享自行车的信息化主体，具备远程自动开锁、车辆定位、数据通信、移动报警、电源管理、信息上报等功能。关锁后可在 30 秒内停止计费，关锁状态下自行车位置信息上报不低于每 4 小时 1 次。在信息安全方面，具备防止暴力破解的能力。在企业平台方面，共享单车企业建立了用户信用体系，对于用户不规范用车或违法违规行为在信用体系中予以体现；具备大数据管理功能，具备不同区域自行车分布数量状况、活跃用户数量、一天各时段行程数量、活跃地区分布、自行车及人员属性统计等分析能力；支持电子围栏服务，对于用户是否遵守规则在电子围栏中停车予以记录，该记录在用户信用体系中体现。这种种环节留存的数据自然是进行大数据侦查可以利用的。

8. 民航、铁路交通数据资源

旅客乘坐飞机、高铁、动车、火车需购买飞机票、火车票，有时要改签或退票，这些行为会在航空、铁路票务公司系统里留下数据。旅客在进站、安检、验票、办理托运手续、登机、上车时会在车站、机场管理系统里留下相关数据。与旅客住宿数据类似，民航、铁路交通数据经常与作案的活动密切相关，这类数据自然是开展大数据侦查的重要依据。

9. 物流数据资源

物流服务是指物流供应方通过对运输、储存、装卸、搬运、保管、包装、流通加工、配送和信息管理等功能的组织与管理来满足其客户物流需求的行为。由于网购量的急剧增长，我国物流业务量也增长极快。同时，出现了一批所有制多元化、服务网络化和管理现代化的物流企业。我国社会物流总额在逐步扩张的同时，现代物流产业的发展速度和专业化程度也在不断提升，我国社会物流效率有所提高，物流市场环境不断转好。但是，物流业与犯罪之间关系密切，物流是犯罪人进行非法物品交换的重要途径。物流服务的运输、储存、装卸、搬运、保管、包装、流通加工、配送等各个环节，都会留下相关的数据。这些数据可以用于开展大数据侦查。

10. 网上政务数据资源

政务服务中心是人民政府设立的集中办理本级政府权限范围内的行政许可、行政给付、行政确认、行政征收以及其他服务项目的综合性管理服务机构。把这一中心移到网络上，政务服务中心即成为网上政务服务中心。通常把在网上政务服务中心开展的政务简称为网上政务。网上政务种类多样，通常包括网上查询和办理。具体分为：①交通类查询：机动车交通违章查询、机动车信息查询、驾驶证信息查询、实时路况查询、交通卡余额查询。出入境业务办理查询。②居住证类查询：居住证积分情况查询、技能复核查询。③教育类查询：义务教育招生入学查询、高校毕业生落户查询。④职业类查询：职业资格证书查询、职业资格证书分数查询、政府补贴培训清单查询、医师执业注册查询、护士执业注册查询。⑤其他类查询：养老金查询、公积金查询、医保金查询、空气质量查询和景区实时客流查询。⑥企业服务类查询办理：名称预先核准、工商注册、纳税申报、社保办理、企业信用、企业年报。

在开展网上政务过程中，各类数据便留存了下来。这类数据是不断扩增的，将这些数据进行整理、存储自然是开展大数据侦查的重要资源。

11. 其他社会数据信息资源

社会数据是指国家机构、企事业单位所收集存储的所有数据信息及其他数据信息资源。与大数据侦查相关的数据除了以上已经提到的社会数据资源外，其他社会数据资源还有很多种。除了电力、石化、气象、教育、出版印刷等传统行业外，还有电信、金融、社保、房地产、医疗、保险、

工商、税务、邮政、劳务、公路（高速）、公交、巡游出租车、二手车交易、娱乐场所从业人员、伤情鉴定、交通事故调解、征信体系等业务留存的数据。

公安机关可以借用这些数据信息资源，如果借用得好，无疑会为大数据侦查提供重要的支持。如果进一步拓展，将机动车收费、结婚登记、育龄妇女、劳务登记、社会缴费、房屋产权、房屋承租等人员轨迹型信息以及礼品回收人员、环卫工人、社会监督、周边收费站、租赁公司等便捷服务型信息纳入社会信息系列，与相关部门达成数据共享交换协议，在其数据资源库中开设专门接口，通过互联网实现数据实时共享，那无疑将会促进社会数据信息资源的进一步丰富。

经过整合的数据应该是通过大数据技术存储在全国为数不多的数据中心和特定的数据库里。数据资源必须能够共享，未来的公安大数据平台便是基于这样的目标而建设的。

（二）大数据侦查数据来源渠道

上述种种数据分散存储在种种系统之中，要让分散的数据成为大数据侦查的数据需要进行数据的获取。获取的渠道主要有以下几种。

1. 政府数据共享

政府数据共享就是打破部门分割和行业壁垒，促进互联互通、数据开放、信息共享和业务协同，切实以数据流引领技术流、物资流、资金流、人才流，强化统筹衔接和条块结合，实现跨部门、跨区域、跨层级、跨系统的数据交换与共享，构建全流程、全覆盖、全模式、全响应的信息化管理与服务体系。建设政务信息化四大基础数据库，即人口基础信息库、法人单位基础信息库、自然资源和空间地理基础信息库、宏观经济数据库。中央政府层面实现金税、金关、金财、金审、金盾、金宏、金保、金土、金农、金水、金质等信息系统，通过统一平台进行数据共享和交换。中央和部分省市在综合治税、人口管理、应急管理等方面积极推进信息共享和业务协同。

建设一体化政务服务平台，打通后台数据流动环节。

按照"统一平台、互联互通，存量共享、增量共建，物理分散、逻辑集中"的原则，以开放数据交换接口的方式，推动政府部门间的信息共享。依托国家电子政务外网搭建全国统一的国家数据共享交换平台，形成城市数据交换共享平台、GIS 平台和信息资源目录库，实现不同职能部门之间的业务协同和信息共享、信息资源的社会化开放与利用。

2. 政府数据开放

政府数据资源是大数据侦查资源的重要组成部分。近年来，随着互联网与各领域的深度融合以及数据资源战略价值的日益凸显，国际社会高度重视数据资源的开放与利用，将其视作促进互联网产业创新、支撑新兴业态发展的必备要素。政府数据资源可以与社会数据资源互为补充，服务于新兴业态的发展。政府数据资源基于公共事务管理和服务采集和产生，具有较强的公信力，能够促进对简单或片面的数据资源进行深度挖掘利用。政府数据资源采集和产生已经付出了财政成本，在政府利用之余"一次投入，全民利用"，能够降低全社会的数据资源利用成本，促进企业产品产出和社会福利提升。

3. 数据交易流通

引导培育大数据交易市场，开展面向应用的数据交易市场试点，探索开展大数据衍生产品交易，鼓励产业链各环节的市场主体进行数据交换和交易，促进数据资源流通，建立健全数据资源交易机制和定价机制，规范交易行为等一系列健全市场发展机制的思路与举措。数据中介公司通过政府、公开和商业渠道，从数据源头获取各类信息，进而向用户直接交付数据产品或服务。其中，数据源头、数据中介和最终用户构成了数据流通和交易的主体。

4. 社会信息数据的纳入

社会信息数据的纳入即通过一定的手段将以上提到的种种社会信息接

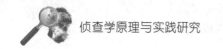

入数据中心或特定的数据库中。

当然，不管是政府共享的、开放的数据，还是通过交易获得的数据，或是社会信息数据都要通过一定的工具、技术、手段、方法才能纳入大数据中心为侦查服务。

五、大数据侦查人才

人才队伍建设急需加强。掌握数学、统计学、计算机等相关学科及应用领域知识的综合性数据的科学人才缺乏，远不能满足发展需要，尤其是缺乏既熟悉行业业务需求，又掌握大数据技术与管理的综合型人才。随着大数据平台应用的普及，企业对专业人才的需求日益增加，数据平台开发工程师、数据分析工程师、数据挖掘工程师等岗位炙手可热；互联网、电子信息、软件对于大数据人才需求量最大；专业知识和沟通表达能力成为企业对大数据人才聘用最重要因素。因此，大数据专业在课程设置上需注重人才的复合型知识架构，迎合市场需求和产业发展趋势。

公安机关的大数据侦查走在了其他机关的前列。这里特别提出要培养大数据侦查人才，是因为大数据侦查是一项全新的工作，根据这一现状，培养大数据侦查人才是十分必要和迫切的。当然，若干年后，当大数据侦查人才济济，公安院校的培养方案里也加进了大数据侦查方面的课程时，就不必再强调人才培养的问题了。

(一) 明确大数据侦查人才培养的目标

1. 强化大数据侦查意识，提高大数据侦查水平

现阶段，要以转变和强化全体民警大数据侦查意识、提高全体民警大数据侦查水平为第一目标。在这样的状态下，树立大数据意识，强化大数据侦查意识就成了重要任务。而且需要转变观念的是大多数民警，需要强化意识的是全体民警。

2. 以培养各种门类的大数据侦查人才为第二目标

当全体民警大数据侦查意识和水平提高之后，就必须考虑分门别类地培养大数据侦查人才的问题。

随着大数据侦查的全面铺开，渐渐地就会有对各种人才的需求。如果能够满足需求，大数据侦查工作就能得到顺利推进。因此，必须分门类且有针对性地培养各种大数据侦查人才。就门类来说，要培养核心领军、技术攻关、需求研究、维护保障以及综合应用人才。

核心领军人才必须是一种既懂得侦查，又懂得信息技术，同时具有较强领导能力之人。这种人应该是侦查领域的高手，能深刻领会信息技术对犯罪侦查的影响，有一定的信息技术知识，有很强的号召力，能带领民警研究和实践大数据侦查。这种人才量不必多，通常从公安机关有一定职位的领导里产生。作为一个单位，应有意识地培养这种人才。是否有核心领军人才不仅直接关系到其他门类人才的培养，也直接关系到某个单位的大数据侦查水平。

技术攻关人才是一种既精通信息技术，同时又懂得侦查业务之人。这种人通常是计算机网络的高手，有一定的侦查工作经历。他们能攻克大数据侦查中的各种技术难题，能自己开发软件和各种应用工具，能科学评估正在使用和即将使用的平台、系统的优劣，这种人的量也不必太多。

需求研究人才是一种懂得信息技术、侦查，善于需求调研，有一定的研究能力之人。他们通常在侦查部门或大数据企业工作，爱好计算机网络，有一技之长，喜欢研究，能通过调研敏锐地捕捉到侦查工作之所需，研发出各种大数据侦查技战法用于实战。这种人会随着大数据侦查应用程度的深化自然而然地多起来。

维护保障人才是一种精通信息技术，同时有计算机网络维护经验之人。计算机网络出现故障是难以避免的，需要这些人排除故障。这些人排除故障的水平直接影响着一个单位计算机网络使用的效率。

综合应用人才是一种依托信息化平台、系统，应用各种技术工具开展

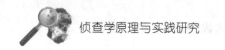

大数据侦查的人才。公安机关侦查部门的警察都应该是综合应用人才。

3. 面向实战，面向未来，面向世界培养大数据侦查人才

在确立大数据侦查人才培养目标时应有高起点：一方面根据实战需求有前瞻性地培养大数据侦查人才，另一方面站在全球化的高度去培养大数据侦查人才。

培养人才，任何时候都要考虑实战需求。大数据侦查人才的培养也不例外。对大数据侦查人才需求，要考虑这种人才需求的特定性。其特定性就是学习的内容滞后于实战。这一特点就要求培养人才时务必要有前瞻性，尽力预测信息技术可能的变化、侦查环境可能的变化和侦查实战可能的需求去制订培养方案，开展培养人才行动。

（二）大数据侦查人才培养路径

大数据侦查人才培养的路径与其他人才培养的路径大同小异，不外乎是院校培养、机构培训、技能竞赛、自学自践等。

1. 院校培养

院校主要是指公安院校。由于大数据侦查的特殊性，大数据侦查人才的培养任务只能由公安院校承担。

公安院校的人才培养方案要进行修改，特别是侦查学专业、经济犯罪侦查专业、刑事科学技术专业人才培养方案里必须加入大数据侦查的内容。也就是要开设与大数据侦查相关的系列课程，教授大数据侦查理论，传授大数据侦查技术、战法，训练平台、系统及工具的使用。由于条件的限制，公安院级对大数据侦查的教授通常只是基础教授，相关门类人才的培养还需要机构和公司的培训。

2. 机构培训

机构培训是培养大数据侦查人才的主要渠道。机构通常是公安院校或公安机关设置的培训机构，这些机构应该与相关企业合作开展培训工作。机构本身应储备一大批大数据侦查人才，同时还要吸纳相关企业的大数据

侦查人才。特别是要利用大数据公司的大数据分析平台、工具开展培训。当然，培训机构本身也要具备大数据侦查培训的软硬件条件。在企业协作下的机构可以有针对性、分门别类地培训大数据侦查人才。机构可以是综合性机构，既能够培训核心领军、技术攻关人才，又能够培训需求研究、维护保障、综合应用人才；也可以是单一性机构，即针对培训某一类或某两类特定的大数据侦查人才而设置。

（1）与企业合作的培训机构应具备的条件

①培训教师。应具备相关门类的培训教师，根据相关机构的培训任务建设师资队伍。

②连接公安网的教室。教室里的计算机要达到相当的工位，计算机必须连接公安内网。

③身份认证证书。培训机构能为参加培训的人员提供身份认证证书，学员凭认证证书登录公安网，进入各种系统进行大数据侦查操作。如果培训的对象是在职民警，可以使用他们自带的身份认证证书。

④相关平台软件。针对培训任务，如果是综合性的大数据侦查培训，必须具备大数据分析平台；如果是具体的某一大数据侦查软件的使用培训，则应向学员提供该软件。

⑤智能化教学仪器设备。大数据侦查培训必须用到智能化教学设备。

⑥实验室。具备连接公安网的计算机、相关软件、取证器材、计算机修理工具、故障排除设备等，具备进行大数据侦查、智慧侦查实验的各种软硬件。

⑦教学资料。含文字资料、图片资料、视频资料等。

（2）应根据需求分门别类地进行培训

根据侦查类各警种进行培训，如刑侦类培训班、经侦类培训班、禁毒类培训班等。根据门类进行培训，如核心领军人才培训班、技术攻关人才培训班、需求研究人才培训班、维护保障人才培训班以及综合应用人才培训班。根据级别进行培训，如初级技术攻关人才培训班、中级技术攻关人

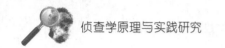

才培训班、高级技术攻关人才培训班；初级综合应用人才培训班、中级综合应用人才培训班、高级综合应用人才培训班；等等。

（3）大数据侦查培训方法必须得当

大数据侦查培训中必须采用如下方法：一是演练法。即边教边练，通过连接公安网的大数据平台进行演练。二是案例教学法。大数据侦查战法的培训必须结合具体的案例进行。通常通过对成功案例的剖析学习大数据侦查的步骤方法，通过对案例的分析总结出大数据侦查战法的运用步骤、方法、技巧等。三是实验法。技术攻关、维护保障人才的培训必须在实验里进行。

3. 技能竞赛

针对需求，定期、不定期地开展岗位练兵、技能竞赛活动。岗位练兵、技能竞赛是指对某一特定岗位一批人的某一特定技能的考核。

①选择岗位。比如县级刑侦大队综合应用人才。

②选择技能。比如大数据侦查战法应用。

③出考卷。可以在连接公安网的计算机上完成，也可以利用某一特定的大数据分析平台进行操作。

④选择布置考场。连接公安网的计算机几乎是不可或缺的。

⑤挑选参赛人员。为了促进大数据侦查，应根据该单位提供的全体民警名单随机抽取参赛人员。

⑥组建考官队伍。选拔一批为人公正、水平高的大数据侦查人才当教官。

⑦竞赛。在规定的时间、地点参赛人员参加比赛。

⑧评分。由考官或评委打分。

⑨讲评。由大数据侦查专家进行讲评。

⑩总结。目的是改正错的，把好的经验向各地推广，提高全体民警的大数据侦查水平。

4. 自学自践

要成为大数据侦查的高手，除了具备一定的基础和参加一定的培训外，最重要的还在于通过自学和不断实践提高自己。底子不是最重要的，最重要的是要有一股钻研的精神。要敢于创新，敢于实践。同时，要找到学习信息应用技能的新途径。如果将各岗位的信息应用工作，都按照规范化、流程化的形式进行固定，民警只要在工作中按照规范操作，就能逐步提升应用水平，因此，可以将信息化培训和实际工作有机结合起来。

（三）开展大数据侦查研究为人才培养提供智力支持

理论来源于实践。实践的东西必须经过总结、提炼、升华，所谓的感性认识才能上升到理性认识的高度，所谓实践层面的东西才能上升为理论。而只有理论才能指导实践，感性认识上升为理性认识的过程，就是研究人员采用适当的方法进行研究的过程。通过这一过程，支离破碎的经验就被总结为有原理支撑的、可以用来指导实践的理论。

在培养大数据侦查人才时，不但要人才参与实践，更重要的是要让人才懂得实践的原理。仅会实践的人才是低层次的人才，既会实践又会理论的人才才可能是高层次的人才。

为了培养高水平的大数据侦查人才，必须开展大数据侦查研究，用研究成果为人才培养提供智力支持。

1. 大数据侦查研究

大数据侦查研究必须有专门的研究机构，应组织专门的团队立项研究，具体研究时应采用案例剖析法、调查法、实验法等。

（1）成立研究团队

团队通常应由侦查专业骨干、企业信息技术人才、高校相关研究人员组成。

（2）立项攻关

应把需要研究解决的问题立为项目，组建联合团队进行研究解决。

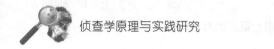

（3）调研

立项之前必须开展广泛深入的研究活动，了解侦查部门的最迫切需求。研究团队除了可以通过开设信箱和网上论坛，广泛征求应用需求外，还可以确定一批应用基础好、研究意识强的基层单位和个人作为应用研究联系挂钩点。通过不定期的调研和座谈，不断收集新的需求，从而研制和更新各类应用系统。在研究过程中，还要不断了解乃至把握大数据、移动互联网、人工智能、物联网、云计算行业的最前沿技术，了解国内外同行的最新应用理念。

（4）案例剖析

案例剖析是大数据侦查研究过程中不可缺少的研究方法。通过对众多典型、非典型案例的剖析，总结出大数据侦查的特点、步骤、方法、技巧等，进而进一步升华为大数据侦查理论并且指导大数据侦查实践。

2. 大数据侦查研究成果转化

大数据侦查研究成果包括撰写的理论性论文，开发的应用软件、小工具，设计建设的应用平台系统，研发的战法等，这些成果只有经过转化并真正运用于实战才能实现研究成果的价值。而要实现成果转化，保证应用研究的可持续发展，应做好以下三个方面的工作。

（1）制定三级专业人员应用制度

在省、市、县（区）确立三级专业应用人员，通过明确其工作职责，赋予其相应工作任务等措施，强化大数据侦查工作的专业应用问题，以专业应用推动应用研究。

（2）解决好成果共享问题

凡由各单位、机构共同立项研究的成果应由各单位、机构共享。成果的应用应使参与研究的单位、机构都能得到应有的好处。

（3）做好奖励工作

应采用各种办法给研究者以充分的认可与肯定。比如，对研发出新战法者，可以以其名字对战法进行命名。还要设立专项奖励基金，通过金点子奖、技术进步奖、技术创新奖等形式引导和鼓励应用研究的深入。

六、大数据侦查机制建设

机制是体制与制度的结合，机制决定着大数据侦查能否顺畅地运行。

大数据侦查的运作涉及众多的机制，诸如平台建设、数据获取、数据共享、数据分析、预警、发布、反馈、奖励等。对这一系列机制都必须重视，进行投入建设，而其中重点应加强实战应用保障机制和数据共享机制建设。

（一）实战保障机制建设

实战保障机制建设就是通过机制建设使实战有保障。

1. 共用各类数据资源保障

共用各类数据资源保障必须进行数据资源的整合，建设公安大数据平台和新一代公安信息化网络。公安机关侦查部门各类侦查人员应有使用大数据平台、新一代公安信息化网络中的数据资源的权利。在保障大数据资源畅通的前提下，公安机关内部不再人为设置障碍。公安机关侦查部门共用各类信息资源没有违背相关法律规定，也不会给公安机关造成什么额外的损失。衡量限制与否的利弊，在于是否限制了侦查部门在法律许可下的自由行动。因此，应该在机制上对侦查部门共用大数据资源予以保障。

2. 应用支撑条件保障

庞大的海量数据的整合、业务烟囱底座的打通、大数据技术工具的使用、相关侦查人员具有大数据侦查的知识能力等是开展大数据侦查的基础条件，不具备或这些条件欠缺都可能影响大数据侦查工作的正常进行。因此，要从机制上保障应用支撑条件的满足。

3. 提高运用水平机制建设

在基本条件得到满足后，为了提高大数据侦查水平，就必须通过更多

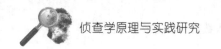

具体机制的建设以满足提高水平的需要。比如，指掌纹信息查询机制、串并机制、刑事案件同步上案机制、技战法研究机制、培训推广机制、激励机制等是促进大数据侦查水平提高的重要机制。

（二）数据资源共享机制建设

通过机制建设实现数据资源共享是一个十分重要且需迫切解决的问题。从犯罪信息的存在看，由于人口流动，犯罪的流动性、跨区域性和跳跃性决定了犯罪信息是分散存在的。犯罪信息可能以碎片形式分散地存在于多个空间。就个案而言，犯罪嫌疑人在甲地被警察抓获，但甲地警察却很难知道其在乙地或丙地还做了什么。从犯罪行为的轨迹看，由于社会整体信息化水平的增强，犯罪活动信息都以数字化的形式记录和保存在不同的系统里，这些信息经收集存储于不同的数据库中。因此，要有效地开展大数据侦查必须能够顺利地共享各种资源。如果资源共享不畅，就无法实现真正的大数据侦查。

当前，数据资源的共享是十分不畅的。由于区域割据、业务割裂、硬件互斥，在不知不觉间造就了数据壁垒，形成了信息孤岛，使警务信息化陷入困境。因此，必须通过机制建设实现数据资源的真正共享。对解决数据资源共享问题，有识之士都是很重视的。公安机关各个部门也采取了各种举措，数据资源共享问题得到了一定程度的解决，但离真正的共享还有相当大的距离。要真正解决数据资源共享问题，需要运用以下机制加以保障。

1. 实现大数据资源整合机制

在国家一级建设公安大数据平台，该平台能打破区域、部门、行业等之间的壁垒，整合全国所有的数据资源，实现全国"一盘棋"。省区市一级建设新的公安信息化网络，整合省区市之下的公安数据。

2. 完善地区间信息共享机制

国家应加大投入以解决均衡发展问题，并通过相关制度促进均衡发展。比如，可以通过信息化建设互助制度、公安部推广制度以解决平衡发展问题。对于一些地区性的成熟技术、好用的系统，公安部可以购买然后向全国推广。

3. 完善部门间数据共享机制

通过完善部门间数据共享机制，确保信息数据资源的互联互通、实时共享。从侦查工作实践看，实现部门数据共享的有效做法就是坚持"大部制"观念，进行大侦查改革。在大侦查的体制下，数据资源共享可以比较容易实现。

4. 完善社会信息共享机制

完善社会信息共享机制，破除行业间壁垒，扩大对社会管理、服务信息的共享。不遗余力地依靠国家层面的交涉推进相关立法工作的进行，通过法律规范相关信息资源的共享行为，促进信息共享的良性循环。

数据资源共享问题如果得到有效解决，协作问题将迎刃而解，大数据侦查的效能也将大幅提升。

第二节　大数据侦查数据获取

大数据侦查涉及的数据种类繁多，获取各类数据的路径、渠道、方式等各不相同。从当前的大数据运用现状分析，获取公安大数据的渠道主要有以下五种：一是政府数据共享，二是政府数据开放，三是数据交易流通，四是业务中形成，五是社会信息数据的纳入。通过以上渠道获取的数据可能纳入公安大数据平台，也可能分散于公安各业务单元。纳入公安大数据平台的数据用于开展大数据警务，其中当然包括用于开展大数据侦查。分散于公安各业务单元的数据仍然被用于开展各项警务活动，但这类数据运用不能被称为真正意义上的大数据运用。当然，不管是通过怎样的渠道获取数据，都需要有平台、工具、技术、手段和方法的支撑。

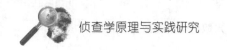

一、公安大数据平台数据获取

（一）公安大数据平台架构

公安大数据平台依托大数据和互联网技术，打破信息壁垒和"数据烟囱"，智能整合公安部、省厅、市局、分局以及第三方社会平台的公安业务相关数据资源，实现数据资源的共享、汇集、融合和关联，实现数据的快速处理、便捷统计、个性查询及可视化呈现，快速搭建各个层级的分析预测模块，为各级部门掌握辖区社会面总体情况，动态调整勤务模式，有针对性地投放警力提供依据。公安大数据平台能够提升公安的警情处置、案件分析、警情预警和分析预测能力，在刑事侦查、治安管理、交通管理、社会服务等方面为公安及政府提供强有力的技术支撑，促进公安情报一体化水平稳步提升。

（二）数据源

公安大数据平台的第一个要素就是数据源，数据源的特点决定了数据采集与数据存储的技术选型。

1. 按数据格式类划分

（1）数据库

数据库是以一定方式储存在一起，能与多个用户共享，具有尽可能小的冗余度，与应用程序彼此独立的数据集合。公安机关在开展业务活动过程中产生了大量数据。这些数据覆盖了对人、地、事、物、组织等要素的属性描述。公安机关通过信息化建设实现了对公安业务数据的高效存储和利用，满足了查询和分析的基本需求。数据的表现形式主要以结构化数据为主，以关系型数据库进行存储、整理、加工及使用。例如，全国人员基本信息资源库、全国机动车驾驶员信息资源库、全国出入境人员信息资源库、全国违法犯罪人员信息资源库、全国被盗抢汽车信息资源库、全国安全重点单位信息资源库等。

（2）电子表格

电子表格又称电子数据表，是一类模拟纸上计算表格的计算机程序。它会显示由一系列行与列构成的网格。单元格内可以存放数值、计算式或文本。在侦查实践中，有些数据的源格式是以电子表格的格式存储的，如银行账单数据、微信转账记录等。

（3）文字

文字又称文本文件，是一种由若干字符构成的计算机文件。文本是最大的也是最常见的大数据源，如短信、微博、社交媒体网站的帖子、即时通信、实时会议以及可以转换成文本的录音信息。当前，文本数据是结构化程度最低的，同时也是最大的数据源。最常见的文字文件包括两类：一是纯文本文件，二是普通文本文件。

（4）图形和图像

图形是指以几何线条和符号等反映事物各类特征和变化规律的符号。作为电子计算机系统中的图形，则是表现为上述各类符号的计算机文件。图像是指通过各类线条和符号的组合，构成反映一定内容，包含一定信息，可使人直观理解的符号。作为电子计算机系统中的图像，亦是表现为上述各类符号的计算机文件。

（5）音频

音频是指存储声音的计算机文件。从技术角度看，音频文件格式可分两类：一类是有损文件格式，另一类是无损文件格式。

（6）视频

视频是指通过特定的电子设备对特定的场景进行动态记录、存储并能够借助特定应用程序进行完整动态重现的计算机文件。

2. 按数据结构划分

（1）结构化数据

结构化数据是指关系模型数据，即数据以关系数据库进行存储和管

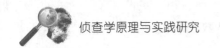

理。数据以行为单位，一行数据表示一个实体的信息，每行数据的属性相同，通过二维表结构进行逻辑表示和实现。结构化数据按一定的规律进行存储和排列，以方便查询、修改、删除等操作。

（2）非结构化数据

非结构化数据就是没有固定结构的数据，其基本含义是数据没有预先定义的数据模型，也不方便用数据库的二维逻辑表来表示。各种文档、图片、声音、视频等都属于非结构化数据。对于这类数据，一般以二进制的形式进行整体存储。

（3）半结构化数据

半结构化数据是介于完全结构化和完全无结构化之间的数据，其基本含义是数据结构形式以不符合关系型数据库或其他数据表的形式关联起来的数据模型。数据用相关标记来分隔语义元素以及对记录和字段进行分层。

（4）准结构化数据

准结构化数据具有不规则数据格式的文本数据，使用工具可以使之格式化，如包含不一样数据值和格式的网站点击数据。

3. 按数据来源划分

（1）城市基础数据

城市基础数据主要是指人口信息资源库、法人信息资源库、电子证照信息资源库、空间地理信息资源库、宏观经济信息资源库五大基础数据库。

（2）政府业务系统数据

政府业务系统数据即公安、财政、环保、教育、交通等政府部门在开展业务过程中产生及积累的数据。以公安业务系统数据为例，公安内部数据来源包括刑侦、经侦、禁毒、治安等部门，主要包括"110"数据、人口数据、问题场所数据、卡口数据、警综数据、宾旅馆数据等。此类数据一般为格式化数据，除此之外，还有文件服务器（存储法律文书、嫌疑人头像照片、案件扫描件等非格式化数据）等。

（3）企事业数据

企事业数据即金融（银行、证券等）、运营商、物流、互联网企业等企事业单位本身的一些行业数据。以运营商数据为例，运营商在开展业务的过程中积累了用户基本数据（如姓名、性别、地址等）、用户行为数据（通话行为、应用程序使用行为、网页浏览行为等）、移动位置数据（用户使用电信业务时信令位置信息、网关系统的信令信息等）、终端数据（终端属性、开关机信息等）等。

（4）社会数据

社会数据主要是指人们在社会生活中产生的如视频监控、手机终端、GPS 等数据。

（三）数据采集

数据采集又称数据获取，是利用一种装置，从系统外部采集数据并输入系统内部的一个接口。数据采集按时效性可分为实时采集和非实时采集；按采集粒度可分为批量采集和流式采集。数据源的类型决定了采集方式，如日志采集使用 Flume，关系型数据库使用 Sqoop 等。下面简要介绍几种常见的数据采集方法。

1. ETL 工具采集

ETL 是 "Extract Transform Load" 三个英文单词首字母的缩写，其含义是 "抽取、转换、装载"。公安大数据中心采集的数据可能有关系数据库、文档、音频、视频文件等，有公安内部业务系统产生的数据，也有外部系统的数据（如通过网络爬虫算法抓取的互联网数据）。构建公安大数据中心的目的就是要把这些不同来源、格式和特点的数据在逻辑上或物理上有机地集中起来，从而提供全面的数据共享。ETL 作为构建公安大数据的一个环节，负责将分布的、异构数据源中的数据抽取到临时中间层后进行清洗并转换，然后将数据载入决策支持系统的操作型数据存储、数据仓库或数据集市中，并针对不同的数据源编写不同的数据抽取、转换和加载程序处理。总的来说，ETL 工具提供了一种数据处理的通用解决方案。

首先是数据的抽取。数据抽取的主要工作是从源数据源系统中抽取目标数据源系统需要的数据。通过数据抽取将数据从各种原始业务中读取出来，是 ETL 所有工作的前提，也是最重要的一步。数据抽取直接面对各种分散、异构的数据源，如何保证稳定高效地从这些数据源中提取正确的数据，是 ETL 设计和实施过程中需要考虑的关键问题之一。在实际数据抽取过程中，为提高效率可以将数据按照一定的规则拆分成几部分进行并行处理，根据具体的业务制定抽取的时间、频度以及抽取的流程。

数据抽取按数据源类型一般可分为三类。一是存放与 TDS 相同数据源的数据。这类数据源一般使用数据库管理系统提供的数据库链接来完成。在目标数据库服务器与原业务之间建立直接的链接关系后通过写 Select 语句直接访问。二是存放与 TDS 不同数据源的数据。此类数据源若是可以建立数据库链接，则直接通过链接的方式完成。三是文件类型的数据源。此类数据源可以通过工具将数据导入指定的数据库中，然后从指定的数据库中抽取。

数据抽取按抽取方式分为全量抽取和增量抽取。全量抽取是将数据源中的数据全部从数据库中抽取出来，并转换成自己的 ETL 工具可以识别的格式。一般情况下，当要在集成端初始化数据时，需要通过全量抽取的方式将数据源端的数据全部装载进来。全量抽取可以使用数据复制、导入或者备份的方式完成，实现机制比较简单。

增量抽取只抽取某个事件发生的特定时间之后数据库中要抽取的表中新增或修改的数据。在 ETL 使用过程中，增量抽取较全量抽取应用范围更广。如何捕获变化的数据是增量抽取的关键。设计捕获方法时要考虑两个方面：一是要能够将业务系统中的变化数据按一定的频率准确地捕获到。二是在捕获变化数据时不能对业务系统造成太大的压力，影响现有业务。目前，增量数据抽取中常用的捕获变化数据的方法有触发器、时间戳、全表比对、日志比对方式等。以常见的增量抽取机制触发器为例，在要抽取的表上建立需要的触发器，一般要建立插入、修改、删除三个触发器，当源表中的数据发生变化时，就被相应的触发器将变化的数据写入一个临时表，抽取线程从临时表中抽取数据，临时表中抽取过的数据被标记或删除。触发器方式的优点是数据抽取的性能较高，缺点是要求业务表建立触发器，对业务系统有一定的影响。

其次是数据的清洗转换。也就是将从源数据源获取的数据按照业务需求，转换成目的数据源要求的形式，并对错误、不一致的数据进行清洗和加工。数据清洗是指利用模式识别以及人工智能技术来提高数据质量。常见的做法有：一是修正错误，二是格式变换，三是赋缺省值，四是类型变换，五是长度变换，六是代码变换，七是数值变换。

数据转换是将数据从操作型格式转换为数据中心格式，更多的是体现数据的业务逻辑性。数据转换分为记录级和字段级。记录级是选择有用的数据，将数据分区、综合、汇总等。字段级是指大多数转换功能只是完成从一种格式到另一个格式的转换，有的转换功能通过一个公式或者逻辑表达式完成转换。转换过程中可能要做到字段合并与拆分、赋缺省值、数据排序、数据翻译、数据合并、数据聚合等。

数据的转换和加工可以在 ETL 引擎中进行，也可以在数据抽取过程中利用关系数据库的特性同时进行。

最后是数据的装载。将转换后的数据装载到目标数据源。数据装载要考虑数据装载的步骤、模式和更新策略。数据加载模式：一是初始加载。是指在系统正式运行之前，需要将当前完整企业数据视图一次性地加载到数据仓库中，作为数据仓库的基础数据。二是周期加载。是指周期性地将该周期内的增量数据加载到数据仓库中。数据加载更新策略也分为以下两点：一是刷新策略，批量重写，保留最新更新策略。二是比对更新，保留历史。

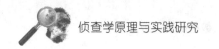

2. Flume 日志收集

服务器日志是大数据系统中主要的数据来源之一。服务器日志可能包含的数据有用户访问数据、系统运行数据以及其他业务数据。服务器日志有不间断的流式产生、数据量大、源头分散等特点。而 Flume 便是一个高可用的、高可靠的、分布式的海量日志采集、聚合和传输的系统，其设计旨在直接将流数据或日志数据导入存储系统。Flume 可以实时地从网络协议、消息系统、文件系统中采集日志。

（1）Flume 架构及数据流模型

Flume 的基本数据流是：Source 以 Event 为单位从数据源中接收数据，然后保存到一个或多个 Channel 中（可以经过一个或多个 Interceptor 的预处理），Sink 从 Channel 中拉取并处理数据（保存、丢弃或传递到下一个 agent），最后通知 Channel 删除信息。

（2）Flume 常见应用场景

Flume 常见应用场景有三种：一是离线日志收集。即收集服务器的用户访问日志，保存到 Hadoop 集群中，用于离线的计算与分析。访问日志指用户访问网站时的所有访问、浏览、点击行为数据，如历史点击的链接、打开的页面、搜索、总体会话时间等，而所有这些数据都可通过网站日志保存下来。此类数据采集基本 Flume 方案可以是在服务器端配置 Flume Agent，其中 Source 采用 Spooling Directory Source，Channel 采用 Memory Channel，Sink 采用 Hdfs Sink。二是实时日志收集。即收集服务器的系统日志，发送给实时计算引擎进行实时处理。服务器日志（Server Log）是一个或多个由服务器自动创建和维护的日志文件，其中包含其所执行活动的列表。服务器日志的典型例子是网页服务器日志，其中包含页面请求的历史记录。此类数据采集基本 Flume 方案可以是在服务器端配置 Flume Agent，其中 Source 采用 Spooling Directory Source 或 Exec Source，Channel 采用 Memory Channel，Sink 采用 Kafka Sink。三是系统日志收集。即收集服务器的系统日志，保存到搜索引擎中，用于线上日志查询。此类数据采集基本 Flume 方案可以是在服务器端配置 Flume Agent，其中

Source 采用 Spooling Directory Source 或 Exec Source，Channel 采用 File Channel，Sink 采用 Elastic Serach Sink。

3. Sqoop

Sqoop 是 SQL-to-Hadoop 的英文缩写，是 Hadoop 和关系数据库服务器之间传送数据的工具。Sqoop 的主要作用是将关系型数据库中的数据导入 Hadoop 中，也可以将 Hadoop 中的数据抽取出来导入关系型数据库中。Sqoop 的核心设计思想是利用 MapReduce 加快数据传输速度，也就是说 Sqoop 的导入和导出功能是通过 MapReduce 作业实现的，所以它是一种批处理方式进行数据传输，难以实现实时数据的导入和导出。Sqoop 的优势在于以下三点：一是可以通过调整任务数控制任务的并发度，从而高效、可控地利用资源。二是导入的数据可以根据数据库自动地完成数据类型映射与转换。三是支持多种数据库。

（四）数据存储

公安大数据存储的技术选型依据有三点：一是数据源的类型和采集方式。如非结构化的数据不适合用关系数据库存储。采集方式如果是流处理，那么传过来放到 Kafka 中是最好的方式。二是采集之后的格式和规模。比如数据格式是文档型的，能选的存储方式就是文档型数据库；如果数据量达到很大规模，首选放到 HDFS 中。三是分析数据的应用场景。根据数据的应用场景判定存储技术选型。存储是为了分析，所以存储的方式要满足分析的要求，存储工作就是分析的前置工作。

基于上述选型条件，要满足公安工作常用的应用场景，应当支持分布式文件系统 HDFS、分布式数据仓库 Hive、分布式列存储 Hbase、关系型数据库 MySQL 及其他分布式文件系统等。

二、网络数据检索获取

（一）互联网数据搜索

互联网搜索获取数据就是将与犯罪案件或者犯罪行为人相关的关键词

输入互联网进行搜索，并根据互联网反馈信息进行多次搜索分析。通过基本的互联网搜索，一般情况下可以了解某个人的工作、生活等基本信息，有时甚至可以搜索到某个人的手机号、邮箱号、网络账号等较为私密的数据信息。

搜索引擎是互联网上专门用于数据搜集、数据组织和数据检索的一种常见工具，是为用户提供"检索"网络数据资源服务的网站。

（二）互联网数据爬虫

在侦查实践中，侦查人员也可以利用爬虫算法或爬虫工具从网络上获取需要的数据。网络爬虫（又被称为网页蜘蛛、网络机器人）是一种按照一定的规则，自动地抓取互联网信息的程序或者脚本，是搜索引擎的重要组成部分。传统爬虫从一个或若干初始网页的 URL 开始，获得初始网页上的 URL，在抓取网页的过程中，找到在网页中的其他链接地址，对 HTML 文件进行解析，取出其页面中的子链接，并加入网页数据库中，不断从当前页面上抽取新的 URL 放入队列，通过不断地循环，直到把这个网站所有的网页都抓取完，满足系统的一定停止条件。

1. 网络爬虫基本架构

网络爬虫根据采集流程主要分为六个模块，其各个部分的主要功能介绍如下：一是页面采集模块。该模块是爬虫和互联网的接口，主要作用是通过各种 Web 协议（一般以 HTTP、FTP 为主）完成对网页数据的采集，保存后将采集到的页面交由后续模块做进一步处理。其过程类似于用户使用浏览器打开网页，保存的网页供其他后续模块处理，如页面分析、链接抽取。二是页面分析模块。该模块的主要功能是将页面采集模块采集下来的页面进行分析，提取其中满足用户要求的超链接，加入超链接队列中。页面链接中给出的 URL 一般是多种格式的，可能是完整地包括协议、站点和路径的，也可能是省略了部分内容的，或者是一个相对路径。所以为处理方便，一般先对其进行规范化处理，转化成统一的格式。三是链接过滤模块。该模块主要是用于对重复链接和循环链接的过滤。例如，相对路径需要补全 URL，然后加入待采集 URL 队列中。四是页面库。用来存放已经采集下来的页面，以备后期处理。五是待采集 URL 队列。从采集网页中抽取并作相应处理后得到的 URL，当 URL 为空时爬虫程序终止。六是初始 URL。提供 URL 种子，以启动爬虫。

2. 网络爬虫的数据分类

网络爬虫的数据可以分为以下五种：一是已下载未过期网页。二是已下载已过期网页。抓取到的网页实际上是互联网内容的一个镜像与备份，互联网是动态变化的，一部分互联网上的内容已经发生了变化，这时这部分抓取到的网页就过期了。三是待下载网页。也就是待抓取 URL 队列中的那些页面。四是可知网页。也就是还没有抓取下来，也没有在待抓取 URL 队列中，但是可以通过对已抓取页面或者待抓取 URL 对应页面进行分析获取到的 URL。五是不可知网页。还有一部分网页，爬虫是无法直接抓取下载的。

第三节　大数据侦查数据的报送与调度

在进入数据报送与调度环节之前需要对数据进行常态化的获取录入。在不同场合，办案人员应获取录入不同的信息数据。在日常工作中要通过特定的平台系统获取来自不同渠道的数据。

在办理刑事案件过程中，还要采集以下数据后录入：

一是立案情况。立案情况应当录入执法办案信息系统，并按要求分别填报录入办案与监督信息系统、全国失踪人员信息管理系统、全国未知名尸体信息管理系统、全国被盗抢汽车信息系统、全国重大刑事案件信息系统、全国禁毒信息管理系统等。

二是现场勘验、检查情况。应根据有关规定将现场勘验、检查情况录入执法办案信息系统，并将有关信息录入犯罪现场勘查管理系统、全国未

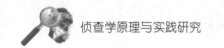

知名尸体信息管理系统、全国重大刑事案件信息系统、全国指纹信息系统等。

三是与犯罪有关的基本情况。包括以下几点：①犯罪嫌疑人的信息数据。应采集犯罪嫌疑人基本情况、指掌纹、声像（静态、动态）、DNA、足迹等有关信息；如果在逃，同时录入在逃人员信息数据库。②涉案物品信息数据。对尚未查获的被盗抢机动车、枪支、违禁品以及其他物品等，应当依照有关规定录入有关的信息数据库；对于查获的涉案物品，应当根据有关保管涉案物品规定录入数据库。③案件信息数据。与案件有关的各种信息，包括未破和已破案件、当地同类案件信息、异地同类案件信息，应当依照有关规定录入案件信息库。④其他涉案信息数据。对犯罪现场、无名尸体、失踪人员等其他信息，应当依照有关规定录入有关信息数据库。

根据标准数据采集流程，在数据采集室中主要应采集以下信息：①人员基本信息。人员的身份证号码、家庭住址、联系方式、人员照片以及能体现人员特征的信息，如身高、体重、脸型、足长和特殊特征（如断指、疤痕）等。②活体指纹、赤足印信息。包括滚动十指纹、平面十指纹、掌纹、赤足印等。③个体通信信息。包括通信工具号码，SIM 卡信息，通信工具品牌、产地、型号、机身串号等。④通信工具中的联系人信息，存储的短信内容，微信、移动支付信息，其他 App 使用信息等。⑤车辆信息。包括车辆类型、VIN 码、车牌号码、车辆品牌、颜色和车内物品，车辆过路过桥收费凭证，停车收费发票、加油发票等。⑥物品信息。采集人员随身携带的物品信息，特别注意其身上的各类卡片，如有价识别卡、会员卡、加油卡、充值卡等。⑦生物检材信息。指 DNA 生物检材样本信息数据等。

一、大数据侦查数据的报送

获取录入的数据要进行报送和调度。此处以蓝灯数据为例进行相关探究。

蓝灯数据情报报送是通过上报人上报情报、线索或数据，通过关键字（如身份证号码、手机号码等）串并功能，将系统内包含关键字的情报数据进行筛选，并将串并到的情报以直观的图形方式展示出来。情报报送可以对关键字在图形界面进行相关数据的扩展，查找出相关的信息和线索，以协助情报的拓展。通过情报报送可以实现不同部门的情报信息共享，可对上报人进行评分以实现对上报人的绩效考核，情报报送系统是一个集分析、管理、交流功能于一体的平台。

（一）情报报送权限设置

情报报送拥有着严格的权限设置。登录用户权限可以设置为单位成员管理权限、部门管理权限、审批权限、研判权限、流转权限和退回权限、跨部门查看串并权限、查看未审核情报权限。

（二）蓝灯情报报送系统主页面

1. 工具栏介绍

工具栏含手机采集、全息档案、单位人员变动申请、热词排行、单位成员管理、学习栏目、重大信息未上报、个人中心。

点击手机采集可以查看利用设备采集的信息情况；点击全息档案可以查看登录账户用户申请建立的个人档案；点击单位人员变动申请可以查看权限；热词排行是根据上报情报提取其中的词汇，依据包含该词的情报条数进行高低排序；单位成员管理是根据单位成员管理权限，对单位成员的权限进行管理；点击学习栏目可以查看系统发布的学习信息；点击重大信息未上报可以查看因重大信息没上报被扣分的单位，也可以根据权限对单位进行扣分操作；点击个人中心可以进入重点关注页面（需要研判权限），可以查看相关的流转数据情报信息，可以进行个人信息的修改，可以申请变动工作单位；其中邮箱标志代表流转收件箱，需要流转权限。

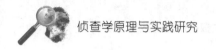

2. 各栏目报送功能

（1）手机采集

点击手机采集可以跳转到设备采集信息列表页面。

（2）全息档案

点击全息档案可以查看登录账户的用户申请建立的个人档案。

（3）单位人员变动申请

查看单位人员变动申请权限分为对账号发送单位调动的申请和对所发送申请的批复，可以保留申请结果。按单位进行情报和积分统计时，在原单位发送的情报和积分都属于原单位，情报不带入新单位；按个人进行情报和积分统计时，显示每人上报的所有情报积分总和。

（4）热词排行

点击热词地图分析可以显示出情报的发起地点。左边的 grid 和右边词汇云区域的热词相互对应，根据包含帖数的大小决定词汇云中词汇字体的大小。关键字查询、分页、刷新等操作影响词汇云图形中词汇的变化，有相互联动效果（目前显示图为左边 grid 当前页中所有热词）。

（5）单位成员管理

单位成员管理即对单位成员的权限进行管理。

（6）学习栏目

学习栏目可以查看系统发布的学习内容。

（7）重大信息未上报

重大信息未上报须当前用户权限为研判权限。选择要扣分的单位及扣分分值，录入扣分原因后点击保存确定，则该单位被扣对应分值的总分，在下方的列表中显示被扣分的相关操作信息。

（8）个人中心

进入个人中心，当用户具备研判权限时，可以点击重点关注单位进入重点关注页面。选择单位为重点关注单位，可以查看相关的流转情报信息，可以进行个人信息的修改，可以申请变动工作单位。

（三）蓝灯百姓安全 App

百姓安全 App 与蓝灯情报报送系统同步关联，在手机端发起情报信息，发起的情报线索会同步到情报报送系统中，由情报专班对情报进行研判、反馈等，App 端会收到上级下发的工作要求。该 App 还可以采集手机、人员、车辆等信息，是一款轻松、快速、高效的情报上报平台，用户部门可在第一时间获取情报信息，采取最快速、有效的措施该款 App 设计的初衷是：情报的最大优势就是时间，每流失一秒，情报的价值就将会相应降低。通过手机移动端，能为情报部门的情报收集工作提供更快速、有效、便捷的运用方式。

与其他上报形式比，App 上报平台有优势。用笔记本记下后再回办公室用电脑上报，浪费时间。用手机记录情报，发送给同事上报，可能会出现情报信息误差，同时增加了同事的工作量。用便携式笔记本电脑上报，不仅不易连接网络，携带也不方便。由 App 平台上报，其优势是快速、高效、便于携带，通过手机上报情报，随时获取上级反馈信息，第一时间采取相应措施。

蓝灯百姓安全 App 终端系统是配合情报报送系统配套开发的一套移动端应用系统，用户可以在移动端有效、便捷地上报情报或线索，收取对应上级领导的指令。通过百姓安全 App 上报的情报线索会同步到情报报送系统中，情报报送系统包含上报情报、分析情报、研判情报、串并情报、绩效考核等功能。

二、大数据侦查数据的调度

（一）蓝灯情报调度系统建设背景

在信息时代的指挥调度体系中，数据和视频成为情报和信息的关键载体，语音退化成承载指令的载体。以宽带专网、云计算、大数据等技术为基础，指挥调度体系向可视化、融合化、情指一体化发展。指挥中心是实战平台，为保证其高度应急性和实时性，必须建设公安自主可控的无线通信专网，不仅需要全国联网的 PDT 窄带专网，还需要与其融合的宽带专网。指挥中心汇聚来自社会面的大量数据，与公安信息网交互。为确保公安信息网的安全，必须建立安全边界，确保数据的安全穿越。

整合多种通信手段，建立融合通信平台，建设具有强大信息支撑，能够综合分析研判，可实现跨地区、跨层级、跨部门统一的一体化通信系统已经刻不容缓。新的指挥调度平台应立足常态、着眼应急，通过系统集成、信息共享，创建"横向一体化、纵向扁平化"的指挥调度新体系，变单纯的层级指挥为单兵指挥与层级指挥相结合的综合指挥新模式，变"被动应付"为"主动出击"，满足公安一体化指挥"看得见、呼得通、调得动、能研判、防得住"的警务实战新需求；同时推动智慧城市建设，实现公安机关与其他各政务部门、各层级数据信息互联互通，提升城市管理运行效率和公共服务水平。

蓝灯情报调度系统是一个集情报管理、分析、交流、流转于一体的多元化情报管理平台。蓝灯情报调度系统以公安系统运作为核心，辅以先进的大数据技术，运用于警务实战，可实现新时代警用情报的高效调度。蓝灯情报调度是一个智能化的情报管理平台，可以从海量情报中寻找线索，可以使部门中已成熟的情报或线索信息通过该平台流传至其他部门或下级部门，亦可以通过系统将对下级部门情报的核实结果反馈至上级部门。蓝灯情报调度是一个数据情报即时共享、将情报价值最大化的平台，通过该平台可以实现公安机关各部门情报的流转与共享。

（二）蓝灯情报调度系统建设目标

①建设平台主页模块。显示平台的一些相关的通知、文件以及其他信息，如对情报线索的下放反馈等信息。

②建设情报线索日常研判模块。通过系统进行每日研判线索上报、汇

总、筛选、整理、下发、打印、存档等，自动生成每日要情。建设历史要情记录、存档要情功能，实现对历史要情的记录和整理以及重新研判等操作。

③建设每日要情调度模块。将每日要情和公安局指定的工作要求通过系统进行下发流转，被指定的单位通过系统进行回复反馈。

④建设情报线索调度模块。各级公安局、各侦查支队可以通过系统对指定的情报线索进行下发流转，被指定的单位通过系统进行回复反馈。

⑤建设情报分析研判模块。系统对情报线索中的关键字进行情报线索的串并，查找出其他具有关联的情报线索，并可以图形化的方式进行可视化展示。

⑥建设统计分析模块。系统可以根据标签化进行筛选，并支持对发起情报的单位等进行数据统计。

⑦建设系统管理模块。可对系统平台的功能进行管理控制。

⑧建设会议权限模块。使用会议账号参加每日要情线索的研判操作。

第四节　大数据侦查数据查询

查询也叫检索、搜索等，它是大数据侦查的基础操作。

一、大数据侦查数据查询的常见形式

大数据侦查中的查询可以分为三种：一是常规查询；二是警情查询；三是侦查查询。

（一）常规查询

常规查询是一种常态化的查询。完成信息采集后，需对相关信息进行常规查询。常规查询的内容包括以下几个方面。

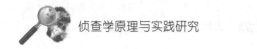

1. 查户籍

查户籍就是查人。查人是侦查人员最基本的工作。通过公安部、各省、各市的人口信息系统核实确认被审查人的基础信息，必要时可以辅助查询驾驶员信息、出入境信息以及同户籍人员的相关信息等。

2. 查逃犯

查逃犯就是对每一个被审查人员必须通过全国在逃人员信息系统进行核查，确认其是否为逃犯。如果是逃犯，就要进一步查其涉案情况、同伙情况、作案手段等，为下一步审讯提供依据和寻找突破口。

3. 查指纹

查指纹就是对每一个被审查人必须通过统配的信息采集仪采集指纹等信息，并录入自动识别系统和现场指纹系统进行比对，为审讯、破案和诉讼提供证据，同时也为数据库增容。

4. 查前科

查前科就是通过全国违法犯罪人员信息库查询被审查人是否有前科劣迹等，为侦查和审讯提供依据。

5. 查车辆

查车辆就是通过全国被盗抢汽车信息库和交管信息系统对涉案汽车信息进行查询，可以从人到车、从车到人获得更多的信息。

6. 查物品

如果发现被采集人员随身携带的物品疑似作案工具、赃物或其他可疑物品的，可先到执法办案系统中查询并判断是否为已发案件中的损失物品。如未发现，可照相保存，并注明详细情况。

7. 查电话手机

通过综合信息查询系统—业务查询—电话业务，根据检索说明输入关键词进行查询，但该系统数据更新不及时；可以登录派综系统—对外信息查询—电话号码进行查询；可以通过公安情报信息综合应用平台—全文检索：输入手机号码、电子串号等检索词进行检索；可以通过公安信息网搜索引擎：输入手机号码、电子串号等检索词进行检索；等等。

8. 查 DNA

将采集到的 DNA 生物检材样本及时送检入库比对。

（二）警情查询

警情查询是根据警情需要进行的一种查询。进行警情查询应把握以下方面：①实时上省、市内网各主要网站查询采集各类警情动态，并综合研判。通过大数据平台重点人员管控子系统对重点管控人员实施动态掌控，有效预防、制止各类犯罪。②掌握查询警情的方法，尤其是"110"报警平台中案件录音的查询听取方法。③掌握定期上网查询采集各类案件、各类嫌疑人员和物品的方法。如通过警综平台查询人员身份、资料、状态、生理特征、活动轨迹等信息；在嫌疑人已被抓获的情况下，能运用跨区域协作平台调取嫌疑人前科、户籍和笔录并对其综合应用分析。④掌握通过各大系统查询相关基础信息的方法。如查询常口信息、暂口信息、派综亲属信息、出租业信息、驾驶员信息、公积金信息、境内外旅客住宿信息、违法刑拘在逃人员信息、有线电视用户信息、电力用户信息、医保人员信息、在校初高中生信息、大学院校毕业生信息、上网人员信息、水气煤电信息、教育电话信息、航班出入境信息等。⑤掌握旅馆业信息查询应用方法。根据全国旅馆联查系统，查询有关人员的住宿记录，下载相关信息并分析研判。⑥掌握涉案手机串号、电脑 MAC 的查询提取方法。⑦掌握根据探头位置查询视频编号或根据视频编号找到探头位置的方法。同时会下载、查看视频、校对时间；懂得小区监控、社区监控、交警监控及高速路监控的比对查找。⑧掌握全球卫星定位资源的调取、查看和分析运用方法。⑨掌握卡口信息的碰撞比对分析方法。⑩掌握电信资源应用的基本方法。如基站的测试、中标数据的查询、话单的分析、新号的查找等。⑪懂得银行账户资料的分析，银行视频资料的时间校对、下载和查看。⑫懂得使用一级平台对案件进行串并。⑬懂得运用人脸识别系统。如利用所提供

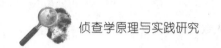
的照片，通过人脸识别系统确定人员身份。⑭掌握利用互联网信息侦查的基本方法。如懂得使用风搜平台，懂得利用 IP 获取方法，懂得利用互联网搜索引擎。

（三）侦查查询

侦查查询是开展侦查活动中的查询。进行以下侦查活动时，应当利用有关信息数据库，查询、检索、比对有关数据。一是核查犯罪嫌疑人身份的；二是核查犯罪嫌疑人前科信息的；三是查找无名尸体、失踪人员的；四是查找犯罪、犯罪嫌疑人线索的；五是查找被盗抢的机动车、枪支、违禁品以及其他物品的；六是分析案情和犯罪规律，串并案件，确定下一步侦查方向的。

二、查询中的基础研判

当然，查询的过程伴随着数据信息的研判，这些研判不同于数据分析，是靠人力进行的一种基础研判，具体包括以下几个方面。

（一）值班备勤时的研判

值班时有警接警，但无警时不等于无事可做，值班领导与民警必须使用以下方法进行研判。

1. 高危分析布控法

值班人员每晚通过旅馆信息系统检索入住的高危地区人员，分析确定此类人员的主要作案手段，安排旅馆业主、从业人员或布控在旅馆周围的治安耳目、信息员重点注意其出入时间、交往关系、携带物品等，从中发现作案嫌疑人。

2. "守株待兔"伏击法

对本地旅馆住宿人员进行研判，在提炼出高危地区的人员后，结合布控得到的信息，分析有重大作案嫌疑后主动出击相关旅馆，伏击守候，抓获犯罪嫌疑人。

3. 同类案件查析法

针对本地未破的挂牌案件、重特大案件，值班人员根据案件中一些固有的个性特征等犯罪要素，利用公安部搜索引擎，结合警务综合信息系统中的接报案件信息，与全国各地案件进行串并后，不断搜索同类型案件的破案信息，捕捉可用信息，以求突破。

4. 重点人员觅迹法

值班民警查询本地不够条件上网的涉案人员、布控人员或脱离控制的刑嫌人员、被取保候审的犯罪嫌疑人，在外地的暂住、旅馆住宿情况，发现其活动轨迹及规律，了解其活动，进一步研判其动向，分析有无继续作案可能。

5. 定时定位布控法

值班人员根据情况，在特定时间对易发生特定案件的地点进行布控，发现违法犯罪线索，直接抓获犯罪嫌疑人。

6. 特定人员刨根法

上网查询有相对可疑因素的特定人员，尤其对多次被盘查人员在盘查地点出现的理由、携带物品特征进行了解；对经常入住旅馆或年龄较小的本地人员入住宾馆的理由进行查询，特别关注前科劣迹人员和无正当职业的人员，从中发现违法犯罪线索。

7. 他山之石攻玉法

值班人员对周边地区当日通报的被抓获的犯罪嫌疑人开展反向查询。如发现在本地有活动轨迹，有证据证明有在本地作案的可能，即与抓获地警方联系，通过手机等通话情况分析行踪，追踪到抓获的犯罪嫌疑人是否为本地案件中的犯罪嫌疑人。

（二）接处警后的研判

每一次接处警都是对每一起案件侦查的开始。接警后，如何利用现有

资源进行查询、研判，发现线索，要求侦查人员在接处警后，立即通过以下方法上网研判。

1. 同类案件串并法

通过警务平台和搜索引擎结合作案手段、现场遗留痕迹等对本地、外地发生的同类案件进行串并，明确系积案还是现案，是流窜作案还是本地人作案。分析外地人在本地作案以及本地人作案、本地人外出作案等各种可能性，从中发现线索。

2. 被盘查人员查询法

通过警务系统查询在现场附近多次被盘查过的人员，从中发现在非正常时间经常在现场附近出现的可疑人员。

3. 广布图像辨认法

接报案件后，充分发挥社会面监控的作用，调阅案件周边公共娱乐场所、金融单位、企事业单位、路边店、道路等方方面面的监控，通过对案发现场周围可能进出的重要路段、部位的监控调取分析，以此判断、确定作案的嫌疑人。再将嫌疑人的图像数据在网络上公布，组织基层所队的民警、联防队员、信息员、村组干部、治安积极分子及广大人民群众等对嫌疑人进行辨认，从中发现犯罪嫌疑人，破获案件。

4. 空中信息比对法

发生案件后对一些案件被盗的手机或一些案件嫌疑人使用的手机通话情况进行分析研判，对通信信息进行比对，确定案件发生时间段中嫌疑人所处的位置，判断嫌疑人所在范围及逃跑方向、位置，并对其进行抓捕，从而破获案件。

5. 网络地址监控法

对相关嫌疑对象使用的 QQ、微信等网络联系工具进行网上跟踪，查明其 IP 地址，直接进行抓捕。

6. 预防布控制导法

根据现行案件，通过专题研判，收集案件方方面面的线索、信息，研判出案件发生的规律、特点以及犯罪分子下一步可能侵袭的范围和目标，组织、指导、参与派出所在易发案地区和重点部位进行检查、巡逻、蹲点、守候，防范和打击犯罪，甚至直接抓获犯罪嫌疑人。

7. "顺藤摸瓜"锁定法

通过对已知犯罪嫌疑人条件的综合查询，扩大查询交往人员研判活动轨迹，由此摸排出全部犯罪成员，为将他们一网打尽提供条件。

8. 网上布控缉查法

对有作案嫌疑但现有条件不够上网人员，通过警务系统进行网上布控，一旦觅得踪迹，立即采取抓捕措施。

(三) 抓获嫌疑人后的研判

抓获犯罪嫌疑人后，侦查人员应立即通过采集基本信息、查询活动轨迹等方式研判嫌疑人违法犯罪的范围、同伙动向等，进一步扩大线索，为深挖案件、抓获同案犯提供条件。

1. 基本信息碰撞法

抓获作案人员后，立即将其照片、指纹、血样等采集上报，以与其他单位的案件进行比对。特别是发挥指纹自动识别系统快速、精确、高效的优势，网络传输、实时自动比对，不仅极大提高了比对效率和精确性，也提高了指纹比对技术服务实战的水平。

2. 随身物品反查法

将抓获的作案人员随身携带的物品与网上的布控物品相比对，如手机、首饰、衣物等，从中发现其他单位布控的赃物，扩大破案线索。

3. 逆向研判追踪法

根据抓获的流窜犯罪嫌疑人，反过来查询其以前的活动轨迹，对过去的旅馆住宿情况、网吧上网情况、暂住人口登记情况等进行研判，通过对住宿旅馆、房间、入住及退房的时间、地点、前后方向等，逆向查询研判，追缉所有作案同伙，深挖余罪，扩大战果，破获一批外地案件。

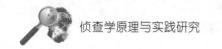

4. 前科劣迹反查法

充分运用网络，对外地或本地的违法犯罪人员的前科劣迹进行查询。一是进入本局档案系统，查询其在本市的违法犯罪情况；二是进入全国违法犯罪人员库查询有无服刑情况；三是进入其户籍所在地城市综合查询系统，查询其是否为前科劣迹人员；四是通过查询其曾经住宿的城市的综合查询系统或案件系统，查询有无违法犯罪情况，主要查询作案手段、处理结果等。对于隐瞒前科的累犯或多次作案的前科劣迹人员要从重从严处理。

5. 人居交叉锁定法

对抓获的作案成员在本市的落脚点迅速予以检查，对曾经的落脚点也详细查询、了解，结合其携带物品情况进行查证，发现更多的案件线索。

6. 一地多案倒查法

通过对已破案件的作案特点进行分析，对发生在同一地点或同类地点的同类案件进行串并，突破犯罪嫌疑人心理防线，带破串案。

7. 循线追踪缉控法

对一些特定团伙案件人员，当公安机关抓获部分犯罪嫌疑人后，及时借助警务综合信息系统和公安网络资源，对各类人员，尤其是被抓获人员的同行人员、老乡等的暂住地、入住旅馆、从业地等落脚点进行检索和研判，从中发现其余犯罪嫌疑人的藏身地点，力求在其逃跑之前将其抓获，从而突破案件。

(四) 基础工作中的研判

信息研判在基础工作中发挥的作用不是简单地将基础数据录入系统或进行查询，而是侦查工作的延伸。侦查人员应当通过以下方法对基础工作的相关数据进行研判，调控刑嫌、物建隐蔽力量、控制阵地，发现线索。

1. 刑嫌定向追踪法

对重点刑嫌人员住宿、从业、暂住等情况进行查询，深入摸排走访，综合研判，发现异常，同时辅以隐蔽力量控制，从而发现违法犯罪线索。

2. 暂口集聚建情法

针对同一地区暂住人口在本市的暂住地有一定集中性、从事行业基本特定、相互之间有一定了解的特征，在网上查询其暂住集中地和从业场所，从中物色能为我所用的外来人员为特情，了解控制特定暂住人口群体的情况。

3. 从业人员统析法

通过警务系统对某一特定行业的从业人员进行统计分析，对行业场所的位置、从业人员户籍地、暂住地、前科劣迹等进行查询，掌握这些人员在行业场所中的动态，获取情报信息。

4. 二手物品溯源法

通过对典当、二手物品收购行业的布控及数据查询碰撞，从所典当、销售的二手物品中发现赃物，从而以物找人是侦查人员当前通过阵地控制研判案件的重要手段。

第八章　侦查学的应用实践

第一节　盗窃案件的侦查实践

一、盗窃案件的概念和特点

（一）盗窃案件的概念

盗窃案件是指以非法占有为目的，秘密窃取数额较大的公私财物或者多次秘密窃取公私财物的犯罪行为构成的案件。

盗窃案件在刑事案件中占有很大比例，它不仅直接侵犯国家、集体和公民个人的合法财产，而且扰乱社会秩序，危害社会治安。尤其是那些以盗窃为职业的惯犯、流窜犯和盗窃团伙，对社会具有更大的危害性，侦破盗窃案件成为公安机关刑事侦查部门的一项重要任务。

盗窃案件依据不同标准，可作不同分类。按照性质不同，盗窃案件可分为内盗、外盗、内外勾结盗窃、绺窃和监守自盗案件。

内盗案件是指机关、团体、企事业单位等的内部人员在本单位进行盗窃的案件。

外盗案件是指外部人员侵入到机关、团体、企事业单位内部或者民宅进行盗窃的案件。

内外勾结盗窃案件是指单位内部人员与社会上或单位外部人员相互勾结，共同盗窃本单位财物的案件。

缭窃案件又称扒窃案件，是指犯罪行为人在被害人不留意之时，窃取被害人随身携带财物的案件。

监守自盗案件是指单位财物保管人员利用职务或者业务之便，事先将其保管的财物以挪用或盗走的方式占为己有，然后伪造现场，谎称被盗的案件，监守自盗按贪污犯罪论。

（二）盗窃案件的特点

随着经济的不断发展，科学技术不断普及，盗窃犯罪除了具有以往传统型犯罪手法外，还出现了团伙犯罪、智能化、高科技化、专门化等新特点。

1. 犯罪行为人作案前多有预谋准备过程

犯罪行为人为了达到顺利实施盗窃犯罪的目的，保证其盗窃活动的成功，一般都有"踩点""窥探"和准备作案工具的活动。他们常常以购买物品、找人办事、探亲访友、观光旅游等名义，暗中寻找和选择作案目标；观察现场的环境条件，选择出入现场的路线和方法；了解主人和现场周围群众的活动规律，以选择、确定作案目标等。在盗窃案件发生之前，现场周围群众往往不能识破现场附近发生的"踩点"行为。

2. 犯罪现场一般遗留有犯罪痕迹及其他物证

盗窃案件中，除扒窃案件外，绝大多数的犯罪现场都有可供勘查的条件。犯罪行为人要窃取财物，往往要破坏障碍物。他们通过破坏房屋的门窗、墙壁、屋顶等方式进入室内，进而破坏存放财物的箱柜、抽屉、保险柜等，从而获取财物。犯罪行为人破坏障碍物，必然会在障碍物上留下工具痕迹，因此，通过对工具痕迹的提取鉴定，可以推断出犯罪行为人所使用工具的种类、熟练程度及职业特征等，进而可以确定侦查方向和范围，然后以犯罪工具为线索，开展摸底排队。

犯罪行为人在实施盗窃的过程中，也不可避免地要与现场的客体相接触，留下与犯罪有关的痕迹，如手印、足迹和随身物品等。这些痕迹和遗

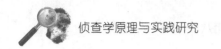

留物品对于分析判断案情，进行技术鉴定以及串并案侦查都具有重要意义。

3. 盗窃手段带有习惯性

盗窃案件的犯罪行为人中，惯犯、重新犯罪者占有较大比例。他们在长期的犯罪过程中，往往形成较为得心应手并带有个人特点的盗窃习惯。例如，有的人习惯选择固定的作案目标，有的人习惯使用特定的作案工具等。由于盗窃时犯罪行为人处于紧张和急于得手的心理状态，这些习惯性手段都会在盗窃案件中表现出来。侦查人员研究盗窃案件的习惯性手段有利于开展串并案侦查、扩大线索、缩小排查范围，同时还可以从业已掌握的犯罪资料档案中，直接发现犯罪线索，从而迅速破案。

4. 有赃物赃款可供查找

凡是盗窃既遂的案件，一般都有赃款、赃物可查，这是盗窃案件最重要的特点，也是侦破盗窃案件的有利条件之一。犯罪行为人实施盗窃的目的就是为了获取某种财物供其挥霍。犯罪行为人一旦盗窃得手，就会对财物作出各种处理，如自用、送人、销赃等。赃物存在就成为犯罪行为人与盗窃案件相关联的锁链。因此，不管犯罪行为人采取什么样的处理赃物的方式，都会暴露出一定迹象。

5. 团伙盗窃犯罪突出

盗窃犯罪团伙化是近几年盗窃案件的一个显著特征。盗窃团伙成员之间具有的相似背景、经历、特质或其他密切的关系，使得盗窃团伙内部具有很强的凝聚力。他们形成统一的价值观念、价值追求和行为规范，法治观念、道德观念被严重弱化。在贪欲意念的支配下，他们借助团伙的力量，使盗窃犯罪愈演愈烈。

盗窃团伙成员一般有明确的分工，形成专业化的盗窃销赃一条龙模式。一般都自备交通运输工具，时分时合作案。盗窃团伙较之于个体作案，犯罪能量更大，具有更强的逃避侦查能力，因而作案也更加疯狂。盗窃团伙作案地域广泛，往往是跨地区甚至是跨省作案。盗窃团伙成员之间具有相似的经历，如有相同境遇的无业人员，或者具有地缘关系、血缘关系，使得盗窃团伙具有强烈的家族色彩。

最近几年来，我国屡屡侦破由聋哑人组成的盗窃犯罪团伙。他们作案地域之广泛、犯罪能量之大、犯罪技术之娴熟、团伙内部分工之细密、团伙成员间等级之森严，丝毫不亚于普通健康人组成的犯罪团伙。

6. 盗窃犯罪呈现专门化趋势

盗窃犯罪专门化是指盗窃犯罪行为人在实施犯罪活动中，主要针对特定的对象进行偷窃，由此形成了专门偷窃某一特定物品或在某一特定场合进行偷窃的盗窃团伙或个人。盗窃犯罪专门化尤其体现在社会上存在的大量盗窃团伙犯罪行为上。盗窃犯罪的这种发展状况，表明盗窃犯罪团伙的鲜明目的性、完善的组织性和偷窃技能的最大化运用。因此，其社会危害性更大。目前较为广泛存在的有以下几种：

①盗窃铁路运输物资。盗窃铁路运输物资主要是在铁路沿线，专门盗窃铁路运输物资。

②盗窃自行车。我国是自行车大国，自行车是我国大多数居民日常使用的交通工具，针对自行车的盗窃行为，在我国的某些城市非常猖獗。

③盗窃机动车。近年来盗窃机动车的案件屡屡发生，其中盗窃汽车在大城市的发案率较高，而在中小城市则以偷窃摩托车较多。

④盗窃电力设备、广播电视设施和公用电信设施。近几年，发生在全国各地的偷盗、破坏电力设施的现象日益猖獗，严重影响了电网的正常运行和人民的日常生产生活。

⑤盗窃高级宾馆财物。高级宾馆已经成了盗窃犯罪的集中点，有些人专门以住高级宾馆的人为盗窃对象。

⑥盗窃工业和农业生产资料。例如，盗窃原油、天然气、钢材和农用变压器等，给国家造成重大经济损失。

⑦盗窃建筑工地材料。例如，大肆偷盗钢管扣件、钢锭、铜锭、铝合金条板等建筑材料。

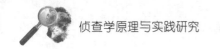

7. 盗窃犯罪由单纯型转向复合型

盗窃犯罪案件，特别是入室盗窃案，被事主发现后有可能演变成抢劫案件。犯罪行为人在实施犯罪前，常做两种准备，盗窃不成，则行抢劫。他们在实施盗窃时常常带有凶器，被发觉时则以武力相逼，迫使被害人交出财物；他们在被缉捕过程中，也会利用凶器拒捕。盗窃犯罪出现暴力化的倾向，盗窃犯罪的人身危险性逐步加大。与专事盗窃的犯罪相比，这类犯罪的社会危害性更大。

8. 盗窃犯罪出现了智能化趋势

窃取用户名和密码上网的现象已成为带有一定普遍性的社会问题。利用互联网实施盗窃犯罪是一种新的盗窃犯罪方法，随着互联网的发展，利用网络进行盗窃犯罪的数量将会更多，形式将会更隐秘，反侦查能力也会不断增强，因而侦破的难度将不断增大。

二、盗窃案件的侦查要领

（一）现场勘验

盗窃案件现场一般遗留的痕迹、物证较多，因此全面、细致勘验现场是侦破盗窃案件的重要环节。盗窃案件现场勘验的重点有以下几个方面。

1. 对现场进出口的勘验

犯罪行为人进行盗窃活动，总是要通过一定的方式进入现场，实施盗窃后又通过一定的方式离开现场。犯罪行为人无论用什么方式进出现场，常会在进出口留下破坏痕迹和活动痕迹。因此，仔细观察进出口附近的地面、门窗、墙壁、攀扶处等，能够发现犯罪行为人留下的手印、足迹、破坏工具痕迹及其他活动痕迹。如果现场进出口不明显，应考虑犯罪行为人是否通过开门锁的方式进出现场，说明其具备拥有钥匙这一条件。对于难以确定进出口的，要注意现场灰尘和其他物品的变动情况。

2．对现场中心部位的勘验

现场的中心部位是被破坏比较严重的部位和留下较多痕迹的地点。勘验中，既要注意发现和提取犯罪的痕迹、物证，尤其是微量物证，又要注意分析研究作案过程和犯罪行为人拆卸、撬压、破坏的具体方法，从而为分析犯罪行为人个性特征提供依据。

3．对现场周围环境的勘验和搜索

现场周围环境包括犯罪行为人在进入现场前躲藏、守候、窥测的地点，作案后隐藏赃物的处所以及作案来去的路线。对外围现场的勘验和搜索可以根据现场周围的地理环境和自然条件，以现场为中心向外搜索。如果明确了来去路线，就应沿着来去路线的方向勘验搜索。对现场附近的田间路边、垃圾桶以及一些便于隐藏物品和人身的地方要注意观察和搜查，从而发现和提取犯罪痕迹、物证。

（二）调查访问知情人

盗窃案件中的被害人通常称为失主。调查访问失主及有关知情人员，能为侦查人员采取紧急措施提供依据，同时能弥补现场实地勘验的不足，有助于正确判断和甄别盗窃现场中发现的痕迹和物证，为分析案情和确定侦查方向提供依据。

1．调查访问的对象

①报案人、发现人以及首先到达现场的其他人员。

②失主及其亲属、企事业单位财产的所有者和保管者。

③现场周围及犯罪行为人来去路线沿途的知情人，包括在现场围观的人员；在现场附近工作、生活的人；在固定的时间可能途经现场的来往人员等。

2．调查访问的内容

（1）发现被盗的经过情况

发现被盗的时间、地点、经过；了解被盗现场与发案前有哪些变化；

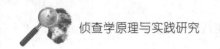

了解其他人对现场的知情情况，对财物保管的熟悉情况；了解现场物品的具体变动，案发后是否有人进入过现场，触摸过哪些物体等。

（2）被盗财物的情况

如被盗财物的名称、数量、价值、体积、用途、型号、标记；存放保管的方法和制度；被盗财物的平时存放处所，由谁保管和保管的情况；了解保管情况人的范围等。

（3）发案前后的可疑情况

案件发生前后，失主及有关群众听到或见到过何种有关情况，见过哪些反常迹象，怀疑犯罪行为人是谁，根据是什么。调查可疑人的体貌特征等情况，为排查嫌疑对象提供依据，对失主的陈述要注意鉴别真伪。

（4）侧面或正面调查失主或企事业单位的有关人员

了解失主或企事业单位有关人员的社会背景、家庭情况、生活作风、经济状况及有无经济纠纷等情况，为正确确定案件性质提供依据。

（三）分析案情

侦查盗窃案件，分析判断案情，主要根据现场实地勘验和调查访问获得的材料，对案情作出初步分析判断。侦查盗窃案件应重点分析以下方面的问题。

1. 分析判断案件性质

分析判断案件性质是指判断该盗窃案件是内盗、外盗、内外勾结盗窃还是监守自盗案件。

内盗案件系内部人员作案，一般对现场环境、作案时机和作案目标的选择较为准确，犯罪行为人所要窃取的财物有特定方向，目标明确，现场上翻动物品的数量少，破坏程度较轻。现场的进出口一般没有明显的破坏痕迹，犯罪行为人多采用配制的钥匙开锁入室，出入口不明显，痕迹物证较少。

在外盗案件中，犯罪行为人一般不熟悉财物的存放位置，多数是事先经过"踩点",粗略判断后即开始实施盗窃行为,所以盗窃目标常常不够准确;犯罪行为人对现场情况不熟悉,多采用越墙、挖洞、破窗、撬锁等方法入室,进出口较明显,常留有撬、锯、挖等破坏痕迹和攀登的痕迹,现场的破坏和翻动程度严重。外盗犯罪行为人除盗窃现金外,还可能顺手把贵重物品偷走,有时会把作案工具或者随身携带物品遗留在现场。

分析盗窃案件性质需要注意的是,内盗案件犯罪行为人常常把现场伪装成外盗现场,以转移侦查视线。从表面上看,在伪装的现场,锁被撬、砸,物品被翻动,还存在现场的进出口,而实际上这些被翻动的物品和破坏痕迹与盗窃目的无一定的联系,因此,对于伪装的现场要认真进行勘验和识别,外盗案件的犯罪行为人一般不对现场进行伪装。

在分析判断盗窃案件性质时要注意区别内外勾结进行盗窃的案件和监守自盗案件。如果有准确的盗窃目标而现场不乱,进出口不明显而现场留痕又少,分析案情时要考虑内外勾结作案的可能;如果现场上的反常现象较多,失主的陈述矛盾百出,情绪反常的,则有可能是监守自盗的案件。

2. 分析判断作案时间

对作案时间的准确判断,是划定侦查范围、发现和确定犯罪嫌疑人的重要依据。分析判断作案时间可以从以下几个方面进行:

①被盗财物存放的时间、失主与被盗物分离的时间、发现盗窃的时间、实施盗窃过程所需的时间。

②现场所处的具体环境,周围人员的工作、生活规律。

③失主和周围群众发现可疑迹象的时间。

④现场上遗留痕迹的新鲜程度。

3. 分析判断作案工具

判断作案工具,主要对现场上遗留的破坏工具痕迹的形状、大小、深度和特点等进行研究,如切割、撬压、擦划、剪割等痕迹。通过鉴定,确定这些痕迹是哪种工具所形成的;根据被盗物品体积、重量等,研究犯罪行为人是否使用了某种运输工具。

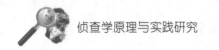

4. 分析判断作案过程

判断盗窃案件的作案过程，可从以下几方面进行。

（1）判断犯罪行为人进出现场的路径

分析作案过程首先应确定犯罪行为人进出现场的路径，确定进出现场的路径主要依据其在现场上行走的足迹。

（2）分析现场痕迹形成的先后顺序

犯罪行为人在实施犯罪过程中会在现场上遗留各种痕迹、物证，在被破坏物体上也会留下工具痕迹等，因而这些痕迹形成的先后顺序能够反映出犯罪行为人实施犯罪行为的过程。

5. 分析犯罪行为人的个性特点

分析判断盗窃行为人的个性特点，即给行为人画像。

（1）分析判断犯罪人数

分析判断犯罪人数主要根据犯罪行为人遗留在现场的手印、足迹、工具痕迹的种类和被盗财物的数量、体积、重量并结合有无运赃工具来判断。

（2）惯犯或偶犯分析

惯犯有作案经历和反侦查经验，一般作案时盗窃技术高，有习惯动作和较为固定的手段、方法，常伪装现场、破坏痕迹和销毁证据。偶犯因缺少作案和反侦查的经验，临场时易紧张慌乱，在盗窃过程中常出现多余动作和重复动作，即使伪装现场一般也会有漏洞，甚至留下明显的伪装迹象。

（3）分析犯罪行为人的职业特点

根据破坏工具痕迹和使用工具的熟练程度可以判断犯罪行为人的职业特征和专长等。

（4）犯罪行为人人身形象分析

根据足迹、手印和步法特征可以判断犯罪行为人的身高、性别、年龄、体态及生理缺陷等。

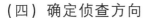

（四）确定侦查方向

在现场勘验、现场访问和现场分析的基础上，根据案件的具体情况划定侦查范围，确定盗窃案件的侦查方向。具体从以下几个方面确定侦查方向。

1. 根据现场遗留的痕迹确定侦查方向

盗窃案件的现场常常遗留有各种痕迹，可以通过对现场提取的手印在指纹档案中进行检索发现嫌疑人，从而确定侦查方向。对现场遗留的足迹进行步幅特征和步态特征分析，判断犯罪行为人的身高、行走姿势、生理上有无缺陷等；研究鞋印特征判断鞋的大小、生产厂家、产地、品牌等信息，确定侦查方向。在盗窃案件中常常出现工具痕迹，通过对工具痕迹的检验，尤其是某些特殊工具或者自制工具，由于使用和出现的范围很小，对于确定侦查方向具有极大的价值。

2. 根据现场遗留物确定侦查方向

犯罪行为人在现场往往会留下或者扔下某些物品，如作案工具、衣帽、手套、钥匙、小刀、证件、票据、纸屑、烟头、衣片、纽扣等，这些遗留物对查明犯罪行为人的身份有重要意义。通过对这些遗留物进行的检查和调查，分析这些遗留物的制作者、使用者以及可能的使用范围、可能出现的地区和持有人，以物找人，确定侦查方向。

3. 根据赃物可能的去向确定侦查方向

盗窃案件的犯罪行为人除了盗窃现金外，有时还顺手牵羊盗走失主的贵重物品，如字画、古董、手机、项链、戒指等。可以通过追踪这些赃物可能的去向，确定侦查方向。

4. 根据盗窃案件中交通工具特征确定侦查方向

在盗窃案件中，有的犯罪行为人使用交通工具，也有的犯罪行为人以交通工具为盗窃目标。在这些案件中，可以根据失主或者知情人提供的车型、颜色、车号、车内装饰、外表破损情况以及留下的车轮痕迹等特征寻找可疑车辆，确定侦查方向。

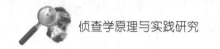

5. 通过串并案侦查确定侦查方向

根据某些盗窃案件的作案规律，如在作案时间、地点以及作案手段选择上的规律性，或者现场足迹、手印、工具痕迹等的同一性，可以进行并案侦查，确定侦查方向。

（五）排查嫌疑对象

排查嫌疑对象主要通过以下途径进行。

1. 确定犯罪嫌疑对象应具备的条件

排查摸底之前，应首先确定调查摸底的范围，确定摸排范围之后，再进一步研究确定嫌疑对象应具备的条件。一般而言，盗窃案件排查对象的条件应当考虑作案的时间、空间条件。除此之外，还要考虑现场遗留物条件和赃物条件，如犯罪行为人作案时在现场遗留下的衣、鞋、帽、烟头、纽扣、手帕、毛巾等物品以及所盗取赃物的情况。按照这些物品的用途和特征，寻找嫌疑对象。然后，根据犯罪行为人的体貌特征，如性别、年龄、身高、体态、口音、面部特征、头部特征、说话及走路姿势、衣着打扮、生活习惯等寻找嫌疑对象。

2. 控制赃物，发现线索

选择特征比较明显又便于识别的赃物，通过印发协查通报，运用公开和秘密相结合的方法，在容易销赃的场所布置控制，密切注意发现线索，由物到人是寻找嫌疑对象的常用方法。

3. 查对犯罪前科档案

盗窃案件的犯罪行为人中惯犯占很大比例。这些人有不少受过公安司法机关的处罚，在公安机关存有指纹档案和犯罪资料，通过查对犯罪指纹档案和其他犯罪资料，可以从中发现犯罪嫌疑对象。

4. 调查物证，追根寻源

对现场勘验和调查访问中获取的痕迹和物证，应当深入群众，调查走访，调查犯罪工具等的使用范围和犯罪赃物持有者，追根寻源，发现嫌疑对象。

5. 利用情报并案侦查

通过查对犯罪情报资料档案和外地通报资料，对于本地区和毗邻地区连续发生的在作案手法、作案时间、作案目标相同或现场遗留的手印、足迹、工具痕迹、随身物品相类似的案件，判定是由同一人或同一伙人所为时，可以实行并案侦查，协同作战，共同查找嫌疑对象。

6. 巡查守候，抓获现行

在盗窃犯罪多发地区，布置巡逻盘查和对重点地区守候监控。对于系列案件，根据犯罪行为人连续作案的规律，守候伏击，抓获现行犯。

（六）缉捕犯罪嫌疑人

通过排查发现嫌疑对象，待获取基本证据后，即可确定盗窃犯罪嫌疑人，迅速采取措施将其缉捕归案。根据盗窃案件具体案情的不同，缉捕犯罪嫌疑人可以采用不同的措施。如果犯罪嫌疑人已在控制之中，可立即缉捕；若犯罪嫌疑人外逃不久，可以采取追缉、堵截方式将其抓获，还可以采用通缉、通报方式缉捕犯罪嫌疑人；对于逃往外地流窜他乡无固定住所的犯罪嫌疑人可利用网上追逃方式，缉捕犯罪嫌疑人。通过运用"网上查询"和"光盘比对"，及时查获在逃人员。各地公安机关结合日常业务工作，在对暂住人口、流动人口和社会的治安管理中，发现可疑人员时，及时在"全国在逃人员信息系统"进行查询比对，待确认后，就可以缉捕盗窃犯罪嫌疑人。

第二节　绑架案件的侦查实践

一、绑架案件的概念和特点

（一）绑架案件的概念

绑架案件是指出于勒索财物或者其他目的，使用暴力、胁迫、麻醉或

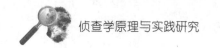
其他方法劫持人质的行为构成的案件。

根据刑法的规定，绑架案件主要有两种类型：①绑架勒索案件俗称"绑票案"，是以暴力、胁迫、麻醉或其他方法将人质劫持后控制、藏匿起来，然后向人质家属或其他利害关系人勒索财物的行为构成的案件；②绑架人质案件是出于其他目的，使用暴力手段劫持人质后，向政府、警方或其他有关部门、集团、个人提出非法要求的行为构成的案件。绑架案件的定性以行为为标准，只要行为人实施了绑架和控制被害人的行为，就构成绑架案件。除此之外，还有心理变态及其他原因的绑架案件。绑架犯罪对被害人的身体健康权、人身自由权和生命权造成严重侵害和威胁，社会影响极为恶劣，应当予以重点打击。

（二）绑架案件的特点

1. 犯罪行为人作案前一般都有较长时间的预谋和准备

一般来说，除了突发性绑架案件外，犯罪行为人在实施绑架犯罪前都会进行较长时间的周密谋划和充分准备。这种预谋和准备活动通常包括：网罗同伙；物色绑架对象；了解绑架对象及其亲属的工作和生活规律；制订绑架方案；准备实施绑架所需的工具；寻找藏匿关押人质的处所；选择实施绑架的时间、地点和方法；谋划与人质亲属联系的方式、赎金数量、交款赎人地点、交接方法，等等。犯罪行为人的预谋和准备活动无论如何隐蔽和狡猾，都会暴露一定的行迹，因此，侦查人员在侦查中应当通过多种渠道收集犯罪行为人预谋活动的信息，为发现人质和确定侦查方向提供线索。

2. 绑架对象因案件类型不同表现出特定性和随意性

财产型绑架案件的绑架对象具有较强的特定性，受害者多为富有家庭的重要成员，公司、企业的高层领导；心理变态和精神病型以及拒捕型绑架案件的绑架对象具有明显的随意性，如拒捕型绑架案件中的人质往往是犯罪嫌疑人在走投无路时突然就近绑架人质与警方对峙；恐怖型绑架案件的绑架对象有时为有一定影响的特定对象，有时为一定数量的随意对象。

3. 犯罪行为人对被绑架方的情况有一定程度的了解

犯罪行为人实施绑架行为都有一定的目的，或为经济目的，或有其他目的，绑架仅仅是达到目的的手段。为达到绑架的目的，犯罪行为人需要对被绑架方有一定程度的了解。如为经济目的，犯罪行为人应知道人质的家中或单位能够拿出钱来，有时甚至清楚钱的来源情况；有些案件，犯罪行为人就是被害人的邻居、同乡、同事、朋友甚至是亲戚，他们通常对受害人的学习、生活及工作规律、家庭经济状况有比较清楚的了解，并以此来确定绑架的方式以及勒索赎金的数量等。

4. 涉及地点多，空间跨度大，延续时间长

由于绑架犯罪的复杂性，犯罪行为人不可能在同一个地点完成全部犯罪行为并达到犯罪目的，必然要涉及多个地点，如实施绑架的地点、打勒索电话或投寄勒索信的地点、藏匿人质的地点、交款赎人的地点等。犯罪活动涉及的这些地点之间往往有相当的距离，有的犯罪行为人将人质绑架后用汽车等交通工具运往外地藏匿，因而这类犯罪活动空间跨度较大。而且，由于犯罪行为人在绑架人质后藏匿人质、与人质亲属联系洽谈赎人条件，人质亲属筹款、送款等都需要一定的时间，所以这类案件与其他案件相比，延续的时间较长。

5. 犯罪行为人会通过一定方式与被绑架方联系

犯罪行为人实施绑架行为是为了达到一定的目的，因此，绑架人质后，犯罪行为人必然会通过某种方式与被绑架方联系，告知人质情况并进行交赎谈判。比较常见的联系方式包括电话联系，信件联系，手机短信联系，网络邮件联系，电台、电视台公开声明，释放若干被绑架者中的一个来传递信息等。

6. 被害人的生死情况处于不确定状态

犯罪行为人将人质绑架后，人质的安全处于不确定的状态。有的犯罪行为人实施绑架后随即杀害人质（即"撕票"），然后再进行勒索；有的

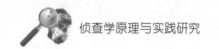

犯罪行为人则视案情发展决定是否杀害人质。一旦觉察人质亲属已报案或未答应其赎人条件或无法满足其非法要求时往往就会杀死人质。而如果未发生此类情况，有的在达到或自认为达到犯罪目的后会放回人质，而有的仍会因为与人质是熟人等原因而将其杀害。在此类案件的侦查过程中，因不能掌握犯罪行为人藏匿人质的处所，因而人质是否活着对侦查人员和人质亲属而言往往是个谜。

7. 多系结伙作案

绑架案件的犯罪过程较为复杂，犯罪环节多，犯罪行为人既要进行作案前的准备，又要劫持人质并对其予以监控，还要与被绑架方取得联系，因而单个人作案往往比较困难。可见，这类犯罪多系结伙作案，这样可以分工配合，容易得逞。有些甚至发展成为黑社会性质的绑架犯罪团伙，多次进行此类犯罪活动。

二、绑架案件的侦查要领

(一) 绑架案件的侦查原则

1. 人质安全第一

人质安全第一是侦破一切绑架案件的最高原则。绑架案件的犯罪行为人是以侵害公民的人身权利为手段来实现其目的的。在劫持人质过程中，犯罪行为人严重摧残着人质的身心，由于犯罪目的不能实现或没有藏匿条件或担心人质获得自由后提供侦查线索，往往野蛮地杀害人质。因此，侦查人员在侦破此类案件中所进行的一切侦查活动和所采取的各种侦查措施必须以保证人质生命安全为前提。在侦查中，任何可能导致犯罪行为人危及人质安全的做法都是不可取的，人质能否安全解救是衡量侦破工作成功与否的标志。

2. 内紧外松

内紧外松是侦破绑架案件策略上的指导原则。这一原则要求一方面要加紧有关措施手段的部署配合工作，另一方面要在社会上制造"松"的假象。侦破此类案件后者尤为重要，只有在社会上制造"松"的氛围，才不至于使犯罪行为人狗急跳墙，加害人质。同时要加强侦查破案的强度，力争及时破案，迅速解救人质，抓获犯罪嫌疑人。

（二）调查访问知情人

侦查人员接到报案后，应尽快向被绑架者亲属及其他知情人进行调查。由于不少绑架案件的犯罪行为人将人质绑架后十分注意被绑架者亲属的动向，担心其报警，一旦发现报警即杀害人质。因此，为避免打草惊蛇，侦查人员对被绑架者亲属及其他知情人进行调查访问应当秘密进行。在进行调查访问时应当着重了解以下情况。

1. 人质和被绑架方的基本情况及社会交往情况

应查明人质的姓名、性别、年龄、性格、体貌特征及收入、资产等情况，索取人质照片。同时详细调查人质的社会交往情况，包括其亲人、朋友、同学、同事、同乡及有某种特殊关系和利害关系的人以及在这些人当中事主认为比较可疑的人员。查明人质近段时间的思想状况和情绪波动情况，有无反常情况。侦查人员在询问时应了解被绑架方如人质亲属的经济来源、经济状况以及在工作、生活中有无利害冲突的人或被绑架方认为有作案嫌疑的人员等情况。

2. 案发情况

着重询问如何发现人质被绑架，最先发现者是谁，过程如何，案发前的一段时间在住宅附近或其他有关地方有无一些反常的人或事；犯罪行为人通过何种方式与被绑架方联系的，联系的时间和次数；犯罪行为人提出的赎人要求、交赎的方式、时间、地点以及其他一些与案件有关的问题等。

3. 犯罪行为人情况

侦查人员在做好被绑架方的思想稳定工作的同时，应尽力启发其回忆

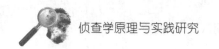

与犯罪行为人有关的一些情况，如犯罪行为人打电话联系时的语气、语调、口音、语言特征等；犯罪行为人的人数、体貌特征、绑架后的去向等情况。对于犯罪行为人写给被绑架方的信件、便条以及其他可能反映犯罪行为人特征的物品应予以收集，送交技术部门检验鉴定。

（三）分析案情，确定侦查方向

绑架案件的案情分析应紧紧抓住犯罪行为人与被绑架方的关系、人质可能被藏匿的处所及所处的状态、犯罪行为人绑架人质的动机、犯罪行为人的人数、犯罪行为人可能持有的凶器或武器、犯罪行为人的人身形象等问题。

1. 分析判断犯罪行为人与被绑架方的关系

可以从被绑架者的社会地位、家庭经济情况、在家庭中所处的地位、生活规律、犯罪行为人对被绑架方所提要求等方面进行分析判断。

2. 分析判断人质可能被藏匿的处所及所处的状态

可根据犯罪行为人与被绑架方联系过程中所暴露的有关地名、社会关系而确定大致的区域范围，再从这个区域范围寻找偏僻隐蔽的处所。也可根据群众提供的犯罪行为人逃跑的方向和路线及乘坐的交通工具确定一定的区域范围，在这个区域内寻找不经常使用的仓库、民居、山洞等隐蔽处。

3. 分析判断犯罪行为人绑架人质的动机

可根据绑架的具体对象、犯罪行为人给被绑架方所提要求等方面进行分析判断。一般地讲，绑架的对象为家庭殷实富有者或其子女，犯罪行为人所提要求为金钱，则通常为经济目的；绑架对象为一般群众但与人有仇或者为人刻薄、贪婪吝啬或其子女，则犯罪目的多为私仇、嫉妒和报复，但这种情况犯罪行为人所提出的要求多为现金或赎票。因此，应认真分析判断，特别要注意了解当事人的为人处世、社会交往情况等。

4. 分析判断犯罪行为人的人数

判断犯罪行为人的人数对确定侦查方向和范围具有特殊的意义。可根据作案过程所必需的人数、群众提供的有关人数，从犯罪行为人与被绑架方联系的方式、时间、地点等方面进行分析判断。

5. 分析判断犯罪行为人人身形象

对犯罪行为人人身形象的分析判断，实质上是确定犯罪行为人的人身形象范围。可根据犯罪行为人与被绑架方联系电话中说话的口音、方言土语、联系术语、所涉及的社会关系等，或恐吓信中表现出的用词造句、职业术语来确定。如恐吓信是剪贴的，应认真分析剪贴字迹的来源，并确定获得这些剪贴字迹的条件。

（四）排查嫌疑对象

在分析案情、确定侦查方向的基础上，侦查人员应采取有效的侦查措施，积极发现嫌疑线索，排查嫌疑对象。

1. 从人质及其家属的社会关系入手，排查嫌疑对象

绑架案件的犯罪行为人一般都与人质及其家庭成员有一定的关系，对人质的活动规律和家庭情况有一定的了解。有的犯罪行为人与人质是邻居或者同乡同村；有的与人质或其家属是同事、朋友甚至是亲戚；有的是人质或其家属经济上的合作伙伴或雇佣人员；有的是人质家中曾雇用的保姆、送水工、装修工等临时人员；有的与人质或其家属有工作上的矛盾或债务上的纠纷等。因此，全面排查与人质及其家庭成员有关系的可疑人员是发现嫌疑线索的重要途径。

2. 从调查案发前人质的活动情况入手，排查嫌疑对象

犯罪行为人劫持人质通常采取在人质经常活动的地点事先设伏劫持，闯入人质居住地暴力绑架，或者编造借口诱骗人质进入事先选择的场所将人质劫走等方式。犯罪行为人无论采取何种方式劫持人质，在实施绑架的过程中都要出现在相关的地域内，其行为多处于公开暴露的状态。因此，细致地调查人质被绑架前的活动情况，有助于确定绑架案件发生的时间和地点；在绑架行为发生地广泛深入调查，可能发现目击者，也可能了解犯罪行为人的人数、体貌特征、所使用的交通工具及车牌号码等，有时还可能发现犯罪行为人遗留的足迹、车辆痕迹等，从而为发现嫌疑线索和排查嫌疑对象提供依据。

3. 从控制犯罪行为人与被绑架方的联系入手，排查嫌疑对象

犯罪行为人绑架人质后，一般会通过电话或信件与人质家属联系，以达到其犯罪目的。对于这一环节，应充分加以控制和利用。对犯罪行为人可能打入的电话要采取监听、录音措施，分析电话内容和背景噪音，判断犯罪行为人的语言习惯、口音、方言以及通话地的周围环境，从中发现线索。同时侦控电话位置；有条件的，要及时赶赴通话地点，发现嫌疑对象。对于犯罪行为人使用信函与人质家属联系的案件，要对信函进行必要的技术处理，发现指印或其他痕迹，并通过查明发信地点和分析信函的纸张、内容、笔迹，判断犯罪行为人的年龄、职业特点、文化程度、生活范围、对人质及其家属的熟悉程度等个人特点，从中发现嫌疑线索。如果信函上的字迹系粘贴而成，应注意查明粘贴字迹的来源，进而确定具备获得这些材料的条件，开展调查摸排；如果信函系人质亲笔书写，应注意人质有无暗示内容。

4. 从控制交赎环节入手，排查嫌疑对象

在绑架案件中，犯罪行为人为了获取赎金，必须通过交付赎金这一环节来完成。尽管从总体对策上考虑，要尽量防止犯罪行为人在经济上得逞，但是当侦查工作在交付赎金之前没有突破性进展，无法迅速解救人质的时候，为了更有效地保护人质安全，常常需要先交付赎金。侦查人员要充分利用交付赎金环节，全力开展侦破工作，寻找和发现嫌疑对象。对于采用现场方式交付赎金的案件，侦查人员应根据案件的具体情况，采取灵活的处置对策。如果能够保证人质安全，具备抓捕条件的，可以根据现场情况实施抓捕，同时迅速解救人质；如果现场不具备抓捕条件，可以让犯

罪嫌疑人取走赎金，实施秘密跟踪，发现人质关押地点和犯罪嫌疑人的落脚点，为下一步侦查工作创造条件。对于采用非现场方式交付赎金的案件，由于非现场方式大多通过银行账号实施，所以侦查人员应及时与账号所属的银行取得联系，迅速调取核实开户人的相关情况，同时提取开户、查询、提款、交易等环节的监控录像，获取犯罪嫌疑人的人数、体貌特征、交通工具、其他银行账号等线索。同时对涉案账号予以监控，及时发现犯罪嫌疑人的提款地点和活动轨迹，实施跟踪、抓捕。

（五）解救人质，缉捕犯罪嫌疑人

当侦查机关掌握了人质关押处所或与挟持着人质的犯罪嫌疑人处于对峙状态时，应有相应的人质解救组织迅速赶赴现场，由专人担任现场指挥员，根据现场情况，制订合理的解救方案，解救人质，并伺机缉捕犯罪嫌疑人。

1. 非对峙状态下的人质解救与缉捕犯罪嫌疑人

（1）在人质交赎地点秘密伏击接近

当发现犯罪嫌疑人或人质所在地时，可根据犯罪嫌疑人和人质所处的环境、地点等具体情况，秘密接近犯罪嫌疑人所在地或人质关押处。侦查人员可以以送邮件、检查电表等身份为掩护，秘密接近人质关押处，在确保人质安全的前提下，及时拘捕犯罪嫌疑人。

（2）预伏途中解救

当犯罪嫌疑人企图转移人质的关押处所，侦查人员在掌握了犯罪嫌疑人转移人质的线索后，在其必经之路选择适当的隐蔽地点，预伏守候，在其转移押解过程中突然袭击，解救人质，逮捕犯罪嫌疑人。

（3）秘密贴近，突然袭击

在掌握了人质关押处所以后，在详细了解人质关押处所的地形、地物、犯罪嫌疑人的人数、使用的凶器等情况的基础上，想办法秘密贴近，趁看押人质的犯罪嫌疑人注意力分散或放松戒备时，里应外合，突然袭击

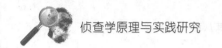

解救人质；或者设法诱敌外出，伺机制服犯罪嫌疑人，解救人质。

2. 对峙状态下的人质解救与缉捕犯罪嫌疑人

对峙状态下的人质解救，应当坚持谈判解决和武力处置相结合，力争智取。侦查机关应当调配精良的特警人员和各种警用装备，如烟幕弹、夜视仪、催泪弹、消防器材、特种枪械等攻击和防范器械，必要时还要准备救护车。在与绑架犯罪嫌疑人对峙状态下，应当迅速停止可能刺激劫持者伤害人质的一切攻击性行动，缓和局势，稳定事态，保护人质安全，并迅速疏散群众，疏导交通，避免伤及无辜群众，以便警方采取解救行动。在此基础上，实施稳妥地缉捕犯罪嫌疑人、解救人质的行动。

第三节　放火案件的侦查实践

一、放火案件的概念和特点

（一）放火案件的概念

放火案件也称纵火案件，是指故意采取用火焚烧的手段或者方法，致使公私财物遭受重大损失或致人死亡的刑事案件，这类案件属于公安机关立案侦查的重大刑事案件。

侦查阶段的放火案件不仅指我国刑法所规定的危害公共安全的放火案件，也包括以放火为手段实施的杀人案件、侵犯财产案件以及破坏交通工具、交通设施、电力设备、易燃易爆设备和广播电视设施、公共电信设施等案件。放火案件在刑事案件中所占的比例不大，但其危害性相当严重。它不仅会造成人身的伤亡或者公私财产的重大损失，而且还会影响人民的正常生活，危及公共安全。

（二）放火案件的特点

根据侦查实践经验，放火案件一般具有以下特点。

1. 现场暴露快、易于被发现

放火行为一旦实施，现场便会很快起火，烟雾弥漫，甚至火光冲天，有时因燃烧的地方存放特殊可燃性的物质，火光中还会伴有异常的声响和异样的气味，具有暴露快的特点。放火案件一旦发生，很容易被事主或现场周围的群众及时发现。这些特点有利于侦查机关和侦查人员迅速组织灭火排险，查明起火原因，判断案件性质以及获取痕迹物证。但是如果发生在夜深人静的时候，往往火势严重时才会被发现。

2. 犯罪行为人作案前多有预谋、准备

放火案件的犯罪行为人在作案之前往往对作案目标、作案对象等各方面的情况进行反复观察，对作案时间和天气情况等会精心选择，对作案时的周围环境也会仔细研究。同时，犯罪行为人为了使犯罪行为得逞、犯罪的踪迹不被暴露，以掩饰自己与犯罪行为之间的客观联系，从而逃避侦查和打击，在实施放火行为之前，一般都要进行预谋策划和周密准备，旨在消除犯罪的障碍。这些预谋、准备活动主要包括：事先熟悉现场环境，选择作案目标；了解放火部位和来去路线，确定放火时间；选择放火方法，准备放火工具（点火物、引火物或者助燃物）；破坏消防设施、电信设施或供电线路等。

犯罪行为人实施放火行为常见的手段有：用打火机、火柴、蜡烛等燃烧着的明火直接点燃；用烟蒂火、蚊香火等暗火点燃；用煤气、汽油、煤油、酒精等助燃物点燃；用炸药引爆点燃；用电源短路点燃等。这些预谋活动有些在群众中会有所暴露，有些迹象可能被人察觉，这是侦查人员调查访问获取线索和证据的重要来源。

3. 因果关系比较明显

放火案件大多事出有因，因果关系比较明显。放火犯罪行为人与被害人之间往往存在着某种不可调和的矛盾或者利害冲突，这种矛盾或者冲突往往会被群众知晓、了解。放火的动机多种多样，有的出于对现实不满，如对社会极为反感；有的出于私仇报复，如因财产纠纷或其他纠纷而产生的积怨；有的出于公私之间的问题处理不当，引起矛盾激化；有的出于嫉妒泄愤；有的出于掩盖犯罪，毁灭证据，转移侦查视线；有的出于保险诈骗等。由于犯罪行为人的动机、目的不同，在侵害目标的选择上常常能反映出一定的因果关系，如私仇报复放火主要是以特定的私人住宅或者歌舞厅、店铺等为对象；对现实不满的放火主要以国家机关等要害部门为对象。

4. 现场的原始状态多遭破坏

由于放火案件现场各种物质的燃烧危及人们的生命财产，常因救火人员灭火、抢险、救人或者抢救财物，致使现场的原始状态难以完整保存，现场中原有的犯罪遗留痕迹及其他物证极易遭到破坏。

有些放火案件中，犯罪行为人可能混入救火的人群中，利用救火的机会故意破坏遗留在现场的犯罪痕迹、物证。火势被控制后，现场的物品狼藉满地，面目全非，给现场勘查带来很大的困难，不利于侦查人员全面地收集、提取现场的痕迹、物证。

二、放火案件的侦查要领

(一) 现场勘查

放火案件的现场勘查多数是在扑救灭火、清理现场后进行的，并通过勘查查明起火原因来确定事件的性质。因此，勘查现场是侦破放火案件的首要环节。放火现场多数遭受严重破坏，变动比较大，必然给现场勘查带来一定的难度。侦查人员应当会同消防人员及时认真地进行现场勘查，为查明起火点、起火原因、起火时间以及收集证据提供条件。

放火案件现场勘验的内容一般包括：对现场入口的勘验；对起火点的勘验；对遗留痕迹、物证的勘验；对损失财物的勘验；对现场尸体的勘验；对现场外围的搜查等。放火现场勘验的重点是查明起火点、财物损失以及对尸体的检验。

1. 判断起火点

起火点是最早燃烧的地点。在对放火现场的勘查中，准确地确定起火点至关重要，因为它是查明起火原因和案件性质的重要依据。起火点常因现场的环境条件以及犯罪行为人实施放火的方法、手段而异。通常情况下起火点只有一处，有时也会有多处。如果起火后及时被扑灭，未酿成火灾，现场的起火点相对明显，易被发现；如果已燃烧成灾，物质被燃烧为灰烬，起火点的发现相对较为困难。在现场勘查中，发现起火点一般可以采用以下几种方法。

（1）根据最先发现起火的人指认的具体地点判断起火点

侦查人员应当详细询问最先发现起火的人。询问最先发现起火的人时，应当让他们具体指出最先起火的部位，或最初发现浓烟的部位或火焰。这些部位一般为起火点；如果有两个以上的部位同时冒烟、起火，则可能有两个以上的起火点。

（2）根据起火时火焰的颜色以及发出的气味判断起火点

由于不同的物质在燃烧时，其火焰的颜色和散发的气味不同，可结合现场存放的物质情况，推断火势蔓延的顺序，寻找起火点。如木材燃烧时，其颜色为淡灰色，能够嗅到树臭，稍带有酸味；如果是煤油、石油或焦油燃烧，其颜色为黑色，能够嗅到酸味。因此，根据现场起火时最先发现起火的人提供的当时火焰的颜色及发出的气味，结合现场着火前物体摆放的位置可以判断起火点。

（3）根据现场各部位物体燃烧的不同程度判断起火点

由于最早起火点燃烧时间最长、最充分，而且常常是易燃品或引火物放置的部位，燃烧程度也是最严重，一般靠近起火点；也有可能是火燃烧起来一段时间后把其他部位的易燃品引燃而使得这些部位燃烧程度较重，特别是存放一些燃点低的易燃物质，这些部位比起火点燃烧程度更为严重。

（4）根据现场带有熏烧痕迹物质所处的位置和碳化程度判断起火点

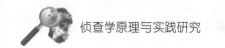

在起火初始阶段，燃点低的物质容易迅速燃烧，发生碳化，甚至灰化；燃点高的物质其燃烧进程要慢一些，往往没有发生碳化，加之火势顺着风向迅速发生位移，起火时燃点高的物质仅在其表面产生一些熏烧的痕迹，据此可以判断，带有熏烧痕迹的物质所在的地方可能是起火点。

在利用现场上物质燃烧程度判断起火点时，还应当考虑被燃烧的物质在起火前的状况和起火时的风向、风力等具体情况。

（5）根据现场被烧木材的裂纹粗细或者深浅程度判断起火点

一般情况下，燃烧的温度越高，被烧木材所形成的裂纹越粗、越深；当燃烧处于初始阶段，火势热能相对较小较弱，木材表面燃烧裂纹较细、较浅。根据这一规律，再结合起火时的风向，沿着火势蔓延的方向可以推断出起火点。

（6）根据火势蔓延方向逆向寻找起火点

由于火燃烧时会顺着风向蔓延，根据有关知情人提供的火势蔓延方向，可以采用逆向的方法寻找起火点。

（7）根据放火焚烧的目标寻找起火点

针对现场焚烧的主要目标推断起火点，如果现场内发现尸体，除应对尸体进行检验外，还应围绕尸体查找起火点；如果发现账册、单据被烧，应重点围绕存放这些账册、单据的箱柜等查找起火点；如果发现计算机数据被焚烧，应重点在计算机周围寻找起火点。

另外，还可以根据起火时间，结合周围居民的一般生活规律寻找起火点。如起火时正是做饭的时间，可在厨房或其他用火做饭的地方寻找起火点。

2. 勘验起火点

对起火点作出判断并确定后，其勘验的重点应当放在寻找引火物上。寻找前应向报案人、事主或有关人员询问火灾发生前现场上各种物品的摆放位置和顺序，然后分层次进行清理。从起火点底部的碳化物、灰烬或残渣中检验原物是否缺少了什么，是否增加了什么，有何异物存在，特别要注意寻找放火用的装油容器、浸有油类的柴草、废纸、刨花、火柴、烟头等一些不常见的引火物。对已烧成灰烬的，可取部分样品送交鉴定机构进行鉴定，以确定被烧物品的物质组成或者成分。

同时，在起火点周围有关物体上查找痕迹以及其他物证，如门窗上有无手印、工具痕迹；现场地面、残墙断壁、床沿等处有无脚印、血迹、凶器、血迹擦拭物、残留绳索、盛装毒物的器皿等。现场上的档案柜、保险柜、办公桌等如未被烧毁，应当仔细检查有无被翻动的痕迹或是否丢失物品。要特别注意对一些金银物品、玻璃器皿等不易燃烧物品的勘查。

3. 勘验损失的物品

放火案件常常会造成财物损失，犯罪行为人放火时也多会选择在最致命、最要害的部位进行。因此，对损失财物的勘验也是放火案件侦查的重点之一。对损失财物的勘验主要从以下几个方面进行：放火行为是否针对财物而实施；财物被烧情况；被烧财物属于何人所有，归谁保管或使用；财物的主要用途以及财物损失的大小等。

4. 检验尸体

在勘查火灾现场时，如果发现尸体，应当邀请法医进行鉴定，确定死亡原因以及致死的方法，查明事件性质。注意尸体周围有无抵抗、搏斗的痕迹；尸体接触地面部分的衣物和皮肤是否烧灼及烧灼程度；尸体上有无暴力损伤及致伤的原因，属于生前伤还是死后伤；尸体的口、鼻、咽喉及气管是否有烟灰、炭末等附着物吸入等。

（二）调查访问知情人

对放火案件的调查访问是侦破此类案件的重要环节之一，可以与现场勘查同步进行。调查访问主要以火场发现人、报告人、救火人、值班人、围观群众、被害人、知情人等作为对象。调查访问的主要内容如下。

1. 了解火情发现的情况

了解火情发现的情况主要包括谁第一个发现火情；在什么时间、什么

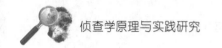

情况下、什么地方发现的；当时火场的燃烧情况、火焰的颜色、散发出的气味，以及当时的气温、风力、风向等；火灾发生前后，火场及其周围的状况、有无可疑迹象或者反常情况。

2. 了解救火的情况

了解救火的情况主要包括哪些人最早赶到现场扑救；哪些人参加了救火；最早救火的时间、部位；现场的原始状态及救火时的变动情况；救火的详细经过以及救火中有无不正常的现象。

3. 了解火灾现场及有关的情况

了解火灾现场及有关的情况主要包括火灾发生前公司、单位、物业的值班或者巡逻情况；谁最后离开现场的，当时现场的状态；现场是否有账目、票据、贵重物品、爆炸物品、可燃物品或重要文件档案等，这些物品的情况如何；火场是居室还是仓库、工厂、机关或其他重要部位，起火前状态如何；何人在燃烧的房间住过或在被烧的场所工作过；火场内是否有易燃易爆物品及其存放的部位；电路是否存在漏电短路；防火设施是否合格完备等其他与现场有关的问题。

4. 了解事主或被害人的情况

调查了解事主或被害人的一贯表现；社会交往关系；个人的生活作风；婚姻恋爱及家庭关系；与他人有无矛盾冲突或者宿怨；有无不慎失火的可能。

5. 了解火灾发生后周围群众反映的情况

周围群众有无关于起火原因的议论；议论的主题是什么，存在什么样的观点、看法；怀疑哪些人放火作案，有何根据；被怀疑对象的人身特征及其他个人特点等。

（三）分析案情

根据放火案件现场勘查和调查访问所了解的情况和获得的信息资料，侦查人员应当对事件的情况进行全面研究和细致分析。

1. 分析事件的性质

火灾事件的性质是指所发生的火灾是刑事案件还是非刑事案件。对火灾事件性质的分析是决定是否侦查或者由哪个机关侦查的基础。判断火灾事件性质主要依据起火原因。起火原因通常有故意放火、不慎失火、自然起火（包括电线起火、雷击起火）等。对故意放火的刑事案件，由公安机关侦查；对因责任事故造成重大损失而需要追究刑事责任的案件，由人民检察院侦查。

在细致勘查现场、深入调查访问的基础上，在排除不慎失火、自然起火、爆炸起火和雷击起火等可能的前提下，如果引起火灾的行为符合放火犯罪构成要件一般特征的，则可以认定为放火案件。

2. 分析放火的动机与目的

根据现场勘查和调查访问的材料，特别是放火焚烧对象的性质与场所，可以分析放火的动机与目的。如果被烧的是国家贵重物资、仓库、重要设施、建筑物、集体财产或政府机关及要害部门等，且后果严重，多数属于发泄不满而放火；如被烧毁的是账目、单据、票证或丢失公款、票证及其他贵重物品，而且灰烬中又没有发现这些物品的残迹，或者在火场发现被害人尸体等，一般属于掩盖盗窃、贪污、杀人等罪行而毁灭罪证性放火；如被烧的是个人财物，一般属于私仇报复性放火，也存在骗保的可能。

3. 分析犯罪行为人的情况

根据现场勘查以及现场遗留放火人特征的痕迹物证，从放火的时间、部位、遗留的足迹、丢失的物品、接近火场的条件等分析犯罪行为人的特征，刻画出放火行为的基本情况。

对放火案件情况的分析，还应当充分考虑各种可能情况，根据现场提供的材料和状况进行多种判断。

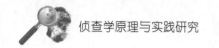

（四）确定侦查方向

火场被确定为故意放火或者重大责任事故后，应当根据放火的动机、时间以及放火人的情况，确定侦查方向。

1. 通过分析放火的动机目的，确定侦查方向

对放火案件来说，犯罪行为人的放火犯罪动机目的是确定侦查范围和方向的重要依据。一般应从以下几方面进行分析判断：

①通过对犯罪行为人放火选择的对象、目标、时间、地点，使用的手段，危害的后果等，确定放火的动机目的，从中找出犯罪行为人与被害人（被害单位）之间的因果关系，缩小侦查范围，确定侦查方向。

②通过分析事主、被害人的社会关系、生活作风以及是否与人有私仇或者利害冲突等，发现放火的动机，划定侦查范围，确定侦查方向。

③通过分析被烧的对象或者财物，找出放火所要达到的目的，根据目的确定侦查方向。

一般来说，弄清了放火的动机目的，侦查范围和方向就比较容易确定。对于私仇报复性和毁灭罪证性放火，侦查范围应当小一些；而对于破坏性或者泄私愤放火，侦查范围相对要确定得大一些。

2. 通过分析放火时间，确定侦查方向

分析、确定放火时间对于缩小侦查范围、确定侦查方向具有非常重要的意义。放火时间一般从以下几个方面进行分析：

①根据起火时间推断放火时间。由于犯罪行为人采用的放火方法、手段及其使用的引燃物、助燃物不同，放火时间与起火时间存在一定的时间差。如果使用明火直接点燃或者泼洒汽油等助燃剂后再行点燃，放火时间与起火时间相差不大，大体相同；如果使用延缓导火线点火作案，放火时间与起火时间的时间差较大，存在一定距离。可以根据起火目击者提供的情况和火场燃烧的部位、程度来查明起火时间；同时，可以在消防人员或者鉴定人员协助下，结合燃烧的情况，推断放火时间。

②根据查明的引火物和引火的具体办法，通过侦查实验来推断放火时间。

③根据室内能够记载时间的物品所标明的时间推断放火时间，如根据火场内电钟表停走的时间推断放火时间。

④根据现场周围人们的生活作息规律和治安防范情况以及现场附近人员流动情况，查明犯罪行为人可能利用的时间空隙，判断放火的时间。

3. 通过分析放火人具备的条件，确定侦查方向

根据犯罪行为人放火的动机目的，分析其应当具备的条件，从而锁定侦查范围，确定侦查方向。分析放火人具备的条件可以从以下几个方面进行：

①根据放火人选择放火的目标、部位，可以分析推断其与事主或受害人的利害冲突以及对作案环境的熟悉情况，确定侦查方向。

②根据放火现场遗留的足迹、手印和其他痕迹，判断放火犯罪行为人的性别、年龄、身高、胖瘦、行走姿势、步法特征及其使用的破坏工具和交通工具等，确定侦查方向。

③根据现场勘查收集的引火物、助燃物以及其他遗留的可疑物品，分析断定放火犯罪行为人是否具有与火场上相似的可疑引火物或引火工具，是否持有与火场上遗留物品相同的可疑物品；根据火场上丢失物品的数量、种类，判断放火犯罪行为人大致的人数、出入方向和路线，确定放火人的范围，确定侦查方向。

④根据查明的起火时间和起火部位，可以推定放火犯罪行为人应具备的作案时间和接近现场的条件，确定侦查方向，进行摸底排队。

（五）排查嫌疑对象

根据放火案件的特点以及获得的有关信息，在划定的侦查范围内排查嫌疑对象，尽快获取其犯罪证据，及时缉捕犯罪嫌疑人。

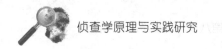

1. 从现场的痕迹、物品入手，排查嫌疑对象

放火案件的现场往往遗留有作案人使用的引火物、助燃物以及其他随身携带的物品。此外，放火案件的现场也常留有翻动痕迹、撬压痕迹、血迹以及其他与犯罪行为有关的痕迹。这些痕迹和物品，可以作为排查嫌疑对象的依据。

2. 从调查因果关系入手，排查嫌疑对象

通过对放火案件现场的勘查和对知情群众的调查，依据放火破坏的目标、现场物品的变化、尸体的损伤状态以及被害人各方面的情况，查明放火犯罪行为人的作案动机，从存在因果关系的人员中排查嫌疑对象。

3. 从调查案发前后的疑人疑事入手，排查嫌疑对象

通过对火场发现人、救火人及周围群众的调查访问，了解案发前后的可疑人和可疑事，从行为反常的人员中排查嫌疑对象。

在放火案件中，犯罪行为人作案前往往要进行较为充分的准备活动。如购买汽油、准备放火工具，在现场附近窥视、踩点，借故拆卸消防设备或者报警装置，为放火创造条件。有的在救火过程中，"积极救火"，乘机破坏现场，或者假借救火而故意通风助长火势；有的还要充当挺身而出的"救火英雄"。在作案后为了隐蔽自己，装病或者借故外出，常常采用各种方法转移视线，其言行举止表现反常。从这些反常活动的迹象中发现可疑人，排查嫌疑对象。

4. 从作案时间入手，排查嫌疑对象

对具备作案时间的人，侦查机关可以结合放火的方法、手段以及其他特征，通过摸底排队排查嫌疑对象。

（六）缉捕犯罪嫌疑人

放火案件的基本事实已经查清，证据确实充分的，应当依照法律规定的程序缉捕犯罪嫌疑人。

①在确定犯罪嫌疑人后，侦查机关应当布置力量，监视犯罪嫌疑人的

活动，发现犯罪嫌疑人转移赃物、毁灭证据的，应当在其行动中实施缉捕措施。

②对于连续放火案件，可以采用守候的侦查措施缉捕犯罪嫌疑人。

③发现犯罪嫌疑人有企图逃跑、自杀等行为时，应当及时采取措施严密控制；对于符合拘留、逮捕条件的，依法采取强制措施。

第九章　侦查学的实践价值与发展

第一节　侦查学原理的实践价值

侦查学是一门实践性极强的学科，侦查学诞生百余年来，许多专家、学者不辞辛劳地为侦查实践的进步作出了巨大贡献，他们的研究成果在各个时期的侦查实践中都曾放出过奇光异彩。时代的发展和侦查实践的需要，呼唤着我国侦查学理论研究应开拓性前进，要有所突破，有创造性发展。

一、澄清认识误区，明确学术定位

首先，人们须认识到侦查理论与实践的三种传导模式，认识到理论对实践的指导具有直接和间接之分，正确认识侦查哲学、侦查基础理论的存在价值。其次，侦查实践者应转变思维方式、提升理论意识，正确认识到侦查理论的实践价值，自觉加强理论学习，接受理论指导。最后，部分侦查理论研究者也应转变自身的思维方式，真正以指导实践为出发点与落脚点。

另外，理论研究者应明确自己的理论研究定位，即明确自身进行的理论研究在理论与实践联系的层次传导模式中的层次定位、对理论的直接受益者和指导对象的准确定位对理论研究采取的分析方法及学术成果展现方式的准确定位。在明确理论的直接和间接消费者后，应以合适的语言、逻辑和表达方式，完整、科学地呈现理论成果，以满足理论消费者的需求。

理论研究者应认识到学术理论研究的"艰难""寂寞"与"孤苦",本着对自己、对社会负责的态度,尽量创造有价值的、可以传世的理论作品。

二、发展理论研究平台,加强侦查理论研究

欲使侦查理论更好地指导实践,实现其实践价值,必须在加强侦查基础理论研究,梳理、完善侦查理论体系的同时,注重理论创新,保持理论的前瞻性。具体来讲,必须做到以下两点。

1. 发展理论研究平台,为加强理论研究创造条件

平台是为达成一定目标而创造出承载特定行为的存在环境,理论研究平台即是为促进理论研究而开拓的交流场所,既包括实体的场所,亦包括虚拟的场所。良好的理论研究平台为更好地进行理论研究提供了条件,侦查迫切需要借鉴其他优秀学科的经验,一方面,以既有的理论研究平台为主体,不断扩大其影响范围及影响力;另一方面,要以互联网为发展方向,努力开辟新的、更便捷的交互式理论研究平台。只有不断发展理论研究平台,让理论研究者与实践者都能更高效率地了解学术前沿及实践现状,加强理论研究者与实践者之间的互动与信息反馈,才能更好地发展侦查理论研究,打破理论研究者与实践者之间、理论成果与实践需要之间的"隔阂",更好地实现侦查理论的实践价值。

2. 继续加强侦查理论研究,梳理侦查理论体系

侦查的理论基础研究仍需继续深化,侦查基础理论的框架结构、模块限定及其相互间的关系仍需厘定,侦查经济学、制度侦查学、比较侦查学、经验侦查学、侦查法学、侦查社会学等新兴理论范畴仍待继续开拓。侦查学者仍应坚持理论联系实际,以开放、科学、务实的心态,合理布局公安学基础理论学科体系结构。此外,理论研究者在注意理论与实践的传导机制的同时,也需注意理论内部不同层次上的传导,即在理论研究中自觉地"向上看"和"向下看",做好理论的"上传下达"。总之,应努力发展系统的、规范的、科学的、统一的侦查理论体系,并建立理论退出

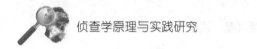
机制。

3. 紧跟实践发展步伐，保持理论前瞻性

要想保证理论对实践的指导意义，保持理论一定程度上的前瞻性是必需的。理论研究应当不断开辟、不断创新、不断发展自己。一方面，理论研究应当关注理论体系自身的张力，以科学求证和逻辑推演为主线，积极探索新领域，预估新问题，寻求新突破。另一方面，理论研究应紧跟实践发展的步伐，以侦查实践中出现的新问题、新现象为出发点，以问题研究为导向，倒逼侦查理论改革和理论创新。另外，理论研究者也应主动、及时地总结实践中的"好经验""新做法"，并上升到理论层次，丰富理论研究的内容与形式。

三、加强学科建设，发展多种学术交流平台

面对如此大好形势，侦查人员必须紧抓历史契机，依托公安学一级学科建设的政策背景，加强学科建设，提升学科地位和影响力，增强学术话语权。只有明确学科建设方向，坚持协调互动，优化结构，突出特色，突出优势，不断提升学科地位，才能集中资源，凝聚人心，减少学术精力"外逃"，甚至吸引其他学科门类的精英学者加入侦查理论研究的队伍中来。此外，要发展包括"跨学科交流平台""国际视野与交流合作平台"等多种平台，加强侦查学与其他学科的交流与合作，加强国际侦查学术交流与合作，积极借鉴国内外相关学科的先进经验。因此，侦查学界务必要发展更丰富、更广阔的平台，鼓励理论研究者积极开展跨学科、跨地域的学术交流。一方面，积极引进其他学科科学的研究方法和表达形式，积极拓展实证研究方法在侦查理论研究领域的适用；另一方面，积极引进其他学科科学的理论内容，通过与既有的侦查理论的碰撞与融合，进行理论探索与理论创新，不断丰富侦查理论体系。

四、立足学科特色，提升办刊质量

期刊是一门学科的理论阵地，是否拥有一定数量的、高质量的专业学

术期刊，决定了一门学科的学科地位和综合影响力，最终决定的是一门学科的学术话语权。因此，必须积极创建侦查专业自己的优秀期刊，提升办刊质量和影响力。

提升侦查专业期刊影响力，在更加注重文章质量的同时，务必要注重办刊的科学性、专业性。换言之，应做好以下两点。

1. 立足学科特色，做专业期刊

侦查学抑或公安学是专业性很强的学科，所以，在坚守学术性的同时，侦查学期刊必须立足于学科特色，做专业的、有个性的刊物。比如说，侦查领域内完全可以依托中国警察协会，每年或每两年，聘请有关专家，综合考虑业内期刊的质量水平和影响力，对业内主流期刊进行分类评价，以供有关学者及科研单位参考。而有关单位则可以根据前者或参考前者并自行拟定，在单位内部期刊分类问题上发声，争取向有利专业发展的方向改变评定、晋级、评优和奖励标准，从而增强专业理论研究的吸引力与凝聚力。

2. 控制文章质量，提升期刊水平

做好学报的关键在于"上佳的编辑"。可以在可控的范围尽可能地做一些有益于提升期刊质量水平的工作，如积极培养更大的、更活跃的学者群，吸引高质量文稿；找准定位注重版面规划，发展特色品牌栏目；注重刊物特性，把文章取舍或修改大全赋予一人身上；注重期刊的数字化传播，可采用优先出版的形式，保证期刊"面世"的及时性。另外，要注重优化侦查专业期刊的结构，扩大期刊规模，加强期刊合作，共同打造高品质专业期刊群，增强整体影响力。

五、加强学历教育改革，创新人才培养模式

当今社会日新月异，其发展更新速度之快让人为之咋舌。因此，开展侦查工作也必须拥有创造性地解决问题的能力，以及对新问题进行深入研究和理解的能力。侦查人才培养必须抛弃先前一直强调的培养专门应用型

人才的理念，坚持培养具备较高的法律素养、扎实的理论功底、较强的实际操作能力和具备一定的科研创新能力的高级复合型侦查人才。新时代的侦查员不仅应当掌握基本的侦查技能、具备较强的贯彻执行能力，更应当具备问题发现和分析能力，善于开展理论学习，能够自觉地把新式理论应用于侦查实践。不论是培养未来优秀的侦查实践者还是侦查理论研究者都应当注重培养他们的理论研究能力和科研创新能力。因此，加强学历教育改革，创新人才培养模式是当下侦查人才培养最紧迫的任务，至少应做到以下三点。

1. 注重课程设置科学性，增设必要课程

提供侦查学学历教育的高校应自觉把科学方法论设为专业必修课，把论文写作方法文献检索方法与数据库使用设为专业选修课，在公共选修课中增设关于统计分析、社会调查方法等实证研究工具类课程。

2. 改善师资结构，创新授课模式

一方面，各院校应积极培养又懂实践、又懂科研的高水平教师，既要经常安排"学院派教师"去一线部门挂职锻炼，又要学会做伯乐，积极在实践部门中发现、吸收有科研水平的"千里马"。另一方面，要学会依托既有的师资结构，合理安排授课模式和授课内容。因此，创新授课模式，让教师充分发挥所长，才是更好的办法。目前，有的学校创新试点理论教师和实务教师"双师同堂"模式，取得了较好的效果。

3. 创新引导模式，培养学生科研兴趣

首先，要改变课堂讲授模式，由之前根据教材照本宣科的讲，改为专题式的系统的讲解。一个专题即是一个课题或一篇论文，而讲解思路便是研究思路与行文思路。其次，要增强教学的启发性，要让学生不仅知其然，更要知其所以然、其优劣及其发展方向，从细处培养学生究根问底的习惯。再次，对一些自身素质好，科研兴趣高的同学，院校及教师可组织参与课题研究，或鼓励学生自己申报课题开展研究，让学生在摸索中学习。最后，有条件的学校应充分利用资源，发挥博士生对硕士生、硕士生对本科生的传、帮、带作用，既可以减轻学校教学压力，又可以让博士生、硕士生、本科生在帮与被帮间共同成长。

六、更加注重实践调研，"务本"以求"道"

子曰：君子务本，本立而道生。借用引申，这里的"务本"可以理解为重实践，明确实践的中心地位；"道"则可以理解为理论与实践的适当关系。亦即是说，只有重实践，把侦查实践始终作为侦查理论研究的出发点和落脚点，才有可能实现侦查理论的实践价值。"务本"的关键在于调查研究，而侦查理论研究的实践调研无非有三个目的：明确侦查实践需求、了解侦查实践困难、寻求侦查实践所面临问题可能解决路径。因此，不论是侦查理论研究者还是侦查一线的教师，都必须重视实践调研，要能调研、会调研，要善于在调研的方式方法上创新，要能够在深入了解实践上下苦功夫，要善于"务本"，才能求"道"，才能几于"道"。

第二节　智慧侦查的实践与发展

一、智慧侦查实践特征

智慧侦查既强调机器或系统的智能，也强调人的灵性与创造力。由此，智慧侦查的特征主要包括自动化、多元化、法治性和创新性四个方面。

（一）自动化

自动化是指利用计算机系统来自动的获取、处理和分析信息的过程。自动化是现代系统和软件的结合，以零或最低的代价完成任务。自动化已经存在于所有的业务部门，侦查当中也不例外。智慧侦查中的自动化包括数据获取自动化、侦查决策自动化、刑事案件预警自动化等多方面，自动

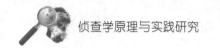

化可以在一定程度上破除侦查人员"有限理性"的限制，在多发、高发的刑事案件和有限的资源之间进行高效协调并快速开展有效行动。

1. 数据信息获取自动化

我国公安信息化建设中的数据系统建设在持续推进，感知系统、分析系统和应用系统在不断完善，公安机关通过不断加强网络、通信保障基础设施和图像感知设备等的建设，为智慧侦查中数据的自动感知奠定了基础，可以实现对通信信息、人像信息和社会信息的感知。与此同时，为了更有效地打击暗网中的犯罪，智能感知系统及分析系统也可以对暗网中的数据信息进行感知、检测和分析，提高对暗网中犯罪行为的发现、识别、分类、采集、检测能力。为了提高信息感知识别能力，公安机关在感知系统建设中与人工智能、大数据等科技结合，对文字、图像、视频、音频、生物特征等数据进行信息识别，提高了刑侦业务场景的数据维度、精度、密度、关联度、集成度，达到全域采集、深度采集、集成采集。

2. 侦查决策的自动化

物联网、人工智能与生物识别技术等为个人和社会进行自动化与智能决策提供了技术支撑。大数据、人工智能、生物识别等技术除了可以帮助公安机关进行数据挖掘之外，还可以将侦查员的隐性智慧显性化，并持续地转化为机器和系统的智能，能够对侦查中的线索和信息进行分析判断，并据此制定侦查策略。也就是说，大数据、人工智能、物联网、生物识别等技术可以在侦查中完成数据—信息—知识—智慧的决策过程，通过自动化数据处理技术、深度学习技术等帮助侦查人员实现侦查决策的自动化。与此同时，系统和机器还可以与物理空间产生交互，进而提高侦查人员对物理世界的理解力。

3. 犯罪预警的自动化

对犯罪行为的自动化预警是智慧侦查的应有之意。众所周知，犯罪活动有其发展变化的规律，并且有些犯罪行为不是瞬间完成的，从犯罪预备到犯罪实施有循序渐进的过程。大数据结合人工智能、人像识别、声纹识别等科学技术，在嫌疑人实施犯罪前对其各种行为进行识别，结合各种犯罪活动在时间规律上的演变特征，在嫌疑人实施犯罪前就可以进行预警。智慧侦查中的自动化预警既可以表现为对案件的预警，也可以表现为对高危人群的预警。对案件的预警主要为根据犯罪热点分析，结合时间要素，对未来一段时间在某地可能发生某种犯罪活动的概率进行预测。对高危人群的预警主要是通过大数据、人工智能、人像识别等识别出异常行为和风险行为特征，根据各类犯罪嫌疑人的数据模型，对识别出的行为进行风险评估，对高风险等级行为进行自动预警，侦查人员根据预警采取措施，对潜在的犯罪行为进行遏制。简而言之，人工智能、大数据、云计算、物联网、生物识别等技术和方法可以通过过程数据挖掘预测犯罪地点，通过面部识别、跟踪行为等对犯罪对象进行预测。

（二）多元化

智慧社会中数据资源是多元、多形态的，在此基础上可以形成多元化的侦查途径，而民众执法需求的多元化又引发侦查机关职能的多元化及执法主体的多元化。

1. 侦查途径的多元化

智慧侦查中的数据是多元、多形态的，如数据信息的载体是多元的，数据信息有可能存在于实体空间的物证、书证当中，也有可能存在于虚拟空间的网络或云盘当中；数据信息来源是多元的，用于侦查的数据信息有可能是公安机关在执法过程中收集的，也有可能是通过其他团体、单位和个人获取的，并且这些数据信息中结构化数据、半结构化数据、非结构化数据可能同时存在，数据标准和类型存在差别；数据信息的多元化还表现为在不同的语境下，同一数据信息经过分析研判有可能产生不同的结果。数据信息的多元化不仅能为侦查破案提供海量内容丰富的数据信息，还能为侦查提供更多的方法途径。信息多元化的特性意味着侦查假设和侦查突破口的选择可以是多元的，侦查人员可以从多维度对案情提出侦查假设，并通过逻辑推理等方法对侦查情势进行全面分析，并通过智能化技术和方法选择最有利于案件侦查的突破口及时侦破案件；侦查人员的侦查思维和侦查经验等可以跨越实体物理空间和网络虚拟空间，在不同的案件中有多元化的组合，为智慧侦查提供多样的侦查途径。

2. 侦查机关职能的多元化

在智慧社会形态下，民众对执法的需求也在升级，并呈现出多元化的倾向。在案件类型方面，既要求公安机关快破大案，也要求公安机关多破小案；在预防和打击方面，既要求公安机关重视打击，及时侦破案件，抓获犯罪嫌疑人，同时又要求公安机关善于防范，通过比较有效的方式为群众提供犯罪预防知识，在刑事案件发生之前及时向社会预警；在侦查效果方面，既要求公安机关能够侦破案件，抓获犯罪嫌疑人，也要求公安机关能够及时追赃，挽回损失；在权利保护方面，既要求公安机关及时采取措施，预防犯罪的发生或及时破案，又要求公安机关在执法中以更有利于当事人人身、财产安全的方式进行侦查。民众执法需求多元化推动侦查机关职能的多元化，侦查机关除了要查明案件事实、收集证据以及查获犯罪嫌疑人之外，还应当做好犯罪预防及服务工作，当然，这并不是说侦查机关独立完成侦查、预防和服务职能，而是在个案侦查或相应的侦查措施中融入侦查之外的其他要素，寻求犯罪治理效果的最优化。

3. 执法主体的多元化

智慧侦查中的多元化还表现为侦查主体的多元协同共治。民众执法需求的多元化导致侦查机关职能的多元化，侦查机关在执法中应秉承侦查、预防、服务三位一体的侦查理念。诚然，侦查机关是打击犯罪的主要责任主体和执行主体，但是由于其自身资源难以覆盖犯罪打防控的全链条，共建共享共治的协同治理模式在智慧侦查中是必不可少的，侦查机关需要与其他警种开展侦查协作，还需要其他政府部门、企业、社会组织、社区和公民个人形成利益共同体、命运共同体和责任共同体，对于刑事犯罪实现综合治理、源头治理、系统治理和依法治理。要充分发挥第三方警务在控制和预防犯罪中的作用，借助社会治理的合理性因素，提升侦查实效。

（三）法治性

侦查的法治性是公安机关完成侦查任务、实现侦查目的的重要遵循，是侦查活动本质要求的回归，是国家实现法治化进程、保障公民合法权益的必然要求。智慧侦查的法治性主要体现在两个方面。

1. 持续完善的法律制度

有法可依是智慧侦查法治化的首要条件。在智慧侦查形成和发展过程中，侦查机关的侦查理念、侦查模式、侦查方法得到了质的变化，在此过程中对公民的权益也造成了潜在的威胁，如侦查机关在办案过程中可能会越权收集数据，公民个人隐私权、个人信息权受到侵犯后的救济渠道不畅，有关智慧侦查手段和方法的立法规制不多，如此等等。在智慧侦查建设过程中，上述问题有的已经通过立法做出回应，如《民法典》关于隐私权和个人信息利益等做了规定，《网络安全法》《个人信息保护法》《数据安全法》等都注重保护个人信息权、隐私权。有的问题立法尚未予以回应，还需要非常谨慎地论证，但不可否认的是法律制度的持续完善是总的趋势，是智慧侦查法治性的重要内容。

2. 持续规范的执法行为

智慧侦查的基础运行方法是数据的搜索、查询，侦查机关通过数据查询、比对碰撞、挖掘分析等发现证据线索，确定并抓捕犯罪嫌疑人。与传统侦查模式相比，智慧侦查进一步强化了侦查权运行的主动性和能动性，侦查空间的广泛性、侦查主体的多元性、侦查结果的预测性等都使得侦查权有扩张的风险。因此，除了要不断完善相关法律法规外，还应当对侦查机关的侦查行为进行监督和规制，在程序启动、备案审查、法律监督等方面做足功课。目前刑事程序规范体系和数据应用程序规范在逐步建设，在智慧侦查发展和完善的过程中，更多的与权力运行和权利保障相关的实体性法律问题及程序性问题将逐渐被解决，而这些是智慧侦查法治性的重要

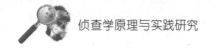

体现。

(四) 创新性

智慧突出地体现在各种创造性的活动或行动之中，开发新的可能性，拓展可行性的范围，这正是创造性之本义。创新是智慧的核心环节之一，智慧侦查中的创新作为一种现象的形成规律已经发生了本质变化，其不再局限于技术的创新，更多体现为建立在已有基础上的累进创新。

1. 侦查理念的革新

智慧侦查生成之后，公安机关在侦查理念方面的革新是多样性的，如侦查机关意识到犯罪预防在犯罪治理中的作用，逐步确定了预防为主的理念，并通过犯罪预防工作指导侦查实践；侦查机关能够把握侦查中的变与不变，实现多种侦查方式的融合互补，既注重用智能化技术和方法推动传统侦查方式的发展，又注重将数据侦查方式落实到实体形态和现实空间，与传统侦查方式相融合；侦查机关在侦查中既重视智能化技术的应用，又注重遵循"以人为本"的理念。可以说侦查理念的革新是智慧侦查创新性很重要的体现。

2. 侦查机制的创新

在总结公安信息建设实践经验的基础上，侦查机关可以建设全警全平台的作战体系，省部两级真正实现实战化，成为信息采集处理和侦查办案指挥机构，而基层公安机关则成为执法机构，这样在一定程度上可以解决资源共享机制不畅、侦查协作不力、基层数据权限受限等问题，提升侦查打击的效力。

3. 侦查方法的创新

智慧侦查将大数据技术与传统侦查方法完美融合，在创新侦查方法的同时，实现了侦查资源的优化配置，提升了侦查办案的效率和准确性。一方面，大数据技术拥有海量的数据、强大的数据处理能力和可视化的办案流程，可以帮助侦查机关突破传统人力密集型侦查方法的限制，将有效的警力资源从低效率、重复性的侦查工作中解放出来，实现侦查资源的优化配置。另一方面，智慧侦查模式下侦查人员可以通过人像比对、视频侦查、网上摸排、网上串并等方式固定证据，确定犯罪嫌疑人，一定程度上摆脱了"现场"调查取证这种"面对面"的权力运作方式，促进警力资源的高效运行。

二、智慧侦查发展价值

侦查价值指的是人们通过设置侦查程序，开展侦查活动所要达到的理想目标和人们评价侦查活动的客观标准。在社会形态、犯罪形态不断变化的背景下，犯罪治理的过程中将面临多元价值的碰撞与融合，就某种单一种价值的分析将很难全面体现智慧侦查的价值。

（一）秩序价值与人权价值的动态平衡

犯罪行为作为一种特殊的社会行为，带来的后果往往是对社会秩序的潜在破坏。侦查的秩序价值主要体现在侦查机关通过其侦查行为打击犯罪、维护社会稳定。在智慧侦查层面，秩序价值主要体现在公安机关通过大数据、人工智能、智慧刑技等技术和手段，以智能化、高效化、文明化的方式锁定嫌疑人，查明犯罪事实，并通过必要措施进行研判防止其逃避侦查，以恢复或弥补被犯罪破坏的社会秩序，满足人们追求稳定的价值目标，从而最终实现社会安定和谐的最佳状态。秩序价值并不是智慧侦查的核心价值，但却是维护社会统治秩序、保证人们生存生活的首要目标。因此，可以说秩序价值是智慧侦查的最基本价值。

人权是侦查的核心价值，是其价值实现的最终目标。近年来，我国人权事业飞速发展，国家通过制定完善的法律法规、规范公权力运行等各方面保障公民的人权。对犯罪嫌疑人人权的保障是侦查人权价值的重要组成部分。侦查机关在侦查破案过程中既要严格规范执法，保障犯罪嫌疑人的合法权利，又要及时采取措施，查明犯罪事实，抓获犯罪嫌疑人，实现秩

侦查学原理与实践研究

序价值和人权价值的动态平衡。

智慧侦查模式下秩序价值与人权价值的动态平衡主要体现在以下三个方面。其一，智慧侦查以更隐蔽的方式实现秩序价值。传统侦查模式中，公安机关打击治理的更多是社会面上的犯罪，侦查措施更多依靠的是现场访问、摸底排队等传统措施，依靠群众是公安机关执法办案中的基本方针，专群结合是侦查办案的基本原则，很多措施和行动都需要群众的配合。在此背景下，公民感受到的是刑事犯罪的多发、高发，会对社会良好秩序的建立持怀疑态度，继而影响他们对侦查机关执法能力和水平的评价。在智慧侦查模式下，传统犯罪呈现下降趋势，电信网络诈骗犯罪等新型犯罪成为公安机关打击治理的主要犯罪，侦查机关打击犯罪的主阵地从线下转移到线上虚拟空间，数据赋能、视频侦查、人像比对、智慧刑技等成为侦查破案的主要抓手，侦查机关以人们看不见的方式侦查破案，传统侦查措施成为大数据、人工智能等手段和方法的补充。在此背景下，公民感受到的是侦查活动对正常的社会秩序和公民个人合法权益的影响更小，有助于加固法律秩序和国家统治威严在人民群众心中的影响，肯定国家强力与稳定社会秩序的一致性。其二，智慧侦查通过多种方式和渠道实现人权价值。如上所述，我国近年来人权事业飞速发展，自从我国将人权写入《宪法》中，之后通过《刑法》《刑事诉讼法》等法律法规及公检法出台的指导意见规范执法机关执法的原则、程序、标准，不断压缩执法机关的自由裁量空间。通过认罪认罚从宽制度、重大刑事案件侦查终结前讯问合法性审查制度、律师值班制度等保护犯罪嫌疑人的权利。与此同时，我国还在不断完善人权救济制度，通过法律监督、社会监督等多种方式监督执法机关的执法行为，实现侦查的人权价值。其三，智慧侦查蕴含侦查破案新机制，可以在更大程度上实现秩序价值和人权价值。在智慧侦查模式下，大数据、云计算、互联网、移动终端等的结合为公安机关侦查办案提供重要的数据平台，大数据、云计算、人工智能的结合，不仅能够精准定位案件信息，还能够对案件进行深度分析。可以说大数据、人工智能、互联网等技术为侦查办案提供了更多的路径选择，不仅帮助公安机关开创了犯罪时空研究的新局面，也帮助其创造了侦查破案的新机制、犯罪预防法控制的新举措。公安工作作为社会治理的重要组成部分，公安机关执法能力的提升对于实现社会治理现代化具有重要意义，而社会治理现代化的实现更有助于全面实现秩序价值和人权价值。

（二）效益价值和公平价值的协调兼顾

侦查效益是侦查过程和结果所体现出的效果和收益，反映的是侦查投入与侦查产出之间的关系。侦查效益的主要内容包括经济效益和社会效益两方面。侦查中的经济效益主要体现为侦查机关在侦查破案时节省的侦查成本以及通过开展侦查活动追赃或挽回经济损失所带来的经济价值。侦查的社会效益更多的体现在侦查机关通过其侦查行为较为全面地收集犯罪证据，快速、准确地查明犯罪事实，确定并抓捕犯罪嫌疑人，实现有效打击犯罪、维护社会稳定的社会效果，在此过程中不断减少侦查行为产生的消极结果，在更大程度上实现各参与主体的主观愿望。侦查的效益价值体现的是成本和收益之间的良好关系，强调节约经济成本和时间成本，要求侦查机关通过有效的资源获取更大的收益。

保障公平、实现公平是法律的重要任务和理想追求。在侦查过程中，公平价值要求侦查机关在侦查破案过程中同等对待同类主体，保障当事人同等的诉讼权利，不无故剥夺当事人合法权利，不给当事人增加额外的诉讼义务。与此同时，公平价值还要求侦查机关区分刑事案件中的不同情形，同等情形同等对待，不同情形不同对待，在确保实现程序公平、形式公平的同时，也能实现结果公平和实质公平。

在智慧侦查模式下，侦查机关在关注侦查效益价值的同时，也关注侦查的公平价值。诚然，效益和公平属于不同的价值范畴，两者追求的目的并不完全相同，效益强调侦查成本和收益之间的良好关系，公平强调程序和结果的公正。但不可否认的是，效益和公平在本质上具有一致性。侦查机关公平对待犯罪嫌疑人，充分保障其在侦查阶段的各项诉讼权利，可以在一定程度上减少犯罪嫌疑人的抵触心理，加快侦查破案的速度，减少侦查中的消极结果。与此同时，提高侦查破案效率，减少侦查破案的时间成本和经济成本，在更大程度上实现各参与主体的主观愿望，减少侦查破案中的消极结果，可以更加快速地恢复公平社会效益。

智慧侦查模式下效益价值和公平价值的协调兼顾主要体现在以下三个方面。第一，智慧侦查将大数据、人工智能、物联网、生物识别等智能化技术与侦查高度融合，侦查机关可以更加有效地配置侦查资源，侦查的专业化、精准化、高效率的特征日渐凸显，"无罪能瞒、无形能隐、无处可藏、无路可逃"日益成为现实。智慧侦查以最少成本投入实现控制犯罪、保障人权的最大收益，最终实现足不出户即可锁定犯罪嫌疑人的目的，实现了侦查效益的最大化。第二，智慧侦查更多的通过大数据、人工智能等智能化技术和手段完成侦查任务，更多的表现为数据化侦查。与传统的侦查模式相比，智慧侦查模式下的侦查行为的客观性更加突出。对于犯罪嫌疑人来说，数据化的侦查可以区分是否同类主体、是否刑事案件相同情形，进而采取相同或不同的侦查行为，确保实现结果公正和实质公正。第三，侦查机关不断调整效益和公平之间的关系，努力实现两者之间的最佳平衡点。众所周知，犯罪的形式和特点在不同时期、不同地区表现各不相同，效益和公平的平衡也会不断变化。如当某地发生危害严重、社会影响大的案件时，侦查效益价值往往会成为侦查机关关注的主要矛盾。当侦查效益价值已经很好的实现，公平价值往往就成为侦查机关关注的重点。

（三）正义价值与自由价值的冲突融合

正义是法的核心价值，是侦查机关在侦查破案中最初的价值追求及最终的价值归宿。正义在法律程序被分为实体正义和程序正义，实体正义是侦查机关通过其侦查行为追求的首要价值，程序正义是侦查机关打击治理犯罪过程中追求的重要价值。实体正义是结果导向，其关注的是结果是否符合客观事实，在侦查阶段的实体正义更多的表现为侦查机关依据已有法律，依法采取相应的侦查措施，寻找、发现并固定证据，查明犯罪事实，确定并拘捕犯罪嫌疑人，使被破坏的社会秩序得到一定程度的恢复或弥补，使受害者物质或精神上的损失得到一定的补偿或慰藉，使有罪的作案人得到法律的制裁，使无辜者得到解脱。程序正义是过程导向，其关注的是如何以正义的方式实现正义。侦查阶段的程序正义体现为侦查机关严格依照法定程序侦办案件，从立案到侦查终结的每一个阶段都遵守法律规定，以客观事实和证据为基础，严格按照法定程序采取各项侦查措施，切实维护侦查阶段的独立价值。同时，侦查的程序正义还要求侦查机关保障公众的知情权，在不违反保密原则的基础上，有领导、有控制地公布案情。

自由是法律所必需和必然追求的价值目标之一，个人的自由包括积极自由和消极自由两个方面。积极自由主要体现在个体的自我决定和自由选择，消极自由则主要指免于他人侵犯和干涉的自由状态。当个人通过其积极自由严重侵蚀他人消极自由的现象时，国家会通过某种手段对妨碍、侵犯自由的行为进行制裁。由此，当犯罪嫌疑人实施了侵犯他人权利、妨碍他人消极自由的犯罪行为时，侦查机关通过侦查行为查明事实、收集证据，在证据确实充分的基础上，由法院对有罪的人进行刑事制裁，以保护和尊重受害者的消极自由。另外，在侦查阶段，侦查机关还会以自由的目标对公众的自由加以限制，也就是说公众的积极自由和消极自由都有可能会受到影响。如刑事案件的证人或其他知情人有如实作证的义务，侦查人员在依法采取侦查措施时，公众不得妨碍其执法行为，侦查机关在案件侦查初期，有可能将无辜者当作嫌疑对象进行排查。

正义价值和自由价值都是智慧侦查的价值追求，正义价值是智慧侦查期望达到的最高目标，自由目标是贯穿始终的重要追求，二者有时会有冲突，但又不断融合。其一，智慧侦查始终坚持正义理念，将正义价值贯穿在侦查破案的始终，更有利于实现个案正义。智慧侦查模式下侦查机关侦办案件的基础和重要依据是海量数据，而数据是客观真实的，在排除分析过程、方法设定错误的情况下，数据对案件的反映更为真实和全面。与此同时，在智慧侦查背景下，侦查机关破案途径更加多元，与之相对应的是对犯罪嫌疑人口供的依赖大大降低，传统侦查模式下通过获取口供过程中对犯罪嫌疑人人身安全和精神安全的威胁就会降低。可以说智慧侦查降低了冤假错案发生的可能性，更有利于查清犯罪事实，实现个案正义。其二，智慧侦查背景下，虽然个人与数据控制之间出现了"数字鸿沟"，个人对数据监控的知情、参与、监督的权利有可能会被排除到犯罪治理体系之外，但侦查主体的多元化在一定程度上可以减少甚至规避这种情况的发生。政府可以引导网络平台和社会公众参与犯罪治理，让网络平台承担更多的网络社会管理的责任，让公众通过开放的数据接口获取更多的知情权、表达权、参与权和监督权，从而实现程序正义。其三，智慧侦查通过海量数据对公众进行全景式监控，必然会对公众的权利和自由造成干涉和侵犯。在此情况下，个人的数据信息被大量整合，个体超级档案逐渐形成，侦查机关对这些数据的访问有利于更加快速的实现正义价值，但个人如何在此背景下保有必要的自由，却是不能忽视的问题。值得注意的是，智慧侦查模式下技术治理的正当性问题已经引起重视并逐渐成为理论焦点，对个人数据权利、必要自由的保护已经成为共识，但在法律、制度层面上还有很长的路要走。

智慧侦查是大数据驱动侦查的进阶阶段，其生成是时代的必然选择。智慧侦查既强调侦查与智能化技术和方法的高度融合，也不忽视"人"在侦查中的创造力，自动化、多元化、法治性、创新性等都是智慧侦查的特征。智慧侦查建设在不断推进，不可否认，当前仍然还有一些因素制约智慧侦查的发展，如整体规划缺位、机制体制的不完善、部分法律的阙如，因此，应在实践中反复修正。智慧侦查刚刚开始，这里关于智慧侦查内涵的探讨不可避免存在局限性，智慧侦查模式在今后如何发展演化，还有待进一步观察和思考。

参考文献

[1] 徐海燕. 侦查中的逻辑问题与研究［M］. 北京：中国政法大学出版社，
   2022.

[2] 曹丹，章立早，王林. 经济犯罪案件审讯研究［M］. 北京：当代中国
   出版社，2022.

[3] 郭世杰. 中国监察制度的改革与完善［M］. 北京：知识产权出版社，
   2022.

[4] 冯文刚，李佳伦，王毅. 电信诈骗言语文字话术分析手册［M］. 北京：
   中国人民公安大学出版社，2022.

[5] 褚红云. 侦查学实训教程［M］. 厦门：厦门大学出版社，2021.

[6] 郑晓均，蔡艺生. 侦查策略与措施［M］. 北京：知识产权出版社，
   2021.

[7] 郑海，蔡艺生. 刑事案件侦查实训教程［M］. 北京：知识产权出版社，
   2021.

[8] 许静文. 网络犯罪侦查程序的正当性问题研究［M］. 北京：群众出版
   社，2021.

[9] 汪海燕，肖沛权. 刑事诉讼法学案例研究指导［M］. 北京：中国政法
   大学出版社，2021.

[10] 范辉清，王亮. 犯罪心理分析与干预［M］. 北京：中国政法大学出版
   社，2021.

[11] 叶健，赵兴春. 个体特征与侦查识别［M］. 北京：科学出版社，2021.

[12] 张亮. 职务犯罪调查实务教程 [M]. 北京：中国检察出版社，2021.

[13] 曾德梅，王亮. 侦查学基础理论 [M]. 北京：中国政法大学出版社，2020.

[14] 刘海燕，彭艳丽，冯欣. 侦查学基础理论 [M]. 北京：中国人民公安大学出版社，2020.

[15] 倪春乐. 侦查学与犯罪治理研究 [M]. 北京：法律出版社，2020.

[16] 周小凤，刘洪. 侦查策略与措施 [M]. 北京：中国政法大学出版社，2020.

[17] 王跃. 文件检验 [M]. 北京：知识产权出版社，2020.

[18] 裴煜，段蓓玲. 刑事案件现场勘查方法 [M]. 武汉：华中科技大学出版社，2020.

[19] 陈刚. 刑事侦查学 [M]. 北京：中国人民公安大学出版社，2019.

[20] 肖承海，郭华，陈碧. 侦查学总论 [M]. 北京：中国政法大学出版社，2019.

[21] 马忠红. 侦查学专论 [M]. 北京：中国人民公安大学出版社，2019.

[22] 任惠华. 侦查学与社会治理研究 [M]. 北京：法律出版社，2019.

[23] 蒋丽华，金岩. 侦查学专业实训教程 [M]. 北京：中国人民公安大学出版社，2019.

[24] 李双其. 大数据侦查实践 [M]. 北京：知识产权出版社，2019.

[25] 尹国兴. Y−DNA 检测在刑事侦查中的应用 [M]. 上海：上海交通大学出版社，2019.

[26] 郭晓桢. 治安学理论、实践与创新研究 [M]. 北京：中国人民公安大学出版社，2019.

[27] 曹晓宝. 心理测试技术原理与应用研究 [M]. 武汉：武汉大学出版社，2019.

[28] 邓楚开. 有效辩护的理念与技能 [M]. 北京：人民法院出版社，2019.

[29] 黄松涛. 法治中国建设理论与实践探究 [M]. 北京：经济日报出版

社，2019.

[30] 徐耀中，陆晓.侦查逻辑学［M］.苏州：苏州大学出版社，2018.

[31] 郑群.大数据侦查学［M］.北京：中国人民公安大学出版社，2018.

[32] 黄凤林.侦查学论丛［M］.北京：中国人民公安大学出版社，2018.

[33] 王钢.概率揭秘犯罪［M］.西安：西北工业大学出版社，2018.09.

[34] 胡宇清，张佳佳，程燕.司法心理学［M］.湘潭：湘潭大学出版社，2018.

[35] 魏剑，陈菊娟.治安案件查处实训教程［M］.北京：中国人民公安大学出版社，2018.

[36] 王亮.狱内侦查工作实务［M］.北京：中国政法大学出版社，2018.